Küthe/Venn
Marketing mit Farben

Erich Küthe
Axel Venn

Marketing mit Farben

DUMONT

Vorwort In Marketing, Design und Werbung nimmt die Farbe als Kommunikationselement eine zentrale Rolle ein.
Die Farbe ist das preiswerteste, zugleich aber das sensibelste Gestaltungsmittel. Nicht nur die Mode ist ohne eine aktive Farbpolitik undenkbar, auch die Verpackungsgestaltung, das Produktdesign bis hin zu Fragen der Corporate Identity verlangen nach der richtigen Farbgebung.
Das Buch stellt die wichtigsten Regeln und Grundlagen der Farblehre zusammen und bietet Strategien und methodische Anleitungen zu einer erfolgreichen Farbpolitik.
An Beispielen aus der Praxis von vier Unternehmen zeigt sich, wie theoretische Bezüge konkret in dynamisches Farbhandeln umgesetzt werden. Die Praxisrelevanz unserer Überlegungen läßt sich kaum besser dokumentieren.
MARKETING MIT FARBEN ist ein Buch, das zehn Jahre Vorlauf, aber nur wenige Monate zur Konkretisierung hatte. Nur so läßt sich eine Momentaufnahme, eine ganz bestimmte merkantile Farbsituation erstellen, nur so werden aktuelle Bezüge sichtbar.
An dieser Momentaufnahme haben nur wenige mitgewirkt. Dank zuerst an Barbara Lucchesi für die nicht einfach zu übertragende, nur akustisch vorliegende Semantik dieses Buches. Dank an Axel Venn, der mit vielen Bildern, Collagen und vor allem vorausschauenden Texten dieses Projekt unterstützt hat. Besonderen Dank an Patrick Reinmöller wie auch an die beteiligten Unternehmen.

Kampen, 18. August 1995

Kapitel 1 **Farbmanagement**

Farbe als Entscheidungsproblem

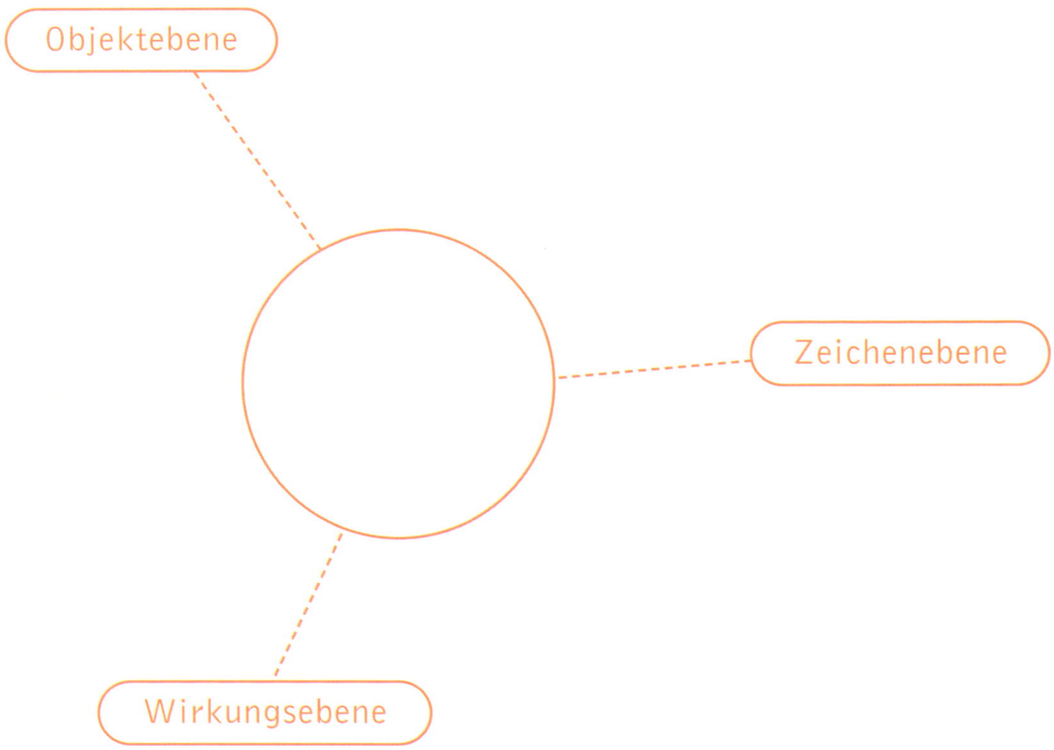

Farbprobleme ergeben sich im Management zuerst im Rahmen der strategischen Produktpolitik. Hier tut sich schon die enorme Bandbreite an Entscheidungsbedarf auf, so geht es z. B. um:

- Farbe für eine neue Generation von Sportgeräten
- Attraktivitätssteigerung einer Verpackung
- Kollektionierung neuer Bodenbeläge o. ä.
- Elimination von Auslauffarben
- Bestimmung von Trendfarben usw.

Darüber hinaus braucht die Planungs- bzw. Organisationabteilung Farbentscheidungen. Sie haben wenig mit »Farbe« zu tun und möchten vom Produktmanagement z. B. Hilfe bei:

- Ladengestaltung
- CI-Farbendefinition
- Außenanstrich des Verwaltungsgebäudes
- Farben der Büromöbel
- Farben des Fuhrparks

Oder der Außendienst hat z. B. Schwierigkeiten, eine neue Kollektion von farbig attraktiven Produkten zu verkaufen. Er benötigt ein begriffliches Instrumentarium zur Benennung der Farben und eine fundierte Unterweisung, wie man die Farben ästhetisch kombiniert.
Viele Firmen haben ein sogenanntes Handelsmarketing. Hier werden die Mitglieder der »Pipeline« geschult. Immer dann, wenn Farbe als Verkaufsargument eingesetzt wird (Beratungsgespräche), tauchen die angesprochenen Management- und Kommunikationsprobleme auf.
Jeder der geschilderten Fälle liegt natürlich etwas anders, aber alle Aufgaben lassen sich auf drei »heuristische Muster« zurückführen:

- FUNKTIONALE Farbentscheidungen
- INSTRUMENTALE Farbentscheidungen
- SEMANTISCHE Farbentscheidungen

Funktionale Farbentscheidungen Die Aufgabe der Aktualisierung einer bestehenden Kollektion (z. B. Teppiche, Fliesen usw.) verlangt in erster Linie, alte Farben zu eliminieren und neue zu definieren.
Für ein »trading up« in der Ladengestaltung müssen aktuelle (z. B. prestigeorientierte) Kolorationen ausgewählt werden. Heißt die Aufgabe »Verjüngung« des Werbeauftritts, muß man sich mit Szene- und Milieufarben auseinandersetzen.
Kurzum: funktionales Farbmanagement spielt in allen Phasen des Produktmarketings eine Rolle, von der Marktforschung (Szenefarben bei Sportgeräten) über die Produktgestaltung bis hin zur Vermarktung und bedeutet, eine definierte Aufgabe (eben eine Funktion) zu erfüllen. Es geht also um Regeln, Heuristiken oder Anweisungen, die es erlauben, Farben aus einem Fundus auszuwählen. Funktionale Farbentscheidungen sind also Auswahlprozeduren, d. h. sie sind an Briefings gebunden.
Im Mittelpunkt »funktionaler« Farbentscheidungen stehen sogenannte Gestaltungsprinzipien und Realisationsheuristiken. Zur Verdeutlichung ein kurzer Abriß der Fachliteratur:

Gestaltungsprinzipien Hierbei handelt es sich um »Regeln« der Farbgestaltung. Aus der Erfahrung haben sich bestimmte Grundsätze ergeben, die man unbedingt beachten sollte.
Nach Frieling [Farbe, S. 29 ff.] sollten folgende Entsprechungen bzw. Zuordnungen bei der Farbpolitik eingehalten werden:

- fremdsinnliche Entsprechungen
- elementare Zuordnungen
- psychologische Zuordnungen personenbezüglicher Art
- psychologische Zuordnungen projektiver Art
- Zuordnung der Farbe zur Zeit
- Zuordnung der Farbe zum Raum
- Zuordnung der Farbe zur Form
- Zuordnung der Farbe zu Assoziationsreihen

Lutz [S. 37, S. 141] nennt Rang- und Stufenprinzipien sowie Harmonieprinzipien für die Farbpolitik. Leider sind diese Kriterien als ordnendes Prinzip bei der Produktgestaltung zuwenig marktorientiert. Fragen des Kaufverhaltens, der Zielgrupenorientierung und auch Aussagen zu sogenannten Trendfarben fehlen.
Wir sind jedoch aus Marketingsicht auf vertriebsbezogene Gestaltungsprinzipien angewiesen, so daß kaufrelevante Farbgestaltung in Form einer echten Farbpolitik zu entwerfen ist. Zehn wichtige Prinzipien für die Farbpolitik sowie ausgewählte Praxisbeispiele werden in Kapitel 16 herausgearbeitet.

Psychologische Zuordnungen personen-bezogener Art [nach Bitsch, S. 9]

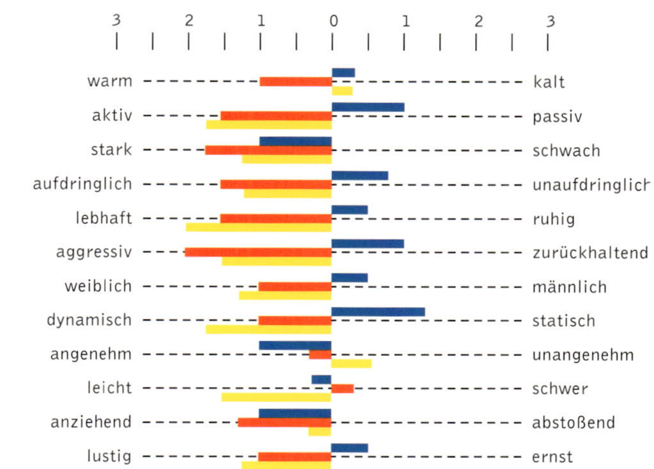

Am Anfang einer neuen Weltordnung (5)

Die Farben, die sich für Toilettenpapier am wenigsten eignen

1. Schwarz
2. Braun

Metes & Rubinowitz

»Elementare Zuordnungen« zum Schmunzeln [aus: SÜDDEUTSCHE ZEITUNG MAGAZIN]

Funktionale Farbentscheidung: Ein bestehendes Sortiment mit den meistgekauften Farben (top ten) wird erneuert. Die neuen Schlüsselfarben (key colours) sind heller und frischer als die bestehenden. Eine typische Aktualisierung im Kollektionsbereich [Vorwerk, Hameln]

Realisationsheuristiken Nur Bitsch [S. 27] hat versucht, einfache Heuristiken in Form einer Checkliste für die Farbgestaltung zu entwickeln.
Leider wird dort nicht dargestellt, wie man überhaupt an neue Farbideen kommt (Farbkreation), wo sich Entwicklungslinien auftun und vor allem, nach welchem Suchraster Farbpolitik zu betreiben ist.
Wir müssen also auch hier nach eigenständigen Ansätzen suchen, um funktionale Farbentscheidungen zu substantiieren [vgl. Kapitel 16].

Checkliste für die Farbentscheidung

1. Welche Funktionen hat das Produkt?
2. Welche Tätigkeiten werden mit dem Produkt ausgeführt (auch im Hinblick auf den Bereich Eintönigkeit/Aktivierung)?
3. Welche Personen führen die Tätigkeit aus (Alter, Geschlecht soziale Schicht, Wohngebiet)?
4. Wie sind die Lichtbedingungen im Anwendungsfall (Tageslicht, Mischlicht, Kunstlicht)?
5. Welche Bedeutung hat Farbe als ordnendes und strukturierendes Mittel?
6. Welche Normen für die Produktgestaltung (z. B. Hausfarben) sind vorgegeben?
7. Welche psychologische bzw. Anmutungswirkung ist für das Produkt erwünscht?
8. Sind eher beruhigende oder anregende Farbwirkungen zweckmäßig?
9. Stehen für den Käufer ästhetische oder praktische Gesichtspunkte im Vordergrund?
10. In welcher Umgebung wird das Produkt verwendet werden?
11. Ist Fleckunempfindlichkeit oder Unempfindlichkeit der Oberfläche gefordert?
12. Können die Farbtonvorschläge auch unter den Gesichtspunkten der wirtschaftlichen Herstellung bzw. Verarbeitung des Lackmaterials verwirklicht werden?

Instrumentelle Farbentscheidungen Daß Farbbevorzugungen in Persönlichkeitstests eine Rolle spielen [z. B. Lüscher-Test als psychologisches Werkzeug; ausführlich in Kapitel 13 beschrieben], ist bekannt. Farben werden jedoch auch arbeitsphysiologisch genutzt: Montagebereiche oder Rekreationszonen verlangen eine jeweils andere Farbgestaltung. Farbe kann die Mitarbeiter aktivieren oder beruhigen.
Da Farbe »Weite« oder »Geborgenheit« ausstrahlt, aber auch Ruhe, Kontemplation usw. ermöglicht, ist sie ein wichtiges Instrument der Innenarchitektur. Hier wird die sogenannte »Kontrastlehre« benutzt, um vorher festgelegte Wirkungen des Raumes zu erzeugen. Farbe ist ein Werkzeug, um physiologische, psychologische oder soziale Ziele zu erreichen. Instrumentelle Farbentscheidungen versuchen also zuerst, Eindrücke zu definieren, um diese dann farbgerecht zu erfüllen.
In den Kapiteln 5 (Farbphysiologie), 10 (Farbsemiotik), 13 (Farbpräferenzen) sowie 15 (Farbpragmatik) finden Sie relevante Hinweise zu instrumentalen Farbentscheidungen.

Semantische Farbentscheidungen Farben werden immer stärker als Zeichen eingesetzt. Die uferlose CI-Diskussion gipfelt schließlich nur noch in Entscheidungen über Schrifttypen und HKS-Farben (d. h. Druckfarben). Man erkennt: Farbe ist Träger einer Botschaft.
Farbe schafft Identität und Unverwechselbarkeit, Farbe grenzt visuell ab.
Dazu ist es jedoch nötig, daß die Farbe – in der ersten Ebene – überhaupt als Zeichen erkannt wird. Wir müssen arbiträre (d. h. willkürliche) Farbkennung vermeiden und dazu die Regeln des Farbcodes beherrschen [vgl. Kapitel 10].

Arbiträre Farbcodierung am Beispiel Kaffee: Wo ist die »schonende«, wo die »würzige« Farbe?

Instrumentelle Farbentscheidung: Beim Kauf dieser Büromöbel fand eine ergonomische Entscheidung statt: Arbeitsplatte Rauchblau, Akzentfarbe Nilgrau.

Akzentfarben bzw. Behaglichkeitsfarben für die Arbeitsplatzgestaltung

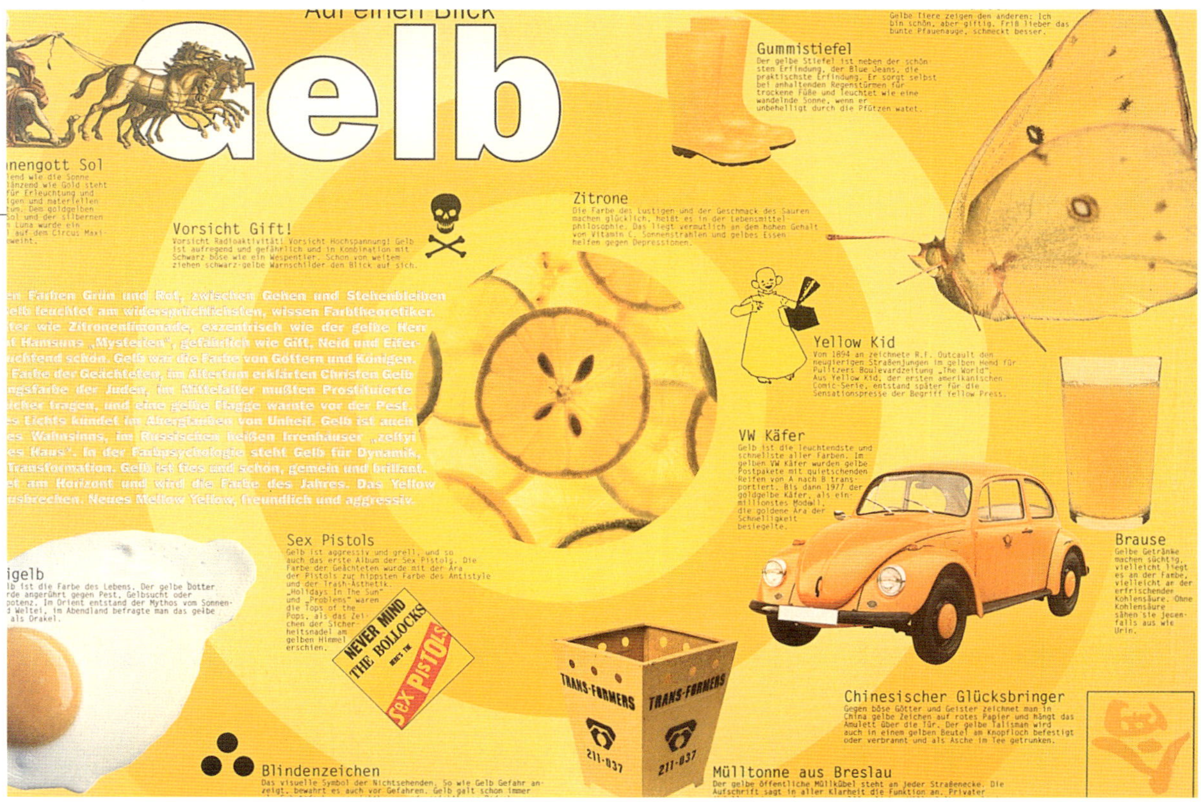

Farbsemantik: Besser kann man die unterschiedlichen Zeichenebenen der Farbe »Gelb« nicht illustrieren. [aus: JETZT, DAS JUGENDMAGAZIN DER SÜDDEUTSCHEN ZEITUNG, Nr. 3, 1995]

Als zweite Zeichenebene müssen wir die Symbolik der Farben berücksichtigen. Man hat die physiologischen, die psychologischen und die metaphorischen Symbole auseinanderzuhalten. Ein Beispiel: Rot »wirkt« warm und trocken, vermittelt Dynamik und Kraft und steht in übertragenem Sinne für Lebensfreude und Phantasie.
Um die Probleme der Farbsemantik zu konkretisieren, haben wir uns einmal den Büchermarkt angesehen. Die Abbildungen zeigen einige Beispiele.
Farbe ist jedoch auch ein Kommunikationsproblem. Wir müssen über Farben reden können. Sinnvolle Verkaufsgespräche können nur dann geführt werden, wenn man sehr genau weiß, welche Assoziationshorizonte Farben haben, welche Anmutungen sie bewirken, wie Farbe beim Kunden in seiner Nutzersphäre eingesetzt wird.
Beifälliges Nicken oder Staunen kann die Antwort sein – je nachdem, ob das Sprachspiel funktioniert oder nicht. Das ist der Grund, warum wir im nächsten Kapitel über Farbnamen und Farbkategorien sprechen.

Flache Symbolik (Rot) und eine Farbkomposition (Gelb-Rot), die das heiße Thema nur vordergründig rüberbringen

Die Koloration »kühle Folklore«, in eine Farbcollage übersetzt. (Am Anfang des Verkaufsgesprächs steht jedoch immer der Verweis: das ist unsere neue Koloration »kühle Folklore«)

Der Turbomanager kommt in der Softyfarbe Türkis daher. Da wird die Powertechnik schon beim Betrachten weich.

Pfarrer Sommerauer predigt vielleicht in Bischhofspurpur und Kardinalrot – hier ist die Farbsymbolik verfehlt, es sei denn, man muß Klaus Steilmanns Thesen wirklich »glauben«.

Richtig: Die Trendfarben sind Violett und Blau, Rotorange für die Jahreszahlen ist vorausschauend gewählt.

Wir wollen dieses Kapitel mit einem Blick auf drei Reflexionsebenen von Farbe beschließen: eine Objektebene, eine Wirkungsebene und eine Zeichenebene. Die Managemententscheidungen sind diesen Ebenen zuzuordnen, so daß es immer um Sachverhalte, Urteile und Aussagen geht.
Als Wegweiser durch das ganze Buch soll folgende Matrix dienen, die zeigt, welche Kapitel bevorzugt welche Farbprobleme theoretisieren.

Reflexionsebenen

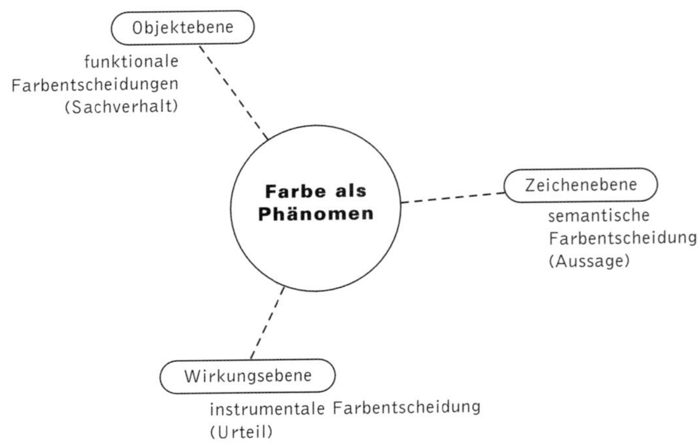

Zusammenfassung Man erkennt, daß fünf Themen eine Art Querschnittsfunktion haben:

— Farbmanagement
— Farbsysteme
— Farbsymbolik
— Farbpragmatik
— Farbpolitik

Diese Kapitel – mit den entsprechenden Querverweisen – können als Schnelldurchgang durch das ganze Buch dienen.

Matrix für Buchkapitel

Kapitel	Managementproblem funktional	instrumental	semantisch
Farbmanagement	●	●	●
Farbnamen	○	●	●
Farbordnungen	○	○	●
Farbphysiologie	●	●	○
Farbpsychologie	●	○	●
Farbsysteme	●	●	○
Farbästhetik	●	○	○
Farbharmonien	○	○	●
Farbwelten	○	○	●
Farbsemiotik	●	●	●
Farbtrends	●	○	○
Farbforschung	○	●	●
Farbpräferenzen	●	●	○
Farbwahl	●	○	○
Farbpragmatik	●	●	●
Farbpolitik	●	●	●

Kapitel 2 **Farbnamen**

Sprachspiele als Wettbewerbsfaktor

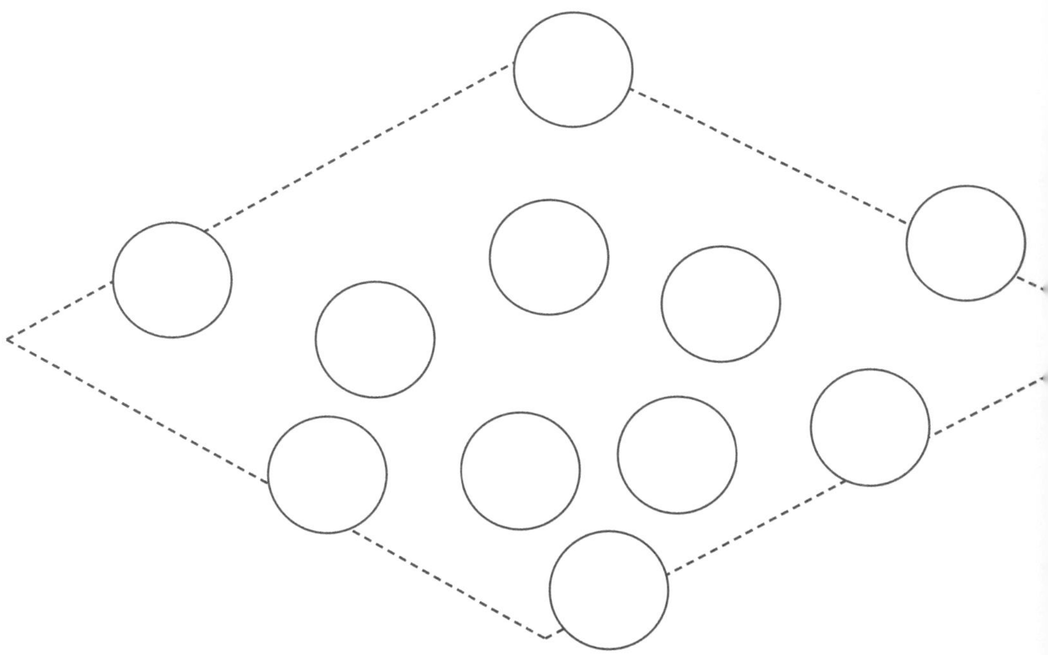

»Man sieht nur das, was man weiß« und »man weiß nur das, wofür man ein Wort hat«. Das gilt erst recht für Farben. Ein Farbeindruck kann zwar ohne Worte eine »Farbempfindung« auslösen, zu kaufwirksamen Anmutungen kommt es jedoch leichter, wenn die Farbe eine »richtige« Bezeichnung hat [vgl. dazu auch Kapitel 5 Farbpsychologie].
Zur Einstimmung in die Verständigungsproblematik ein paar Beispiele:

— Die Hinweisschilder sind in RAL 1004 verkehrsgelb.
— Der PKW ist skarabäus-metallic.
— Die Waschtischarmatur ist verchromt.
— Die Sanitärkeramik ist »whisper-blue«.
— Die Schreibtischplatte ist sepiabraun.
— Der Teppichboden ist perlgrau usw.
— Der Sportwagen ist urgrün.
— Die neue CI-Farbe ist Magenta.
— Unsere Fliesenkollektion heißt »Tropical«.

Diese Liste enthält zuerst einmal bekannte Farbnamen mit einem variierenden Zusatz:

»Verkehrs«	----	dann	----	gelb
»Whisper«	----	dann	----	blau
»Sepia«	----	dann	----	braun
»Perl«	----	dann	----	grau
»Ur«	----	dann	----	grün

Gelb bis Grün sind sogenannte ALLGEMEINE FARBWORTE. Diese geschriebenen Zeichen (oder gesprochener Lautkomplex) sind ausschließlich dazu da, Farben von Gegenständen und Farben der Außenwelt zu benennen.
Es ist ein Verdienst der sogenannten inhaltsbezogenen Grammatik [Weißgerber, S. 288], gezeigt zu haben, daß es in der deutschen Sprache nur elf allgemeine Farbworte gibt – außer den schon genannten noch: Weiß, Schwarz, Rosa, Lila, Violett und Rot.
Diese allgemeinen Farbworte werden jedoch nicht wie Vokabeln linear hintereinander im Gedächtnis abgespeichert. Um die Zugriffsfähigkeit zu steigern, werden sie nämlich – so die inhaltsbezogene Grammatik – als Sprachfeld gegliedert. Sprachfelder sind zwei- oder dreidimensionale Figurationen – sie können kreisförmig, winkelförmig oder auch prismatisch sein.

Felder [vgl. dazu Kapitel 9 Farbwelten] sind topologische Räume, die sich nach »außen«! klar abgrenzen, die sich jedoch im Innern nur durch die einbezogenen Elemente gliedern.
Das sprachliche Feld der Farben hat nach Weißgerber eine Rautenform, welche durch die Pole Schwarz und Weiß und Grün und Rot begrenzt sind. Alle anderen Farbworte fügen sich in dieses Feld ein.
»Anthrazitgrau« kann also nur »vergegenwärtigt« werden, wenn man »Weiß« und »Schwarz« kennt. Die Eingrenzung »Anthrazit« gleich »Kohle« läßt also ein geistiges Bild entstehen, welches eher schwarz als weiß ist und damit letztendlich ein aufgehelltes Schwarz darstellt. Nach diesem Muster sollen alle Farbnuancen in der »geistigen Zwischenwelt« zustande kommen.

Trotzdem ist die Verständigung mit allgemeinen Farbworten problematisch. Diese Raute der »Sprachworte« ist im »kollektiv Unbewußten« wohl doch nicht generell verankert.
Verwirrung herrscht besonders zwischen den Farbfeldern Blauviolett, Magenta und Rot.

Deshalb erscheint es uns tatsächlich sinnvoll, zuerst einmal Grundfarben und daraus abgeleitete Zwischenfarben zu entwickeln. Wir schlagen hier sechs Grundfarben vor [Begründung hierfür in Kapitel 3], die wir in Form eines Sechsecks anordnen.

Die Farbe Magenta kommt in der Raute der Sprachfelder gar nicht vor. Es handelt sich dabei um einen synthetischen Teerfarbstoff (zwischen Violett und Rot), der im Jahre 1958 erstmals hergestellt wurde und seinen Namen nach der Schlacht bei Magenta-Solferino erhielt [vgl. Seufert, Stichwort: Magenta].
Nun ist auch geklärt, was im Eingangskapitel mit der »CI-Farbe Magenta« gemeint ist. Es handelt sich um eine Farbe aus der Drucktechnik, die im normalen verwenderbezogenen Sprachspiel so gut wie nicht vorkommt und als »violettes Rot« bezeichnet werden kann.
Man kann nun sehr einfach sechs Zwischenfarben bilden und damit die Verständigungsbreite stark erhöhen.

Das Schema der geistigen Zwischenwelten zeigt »Feldbezüge« für die elf allgemeinen Farbworte.

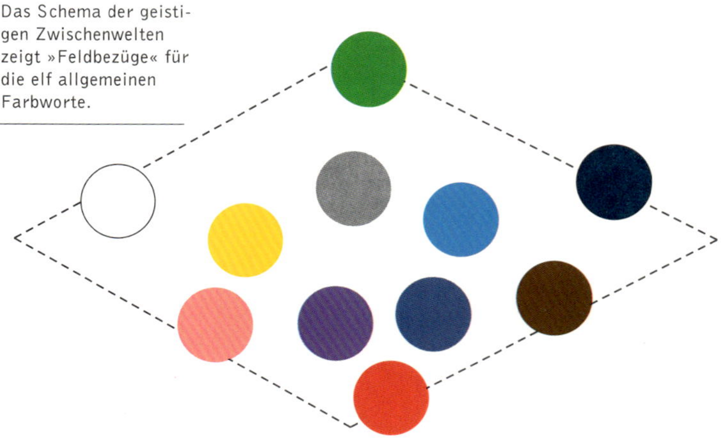

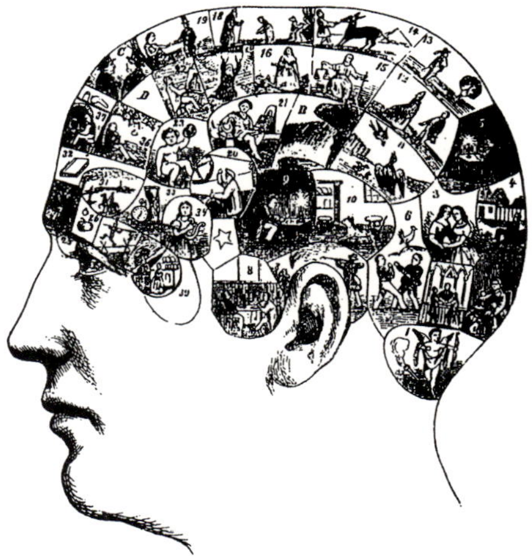

Organ
A. der Gattenliebe, B. des Stolzes, C. des Begriffssinnes, D. der Anmuth, 1. der Geschlechtsliebe, 2. der Aelternliebe, 3. der Freundschaft, 4. der Heimatsliebe, 5. der Emsigkeit, 6. des Kampfsinnes, 7. des Zerstörungssinnes, 8. der Eßlust, 9. des Erwerbssinnes, 10. der Verschwiegenheit, 11. der Vorsicht, 12. des Ehrgeizes, 13. der Selbstachtung, 14. der Festigkeit, 15. der Gewissenhaftigkeit, 16. der Hoffnung, 17. der Gläubigkeit, 18. der Demuth, 19. der Gutmüthigkeit, 20. des Bausinnes, 21. des Idealitätssinnes, 22. des Nachahmungssinnes, 23. des Frohsinnes, 24. des Beobachtungssinnes, 25. des Formsinnes, 26. des Maßsinnes, 27. des Wägesinnes, 28. des Farbensinnes, 29. des Ordnungssinnes, 30. des Zahlensinnes, 31. des Ortssinnes, 32. des Erinnerungssinnes, 33. des Zeitsinnes, 34. des Tonsinnes, 35. des Sprachsinnes, 36. des Causalitätssinnes, 37. des Vergleichssinnes.

Eine Zeichnung aus dem Jahre 1884: nach damaliger Vorstellung bestand das Gehirn aus unterschiedlichen Organen. Der Farbsinn saß laut dieser Zeichnung neben dem Wäge- und Ordnungssinn.

Fachtermini der Künstlerfarben

Grundfarben

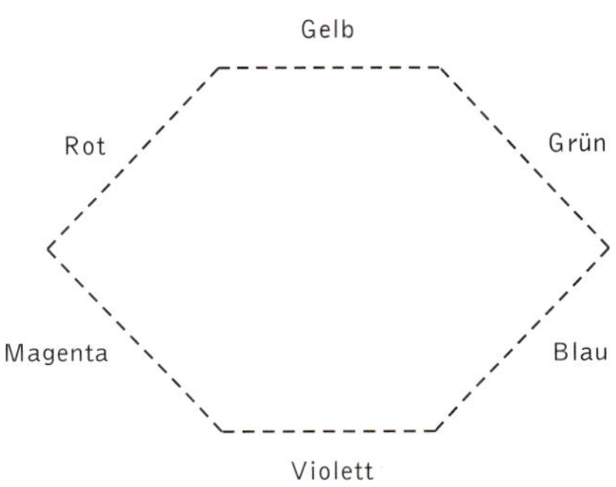

Sprachsystem für die sechs Grundfarben und die Zwischenfarben

[nachgestellt mit Munsell-Farben, vgl. Kapitel 6]

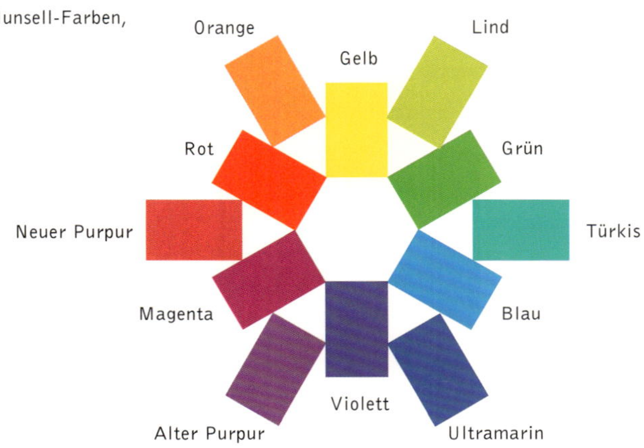

Während die meisten Zwischenfarben selbsterklärend sind, gibt es terminologische Unklarheiten bei folgenden Kategorien:

— ZWISCHENFARBE

Rot-Magenta = Purpurrot

ANDERE BEZEICHNUNGEN

Purpur, Rosa, Kardinalspurpur, neuer Purpur

— ZWISCHENFARBE

Magenta-Violett = Purpurviolett

ANDERE BEZEICHNUNGEN

Bischofspurpur, Purpur der Macht, alter Purpur

Purpur der Macht ...

Wir zeigen hier zur Akzentuierung eine Farbrose, die die allgemeinen Farbworte benutzt, um den Bezug zu den Zwischenfarben zu systematisieren [Küppers, HARMONIELEHRE, S. 75 schlägt eine sog. »Farbsonne der Buntarten« vor, die zwar sprachlich gut gemeint, physiologisch jedoch unrichtig ist!]
Mit den bisher beschriebenen Farbworten ist eine Basisverständigung gut möglich, eine expressive Kommunikation jedoch kaum zu realisieren. Aus Marketingsicht bemüht man daher drei weitere Vorgehensweisen:

— Veränderung der allgemeinen Farbworte durch Zusatzbezeichnungen
— »Mischung«, d. h. Verbindung allgemeiner Farbworte
— Schaffung neuer Farbworte

Farbsonne

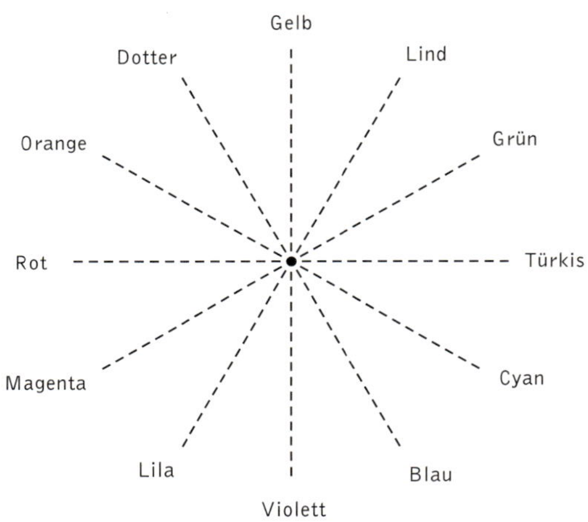

Die Veränderung der allgemeinen Farbworte

Zuerst wurden »generische Farbworte« benutzt. Sie weisen auf die Ausgangsstoffe hin, die man zur Pigmentherstellung brauchte, oder beschreiben den Herstellungsprozeß oder die geographische Herkunft, z. B.:

— Bleiweiß
— Cadmiumgelb
— Cyanblau
— Strontiumgelb
— Kobaltgrün
— Zinkgrün
— Sienabraun usw.

Schon bald reichte diese Nuancierung nicht mehr aus, man korrelierte die Farbworte mit sogenannten bezugnehmenden Bezeichnungen. Diese weisen auf farbige Gegenstände hin, die aus der realen Umwelt entlehnt sind. Bezogen auf unsere Eingangsbeispiele bedeutet das: Perl-Grau (so »grau« wie eine Perle), Sepia-Braun (so braun wie der Drüsenfarbstoff des Tintenfisches) usw.
Von der Verwendung der bezugnehmenden Bezeichnungen wird besonders stark im RAL-Register Gebrauch gemacht. Besorgen Sie sich einen sogenannten Farbfächer, dann können Sie einmal nachvollziehen, daß ein Graublau besser als Basaltgrau und ein Graugelb besser als Zementgrau zu beschreiben ist.

… Alter und neuer Purpur

Bezugnehmende
Bezeichnungen am
Beispiel »Grau«
nach RAL

Die Farbpalette der Hersteller von Künstlerfarben (z. B. Schmincke, Faber Castell usw.) bieten ebenfalls Nachhilfe in Farbnamen und Farbarten.

Mit diesen bezugnehmenden Farbworten wurde viel Unheil angerichtet. Wer weiß schon, daß Coelinblau ein Himmelblau ist (Coelum = Himmel) und »Schlamm« als Modefarbe klingt auch nicht besonders attraktiv.

Aber trotzdem: Karamelbraun ist anders als Karneelbraun, und Kamelbraun ist anders als Kastanienbraun, und Kaffeebraun ist anders als Kakaobraun.

Die eigenschaftsorientierte Farbwortverwendung ist die nächste Etappe. Der Glanzgrad, die Helligkeit oder die Sättigung von Farben [vgl. zu den Begriffen Kapitel 6 Farbsysteme] wird benutzt, um Grundfarben zu verändern:

— Brillantrot ist ein Rot mit hohem Glanzgrad
— Pastellblau ist ein Blau mit hohem Weißanteil
— Tiefgrün ist ein Grün mit einer hohen Sättigung usw.

Noch zwei weitere Möglichkeiten werden benutzt: assoziative und anmutungshafte Grundfarbwortveränderungen:

Assoziation [vgl. Kapitel 5 Farbpsychologie] sind Reiz-Reaktionsmuster, die die menschliche Fähigkeit der Transformation von Symbolen aus einem Sprachspiel in ein anderes nutzen: »Verkehrsgelb« bezeichnet ein Gelb, so wie es bei Verkehrsschildern benutzt wird. »Urgrün« ist ein unverfälschtes ursprüngliches, d. h. archetypisches Grün.

Die neueste Waffe im Kampf um neue Farbworte ist die »anmutungshafte« Grundwortveränderung. »Whisper«-blue ist dafür ein gutes Beispiel. Hier handelt es sich um ein »geflüstertes« Blau, ein Hauch von Blau, ein Blau, bei dem man hinhören muß [vgl. Synästhesien Kapitel 5], damit man die Nuance erkennt.

Bei der Kreation von anmutungshaften Bezeichnungen stehen Wortklang und Expressivität im Mittelpunkt. Gute Beispiele sind

— Laserblau: strahlendes, helles Blau
— Manhattengrau: neutrales, modernes Grau
— Amararot: dunkles Rubinrot

Zusätzlich zu den elf allgemeinen und den unendlich vielen speziellen Farbworten gibt es jedoch noch eine andere Farbkategorie, das sind die sogenannten Materialfarben. Hier ein Beispiel: Die Mineralien, die Hölzer, die Steine, die Lederprodukte – jede Kategorie bringt eine eigene Farbpalette hervor. Besonders beliebt sind die Namen der Halbedelsteine (Türkis, Rubin, Topas usw.).

Wir können nur empfehlen, die Fachsprachen der Materialtechnologien zu Rate zu ziehen, um zu neuen Farbnamen zu kommen.

Die bekanntesten Materialfarben sind die METALLFARBEN. Nur Metalle (z. B. Eisen, Gold, Kupfer, Silber, Nickel, Edelstahl usw.) haben eine Eigenschaft, die man Metallglanz nennt. Nach entsprechender Politur der Oberflächen erhält man farbige Glanzpotentiale, die durch keine normale Farbe zu erzielen sind. Jedes Metall hat eine eigentümliche »Glanzkoloration«, die zwischen der kalten Pracht des Chromglanzes (bläulich-silber) und dem warmen Charme des Rotgoldes liegt.

Man kann die Metallfarben zwischen kalt und warm bzw. leicht und schwer in ein Koordinatensystem einordnen [nach Küthe, FARBE IM BAD, S. 141 ff.]:

Darüber hinaus »laufen« einige Metallfarben an, sie oxydieren. Dieser Prozeß ergibt eine morbide Patina von eigenartigem Reiz. Bei den Oberflächen von Armaturen macht man davon schon Gebrauch (Beispiel: Bronze patiniert).

Aus drucktechnischen Gründen ist es unmöglich, diese Metallfarben genau zu dokumentieren. Druckfarben sind nämlich Pigmentfarben, und wenn man versucht, Metallfarben drucktechnisch abzubilden, kommt man immer in den Bereich der sogenannten »Metallics« einer weiteren Besonderheiten im Rahmen der Farbmuster.

Wir zeigen hier als Beispiel, wie schwierig es für einen Hersteller von Armaturen ist, die Metalloberflächen verläßlich zu kommunizieren. Ohne erklärende Begriffe geht es dabei nie.

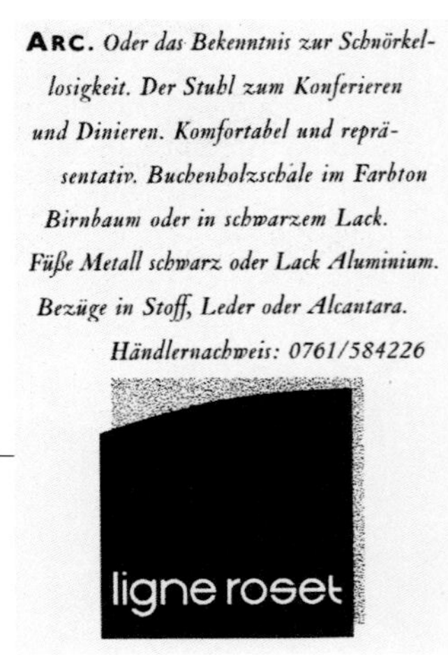

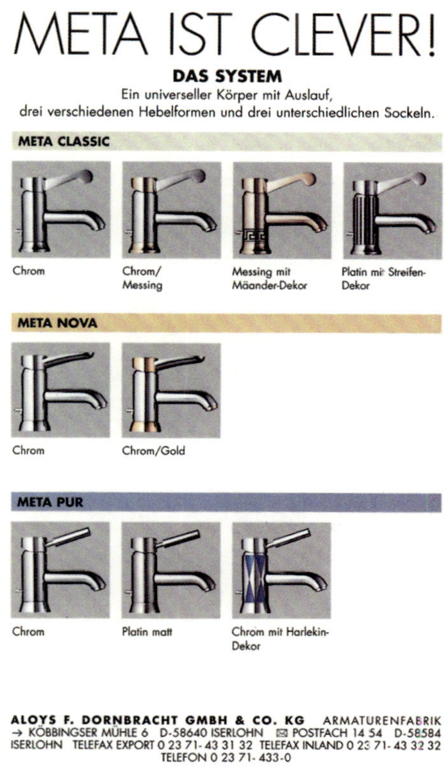

Positionierung der Metallfarben

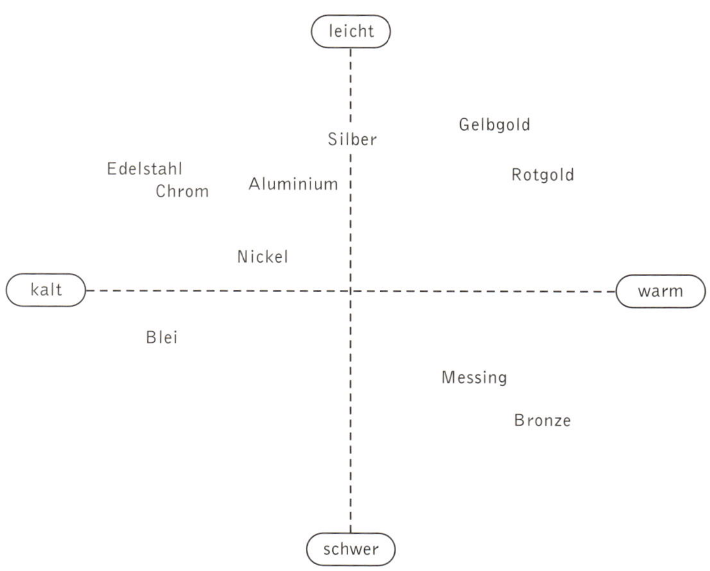

Kein Farbsystem hat bisher die Metallfarben inkorporiert. Nur das schon sehr alte RAL-System [vgl. Kapitel 6] wartet mit zwei Sonderfarben auf (Weiß- und Graualuminium).

Und nun zu den Metallics: Jede bunte und unbunte Farbe kann mit Metallpigmenten versetzt und damit im Charakter verändert werden. Unser Eingangsbeispiel »Skarabäus metallic« bedarf der Erklärung!

Zuerst einmal: Skarabäus hört sich gut an! Wer die doppelte Assoziation entschlüsselt, hat aber ein Aha-Erlebnis: der Skarabäus ist der berühmte ägyptische »Pillendreher«, ein Käfer, der seine Exkremente formal ausgefallen behandelt. Im Schatz des Tutenchamun wird dieser Pillendreher in dunkelgrünem Halbedelstein (Malachit) als Silhouette dargestellt.

Das ist die Lösung: »Skarabäus-metallic« ist ein dunkles Mineralgrün, welches darüber hinaus mit silbernen Metallicpartikeln luxuriert wurde.

Da man die – zugegebenermaßen sehr schöne Geschichte – bei der Farbgebung nicht mitliefern kann, ist man auf den Klang der Worte angewiesen. Und »Skarabäus« hat einen guten Klang, auch wenn die kulturgeschichtlichen Hintergründe den meisten nicht bekannt sind.

Die Skala der Metallics ist fast nicht mehr überschaubar – jeder Metallton läßt sich mit jeder Grundfarbe mischen.

Zum Schluß bleibt nur noch der Hinweis auf »Spezialfarben«. Spezialfarben sind hier als Restgröße zu verstehen. Neben den Leuchtfarben gibt es Lasurfarben, opake Farben und Effekt-Farben. Ein Spezialgebiet, in das wir uns jedoch nicht verirren sollten:

Leuchtfarbe	----	z. B. Feuerwehrrot
Lasurfarbe	----	Holzlasuren decken die Unterschicht (Maserung) nicht ganz ab
opake Farben	----	deckende Farben zwischen Lasur und Lack
Effekt-Farben	----	Perlmutt-Effekt, Solar-Effekt, Hammerschlag-Effekt, Brillanz-Effekt usw.

Verbindung allgemeiner Farbworte Mit einer Matrix lassen sich die Wortverbindungen verdeutlichen. Interessant an dieser Matrix ist nun, daß es einige Farben gibt, die im Sprachbewußtsein nicht mit einer anderen zu kombinieren sind. Vom allgemeinen Sprachverständnis her gibt es also keinen Farbennamen für Rot-Grün, Gelb-Blau bzw. Violett-Gelb und umgekehrt.

Diese Spracherfahrung nimmt schon die sogenannten »Komplementärfarben« vorweg. Es handelt sich dabei um Farben, die, wenn man sie miteinander mischt, keine Nuancierung der Farbe ergeben, sondern ein Schwarz. Doch davon im nächsten Kapitel.

Schaffung neuer Farbworte Man kann natürlich reine Phantasiebegriffe für die Farbnamensgebung benutzen. Nur der Wortklang, seine Melodie, ist bedeutsam. Beispiele hierfür sind:

— Inka
— Bali
— Canary
— Buffalo usw.

Wichtig ist jedoch bei allen Phantasiebezeichnungen, daß der symbolische Rahmen oder die Assoziationskette und evtl. auch die Synästhesien adäquat sind. Auch der Wortklang muß interessant sein (vgl. Skarabäus). Näheres zu diesem Farbphänomen in Kapitel 5 Farbpsychologie.

Schaffung neuer Begriffswelten Oft reicht es nicht mehr aus, sich banale adjektivistische Bezeichnungen auszudenken. Man benötigt umfassende Farbwelten, in denen man ganze Kolorits unterbringen kann. Bei der Entwicklung von Kollektionen behilft man sich dabei mit sogenannten Begriffswelten. Hier einige Beispiele:

— Fresco	— Ethno
— Tropical	— Batik
— Stempel	— Mystic
— Meeresfauna	— Atmospheric
— Wasserwirbel	— Rich Colonial
— Barock	— Reminiszenzen an die Antike
— Reptil	— Craquelé
— Muschel	— Konformismus
— Horizont	— Rauhreif
— Refugionalismus	— verblühte Rosenblätter
— Regionalismus	— erfrorene Waldbeeren

Wir zeigen hier an drei Farbcollagen, wie gezielt man eigentlich sehr nahe beieinanderliegende Begriffswelten differenzieren kann.

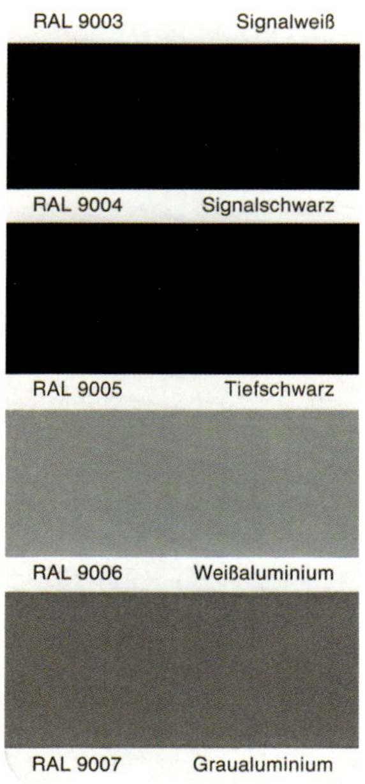

Konformismus

Refugionalismus

Regionalismus

Farbwort-Verbindungen

Dominanz-Farbe \ Akzent-Farbe	Rot	Gelb	Grün	Blau	Violett	Braun
Rot		Rotgelb		Rotblau	Rotviolett	Rotbraun
Gelb	Gelbrot		Gelbgrün			Gelbbraun
Grün		Grüngelb		Grünblau	Grünviolett	Grünbraun
Blau	Blaurot		Blaugrün		Blauviolett	Blaubraun
Violett	Violettrot		Violettgrün	Violettblau		Violettbraun
Braun	Braunrot	Braungelb	Braungrün	Braunblau	Braunviolett	

Im Modebereich geht man sogar verstärkt dazu über, nur noch abstrakte Begriffsfelder, also sogenannte expressive Farbwelten zur Farbcharakteristik heranzuziehen. Hier ein Beispiel:
die einfachen Begriffe:
— Opulenz
— Völlerei (in Form und Farbe)
— Schlemmerei
— Fülle (prachtvoll, stilvoll, lustvoll)
— Sinnlichkeit
— Kräftigkeit
— Omnipotenz
— Triumph
— Pracht (raffinierte Sultans-, Märchen-Farben)

werden in schöne Begriffsfelder übertragen:
— High-Protz
— Potenzzierde
— Odalisken-Zauber
— Drallheit
— Libido-Farbigkeit
— Kraftstrotz
— Spektakel etc.

und diese in noch viel schönere Begriffsfelder umgesetzt:
— Schlemmerei in opulenten Farben
— Triumphale, elitäre Pracht
— High-Prunk in zauberhafter Drallheit

Die adäquaten Begriffe für Farbnuancen oder ganze Kollektionen lassen sich z. B. aus sogenannten Farblexika [vgl. Seufert, Kornerup/Wanscher usw.] heraussuchen. Leider sind expressive neue Farbworte hier nicht zu finden. Aus diesem Grund ist viel Kreativität nötig, um zu neuen attraktiven Bezeichnungen zu kommen. Bewährt haben sich Synektik-Prozeduren. Wir zeigen als Beispiel ein Ablaufschema für solche Suchbezüge.

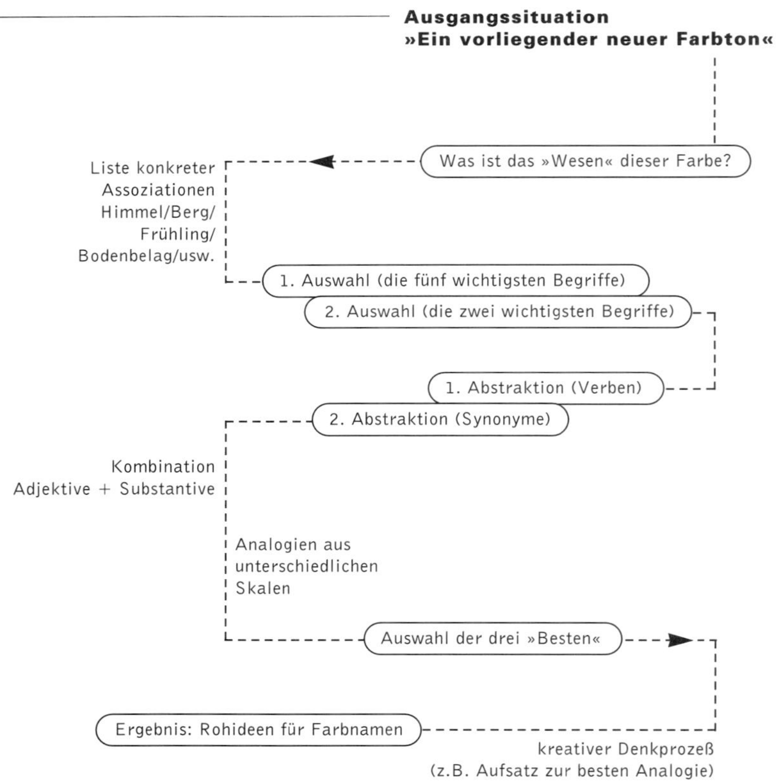

Zusammenfassung Farbnamen sind nicht eine »noch zu erledigende« Randaufgabe des Produktmanagements. Der Markterfolg einer Kollektion oder einer Einzelfarbe hängt entscheidend vom gewählten Farbwort ab. Der Außendienst ist ohne expressive Farbvokabeln und Harmoniekennungen wenig effizient.

Kapitel 3 **Farbordnungen**

Maßwerk, Spektren und Farbkreise

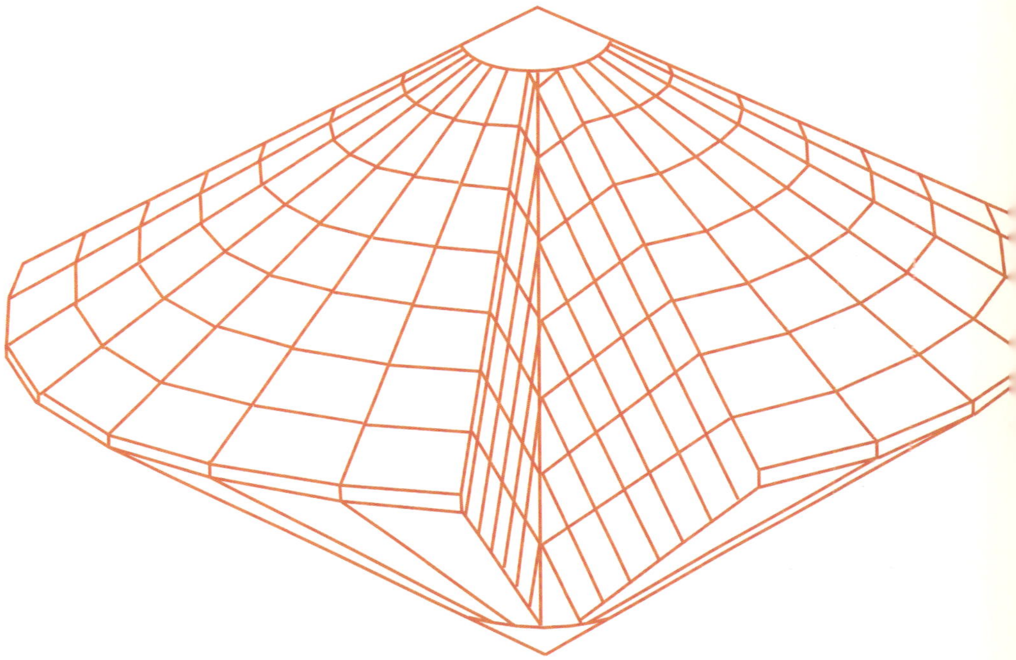

Die Entwicklung der Farbenlehre ist eng mit der Eindeutigkeit der sogenannten Grundfarben verbunden. Zahl und Anordnungen haben eine lange Geschichte, in der sich vier Entwicklungslinien aufzeigen lassen.

Lineare Farbordnungen von Hell nach Dunkel

Die griechischen Naturphilosophen glaubten, daß Farben aus dem Kampf zwischen Licht und Finsternis entstehen, eine Idee, die bei den Schattenreihen [vgl. Kapitel 8 Klarheit und Kontrast] wieder auftaucht.
»Die Mischfarbe zwischen Weiß und Schwarz ist Rot« sagten die Griechen. »Zwischen dem Weiß des Tages und dem Schwarz der Nacht liegt das Rot der aufgehenden und untergehenden Sonne« [Gerritsen, S. 24].
Diese Vorstellung bleibt bis ins ausgehende Mittelalter bestimmend. Eine schöne Grundfarbenanordnung, welche nach gotischem Maßwerk strukturiert ist, zeigt folgende Abbildung. Die Urfarben sind zwischen Hell und Dunkel geordnet, wie man es von den Griechen gelernt hatte.

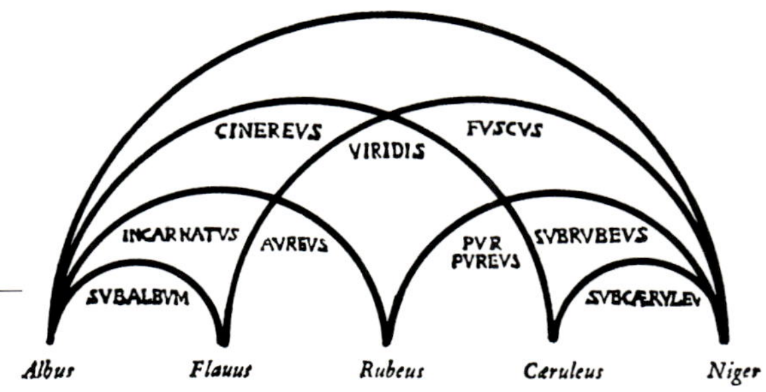

Gotisches Maßwerk als Farbsystem: Kircher, 1646

Newton-Versuche und Spektren

Mit der linearen Farbordnung zwischen Weiß und Schwarz räumte der Physiker Newton auf: Er zerlegte das Tageslicht mit Hilfe eines Glasprismas in eine FORTLAUFENDE Reihe von nur bunten Farben. Dieses farbige Band nennt man Spektrum. Newton identifizierte sieben Farben (Spektralfarben) und gab ihnen die Bezeichnung Rot, Orange, Gelb, Grün, Blau, Indigo und Violett.
Alle diese Farbnamen gelten heute noch, nur »Indigo« nennt man inzwischen Violett-Purpur. Betrachtet man dieses Spektrum auf seine Verteilung der Farben genauer, so wird man feststellen, daß Rot, Grün und Violett im Gegensatz zu den anderen Farben stärker vertreten sind. Es sind die sogenannten Urfarben der Physik. In diesem physikalischen Spektrum kommen jedoch – im Gegensatz zur linearen Farbordnung der Griechen – die Farben Schwarz und Weiß nicht mehr vor. Das wirft natürlich Probleme auf.
Die Spektralfarben sind mit den Regenbogenfarben identisch, so daß man sich auch ohne kompliziertes technisches Gerät bei entsprechender Wetterlage von der Richtigkeit des Farbspektrums überzeugen kann. Wer kein Prisma zur Hand hat: die Spektralfarben nach Newton lassen sich an jeder CD einfach nachprüfen.
Es hat dann noch etwa 100 Jahre gedauert, bis der Physiker Thomas Young (1773-1829) die Frequenzen des Spektrums bestimmt hat (von 400 bis 800 nm = 1nm = 10^{-9}m).
Die prozentuale Verteilung der einzelnen Farbanteile ist nicht gleichgewichtig. Je nach Lichtart können die spektralen Anteile stark schwanken.

Dieses Bild ist allerdings das reine Phantasieprodukt eines PC-Freaks. Magenta und Schwarz wird man auf einer CD vergeblich suchen.

Heute verwendet man die Spektren bei Leuchtmitteln, um deren Lichtqualität, d. h. die Tageslichtähnlichkeit von Leuchtkörpern zu bestimmen [vgl. dazu auch Kapitel 15 Farbpragmatik].
Als Beispiel zeigen wir zwei Spektren für »schlechte« Tageslichtähnlichkeit (Lichtfarbe 82) und »gute« (Lichtfarbe 95).

Lichtfarbe 95

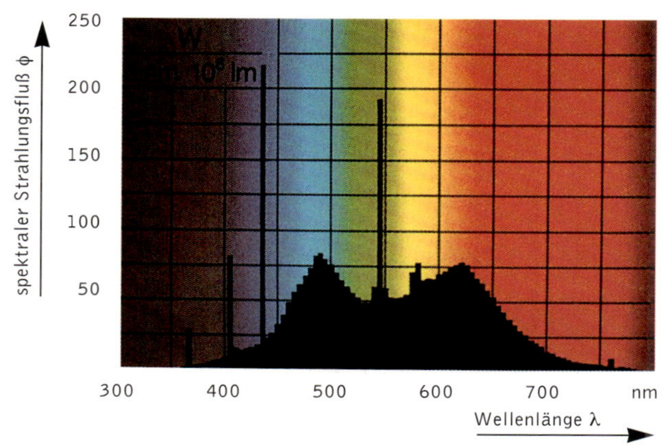

Lichtfarbe 82

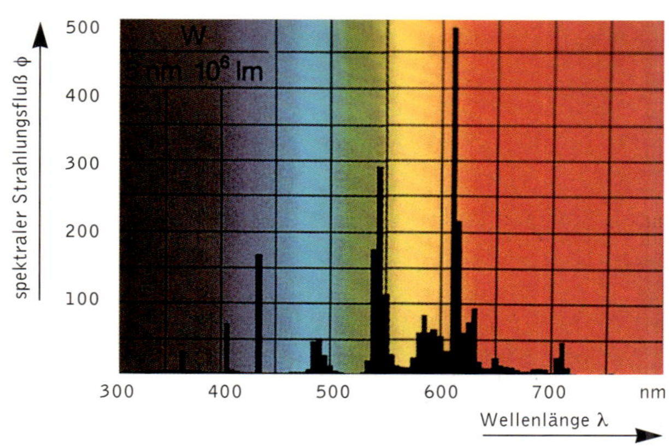

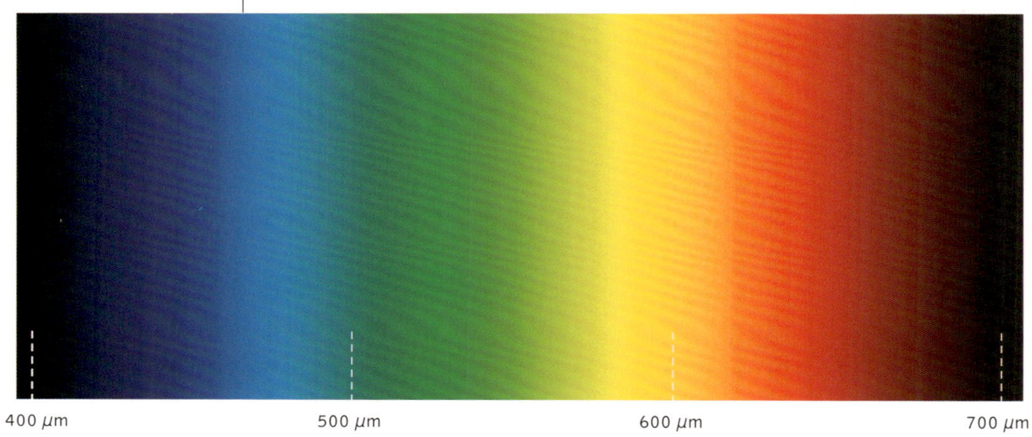

Goethe: Farbdreiecke und Kreise

Goethe selbst hat seine ab 1810 veröffentlichten Abhandlungen zur Farbe – drei Bände: didaktischer Teil, polemischer Teil, Materialien zur Geschichte der Farbenlehre – immer höher als sein dichterisches Werk eingeschätzt.
Seine Farbenlehre wird beherrscht von dem Versuch, Newton und seine physikalischen Versuche zu diskreditieren.
Drei Dinge haben Goethes Widerspruch herausgefordert:
Grau und nicht Weiß – ist Ausgangspunkt der Farben: Für Goethe entstehen alle Farben aus dem Grau, der sogenannten »Trübe«. Diese Überlegung war der Idee der griechischen Naturphilosophen natürlich nicht unähnlich, die ja alle Farben zwischen Weiß und Schwarz einordneten.
Goethe hat für seine Idee, die auf der Naturbeobachtung beruht, folgende Erklärung: Das Sonnenlicht ist farblos; wenn der Himmel jedoch bewölkt ist (also trübe!), erscheinen die Sonnenstrahlen gelb. In der Abenddämmerung (wieder trübe!) ist der Himmel dunkelrot.
Drei, aber ganz andere, Grundfarben gibt es! Seine Naturphänomene überträgt Goethe auf »Versuche«, wobei er weiße Papierstreifen auf schwarzem Untergrund durch quadratische Glastuben betrachtet. Dabei entstehen sogenannte »Kantenspektren«, die im Gegensatz zu den Newton-Spektren Gelb, Blau und Purpur als zentralen Farbanteil aufweisen.
Der entscheidende Satz: »Gelb, Blau und Purpur sind als Trias jeweils gegeneinander gestellt« hat bei den Physikern für Heiterkeit, bei den Künstlern jedoch für viel Beifall gesorgt. Aber trotzdem: Purpur, Blau und Gelb nehmen die drei Grundfarben der Drucktechnik schon vorweg.
Farben müssen polaren Charakter haben. Newton hatte seine sieben Grundfarben in Kreisform angeordnet. Er berücksichtigte dabei die spektralen Prozentanteile. Heraus kam ein Kreisel, der – wenn er in Rotation versetzt wurde – sich wieder zu Weiß ergänzen sollte: also das »weiße« Tageslicht wieder »hervorbringen« sollte [zu Farbkreiseltests vgl. Kapitel 7].
Leider kam dabei immer Grau heraus, und das bestärkte Goethe natürlich in seiner »Trübe-Theorie«.
»Daß alle Farben zusammengemischt Weiß machen, ist eine Absurdität, die man nebst anderen Absurditäten schon ein Jahrhundert gläubig und dem Augenschein entgegen zu wiederholen gewohnt ist« [Goethe, FARBENLEHRE § 558, zitiert nach Pawlik, S. 145].
Heute wissen wir natürlich ganz genau, warum bei den Kreiseltests Grau entstehen muß (Pigmente und nicht Farblichter werden verwendet). Für Goethe war es die Aufforderung, einen anderen Farbkreis zu konstruieren, einen Farbkreis, der aus drei Grundfarben abgeleitet und zu sechs Farben erweitert wird:
Als Besonderheit hat dieser die sogenannte Polaritätenkennung. Gegenfarben, also die, die wir heute als Komplementärfarben bezeichnen und von Goethe als »harmonisch« interpretiert wurde.
Der Goethesche Farbkreis setzte sich wegen seiner Regelmäßigkeit in der künstlerischen Lehre durch. Das kommt daher, daß er außer der harmonischen Farbkennung auch noch die »charakterlosen« (das ist nicht negativ gemeint) Nachbarschaftsfarben und die »charakteristischen« Drittelsprünge anspricht.
Diese Harmonielehren fanden ihre Weiterentwicklung in der Farbenlehre des Bauhauses, wo Johannes Itten den Farbkreis zu Stern und Kugel weiterentwickelte, ohne jedoch die Farbe Magenta (d. h. Purpur) zu berücksichtigen [vgl. Kapitel 8].

Zusammenschau: zwei Theorien, ein System

Hätte man sich die Mühe gemacht, die Versuche von Goethe und Newton einmal genauer zu betrachten, wären Mißverständnisse und Fehlinterpretationen bei den Grundfarben erspart geblieben. Wir zeigen hier eine Originalabbildung von Martin [S. 45], der die Zusammenhänge und Unterschiede didaktisch hervorragend gegenüberstellt.

Der Newton-Farbkreis mit »prozentualer Verteilung« der Grundkolorits

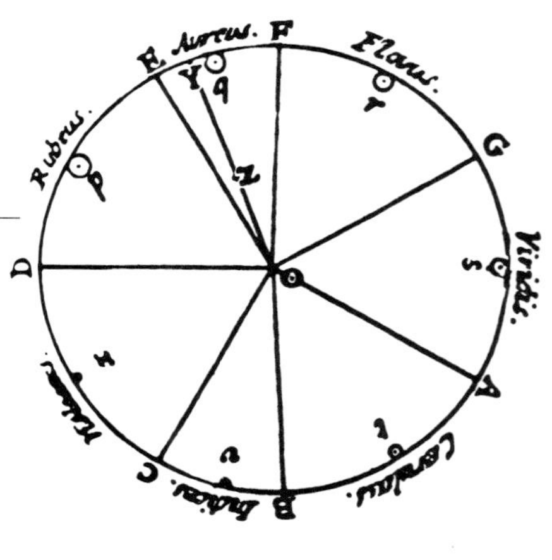

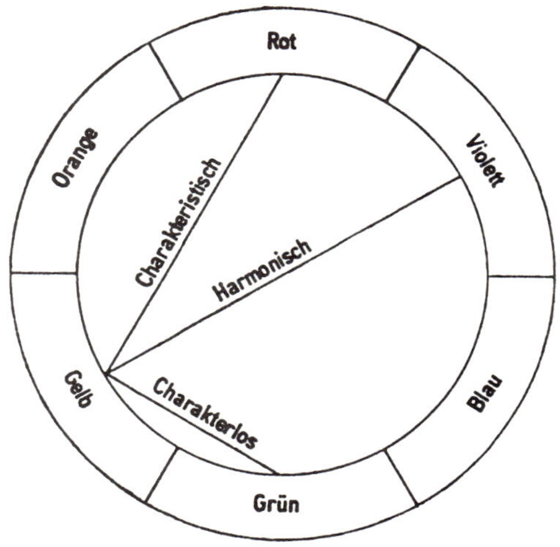

Wir zeigen hier in einer Abbildung [nach Küppers, HARMONIELEHRE, S. 156] die Harmonievorstellungen Goethes. (Achtung: Farbnamen entsprechen nicht unserer Normbezeichnung!)

Newton 1666	Goethe 1791
Objektiver Versuch mit Prisma. In ganz verdunkelter Kammer Licht nur durch ein schmales Loch im Fensterladen durchgelassen.	Subjektiver Versuch mit Prisma. In frisch geweißtem Zimmer Licht nur durch schmalen Fensterstab gehindert.
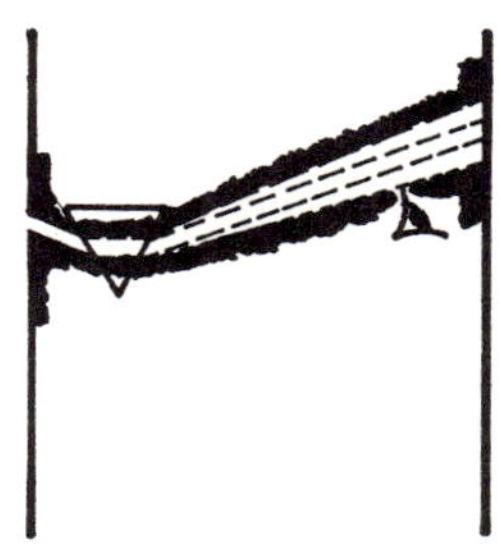	
Newtonsches Spektrum	Goethesches Spektrum
Homogene Lichtstrahlen verschiedener Brechbarkeit sind im Licht enthalten.	Farben entstehen an Hell-Dunkel-Grenzen durch Wechselwirkung von Licht und Finsternis.
Strahlungen als Quantitäten	*Farben als Qualitäten*

Farbdreieck nach Goethe

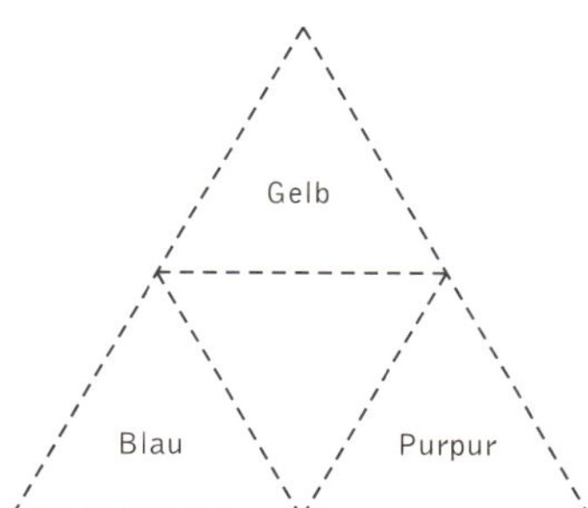

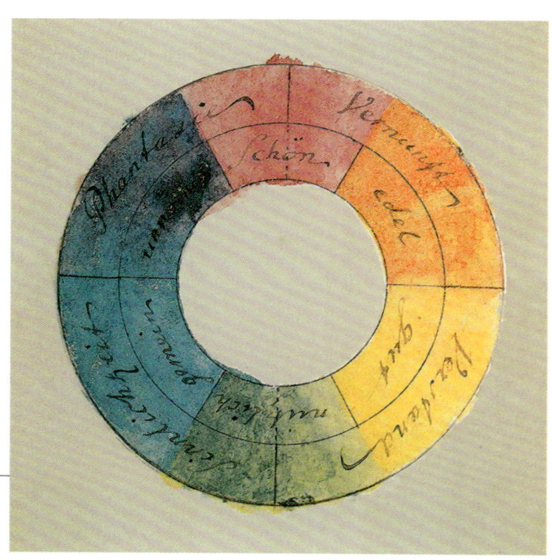

Der Goethesche Farbkreis als Faksimile [aus: KULTUR UND TECHNIK, 1995]; Goethe hat mit seinem Farbkreis auf Newtons prismatische Zerlegung des Lichts emotional geantwortet.

Es gibt heute zwei Tatbestände, die auch breite Schichten für die notwendige Revision der Kontrastlehre der Künstler sensibilisiert haben: das Aufkommen der Farbkopierer und die elektronischen Farben des Bildschirms.
Die Drucktechniker (Dreifarbendruck + Schwarz) wußten es schon immer: Magenta, Blau und Gelb sind ihre Grundfarben. Heute kann sich jeder leicht selbst überzeugen; ein Farbkopierer hat drei Pigmentreservoirs mit den genannten Farben und einen für Schwarz.

Die Grundfarben des Farbkopierers lassen sich gut an diesem »Testblatt« studieren.

Alle Farbnuancen lassen sich durch eine Intensitätsveränderung der Farben und eine entstehende Überlagerung (Zusammendrucken) erzeugen. Man nennt übrigens die Theorie, die hinter der Drucktechnik steht, »subtraktive Farbtheorie«. Die Erklärung ist leicht einzusehen, wenn man von zwei Grundannahmen ausgeht:

1. Die Newtonsche Regel: weißes Licht besteht aus den Grundfarben Rot, Grün und Violett.
2. Die Komplementär-Regel: ein Pigment absorbiert die Komplementär-Farbe und reflektiert die eigene Farbe.

Nun die Erklärung der subtraktiven Farbmischung am Beispiel der Mischung von Malfarben: Blau + Gelb = Grün:
Blau absorbiert aus dem weißen Tageslicht seine Komplementärfarbe, das Rot,
Gelb absorbiert aus dem weißen Tageslicht seine Komplementärfarbe, das Violett.
Da das ursprüngliche weiße Tageslicht rot, grün, violett ist, also bei der Farbmischung um zwei Farbanteile vermindert wurde, d. h. Rot und Violett subtrahiert wurden, so kann nur noch Grün als Gesamteindruck übrig bleiben. Alles klar?

Die generelle Abmischung der Malfarben stellt sich wie nebenstehend dar.

Und nun zu den Bildschirmfarben: Ein Monitor hat drei Sorten farbiger »Pixel« bzw. Streifen, die man sich einmal genau ansehen sollte: Rot, Grün und Violett. Diese werden durch auftreffende Elektronen aktiviert und ergeben je nach Zusammenspiel eine beliebige Zahl von Farben (elektronische Farben): Die elektronischen Grundfarben sind also absolut verschieden von den subtraktiven Grundfarben des Malkastens bzw. des Farbkopierers. Sie werden auch anders eingesetzt, nämlich nicht durch Ausfilterung, d. h. Überdruckung, sondern durch Übereinanderprojektion. Man nennt das additiv. Für die additiven Grundfarben ergeben sich daher auch andere Mischregeln, die man an folgender, bekannter Konfiguration ablesen kann.

Rot + Grün = Gelb
Grün + Violett = Blau
Rot + Violett = Magenta

Der erste Künstler, der die Wirkung der additiven Grundfarben nutzte, war Yves Klein. Sein »patentiertes« Blau ist echtes Violett! Er benutzt Gelbgold, um Urgelb darzustellen.

Die additiven Grundfarben und ihr Zusammenspiel lassen sich besser noch als mit Kreisübungen an jedem Großbildprojektor demonstrieren.

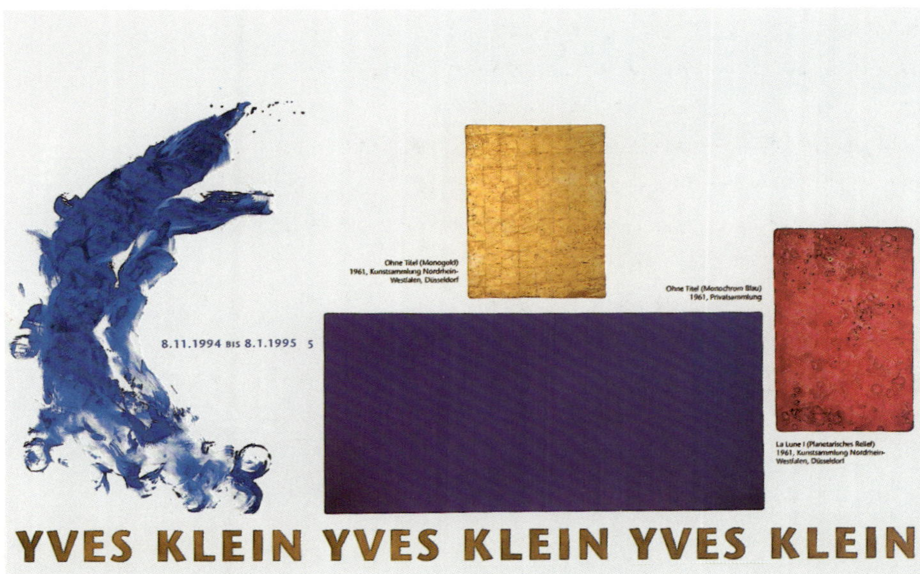

Farbordnungen in der dritten Dimension Wer als erster Farbräume entwickelt hat, ist auch mit Hilfe der einschlägigen Literatur [vgl. z. B. Gerritsen, S. 38] nicht eindeutig nachzuweisen.

Wichtig ist jedoch, daß im Rahmen der physiologischen Forschung [Wundt 1893] ein Kegel als Farbraum stark diskutiert wurde. Von da aus war es nicht mehr weit, bis Ostwald 1917 seinen berühmten Doppelkegel vorstellte:

Diese Konfigurationen positionieren auf der Kreisperipherie alle bunten Farben (wobei die Zahl keine Rolle spielt) und mischen gedanklich Weiß oder Schwarz auf der Mittelachse hinzu.

In dieser Reihe bringt der Küppersche Farbwürfel [Küppers, GRUNDGESETZ, S. 79] diese geomorphen Ordnungsversuche zum Abschluß.

Die Würfelkonfiguration hat den Vorteil quadratischer Schnittebenen. Das kann für die Herstellung übersichtlicher Farbtabellen nützlich und sinnvoll sein [Küppers, S. 78].

Die Nachteile dieser geometrisch strengen Farbordnungen liegen jedoch auf der Hand. Sie berücksichtigen nicht die physiologischen Gegebenheiten des Auges. Obwohl Grün z. B. vom Auge in viel feineren Nuancen wahrgenommen und differenziert werden kann als Gelb, erhält jede Farbe den gleichen Platz eingeräumt. Dieser Nachteil wird erst bei den physiologisch orientierten Farbsystemen beseitigt, die wir in Kapitel 6 ausführlich vorstellen wollen.

Zusammenfassung Es gibt – man kann es drehen und wenden wie man will – zwei mal drei Grundfarben, jeweils nach einer anderen Basistheorie. Insgesamt lassen sich also sechs bunte Grundfarben definieren, die komplementär kombiniert mal Schwarz (subtraktiv) bzw. Weiß (additiv) ergeben. Diese bunten Farben lassen sich durch Zusatz von Schwarz und Weiß verändern. Das Ergebnis dieser Veränderungen wird in geometrischen Figuren wie Doppelkegel, Kugel oder Würfel positioniert.

Wundt, 1893

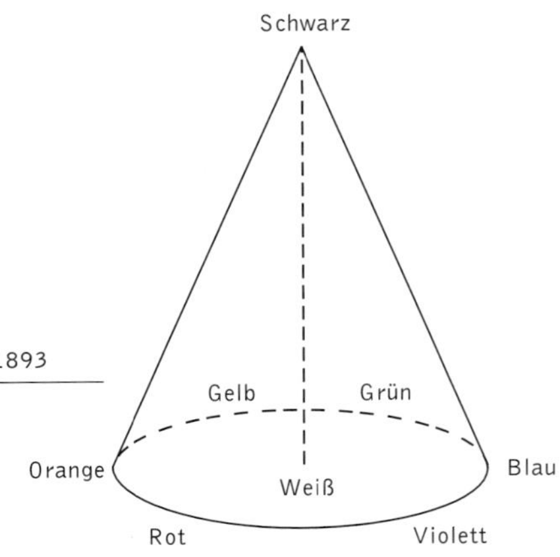

Ostwald, 1917

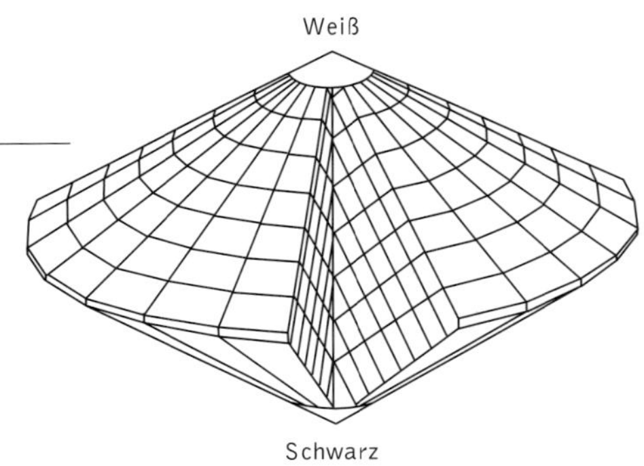

Farbwürfel nach Küppers

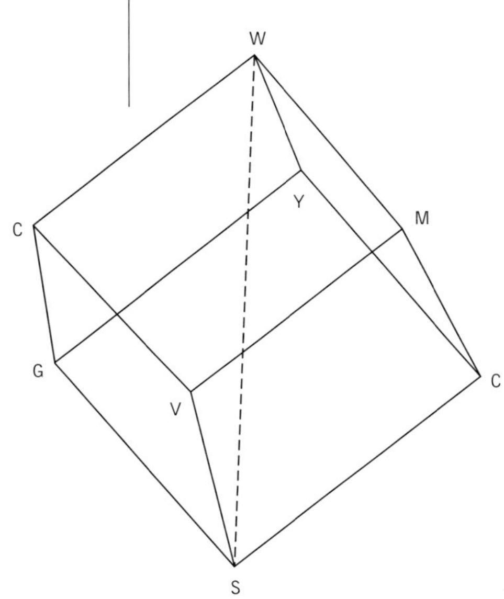

Kapitel 4 **Farbphysiologie**

Von physikalischen Reizen und menschlichen Reaktionen

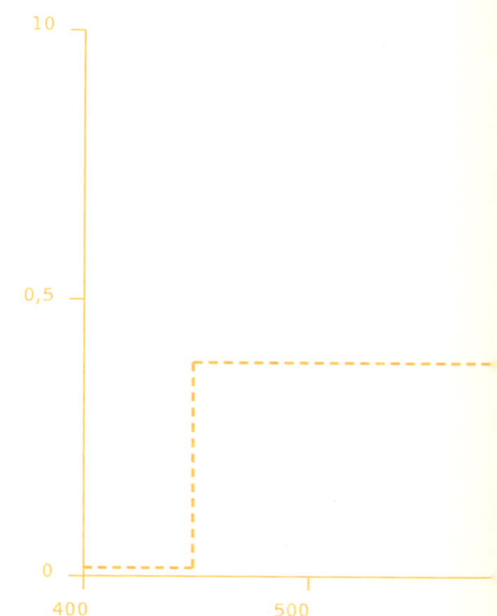

Die Physiologie ist die Lehre von den »Grundlagen des menschlichen Lebens«. Ernährungsphysiologie, Bekleidungsphysiologie, Arbeitsphysiologie, Wohnungsphysiologie usw. sind eigenständige Forschungsbereiche.

In den 30er Jahren erreichte die Sinnesphysiologie in Deutschland ihren Zenit. Die Bücher von v. Skramlick [HANDBUCH DER NIEDEREN SINNE und HANDBUCH DER HÖHEREN SINNE] sind Meilensteine der sensorischen Forschung.

Die Farbphysiologie hat sich aus dem Bereich der höheren Sinne (Optik und Akustik) quasi ausgegliedert und bildet heute einen eigenen Forschungbereich. Vier zentrale Fragen werden versucht zu klären:

- Wie ist das Sinnesorgan Auge aufgebaut, und zu welchen sensorischen Leistungen ist es fähig?
- Auf welche Art und Weise können Sinneseindrücke zustande kommen, welche Eindrücke und Empfindungen sind möglich?
- Was passiert, wenn die Aufhebung von Reiz und Reaktion (Eindruck) vollzogen ist, wie wandeln sich Eindrücke in latente Erfahrungen um?
- Wie müssen farbige Kolorits gestaltet sein, damit man sich z. B. in einem Raum generell wohlfühlt, welchen Einfluß haben Farben auf Heilungsprozesse?

Während die beiden ersten Fragenkomplexe eher einen physikalisch-naturwissenschaftlichen Forschungsansatz haben, ist die dritte Frage psychologisch orientiert.

Wir wollen deshalb die Fragen der sogenannten Farbanmutungen und der Farbassoziation und der Synästhesien in einem eigenen Kapitel [5. Farbpsychologie] behandeln. Die vierte Frage ist relativ jung, eine Beantwortung deshalb noch nicht endgültig. Wir berichten in Kapitel 12 [Farbforschung] über die Ergebnisse der sogenannten »Farbergonomie«. Die spekulativen Fragen zu Farblichtern und Heilung wollen wir nur mit einem Zitat aus der BILDWOCHE vom 15. September 1995 (schon die Quelle verrät alles ...) untermalen.

»Welche Farben helfen wogegen? – Rot fördert die Durchblutung, hilft gegen Akne, Narben von Masern, Bewegungsstörungen, Herzschwäche, Konzentrationsstörungen, Muskelschwäche, Windpocken. Es erhöht zu niedrigen Blutdruck, stärkt das Immunsystem. – Blau hilft bei Bandscheibenschäden, Bauchschmerzen, Entzündungen, Fieber, Herzleiden, Kopfschmerz, Magenleiden, Nacken- und Ohrenschmerzen, Rheuma, Rückenleiden, Übergewicht, Fußpilz, Gehirnerschütterung, Geschwüren. – Grün bessert Augenleiden, Hörschwäche, Gleichgewichtsstörungen, Nervenleiden (beruhigend), Wetterfühligkeit, Schmerzen (Arthritis), Heuschnupfen. – Orange ist gut gegen Appetitlosigkeit, Blähungen, Depressionen, Erkältung, Nierenerkrankungen, Prüfungsangst, Haarausfall, Gürtelrose. – Gelb hilft bei Entschlackung, bei trägem Darm, Husten, Diabetes, allgemeiner Erschöpfung, Leberentgiftung, Müdigkeit, mangelnder Lust auf Sex. – Violett mindert die Anfälligkeit für Infektionen, Bronchialkatarrh, wirkt allgemein positiv auf die Abwehrkräfte.«

Das sollte wohl reichen! Im folgenden also einige Hinweise zu den beiden Kernproblemen der Farbphysiologie.

Reize und Rezeptoren Natürlich ist die physikalische Welt farblos. Die Physik kennt nur Emissions- bzw. Remissionskurven, d. h. Frequenzbänder zwischen 400 und 800 nm, sowie die prozentuale Verteilung der Frequenzen. Von Braun oder Silberfarbig haben Physiker im Zusammenhang mit Farben nie etwas gehört.

Was das menschliche Auge nun aus dieser Reizlage macht, d. h. die Reaktion der Emissionskurven zu testen, ist eben zentrale Aufgabe der Physiologen. Zuerst hat man den Aufbau des menschlichen Auges untersucht: Hornhaut, Iris, Linse, Glaskörper und vor allem Netzhaut und Sehnerv.

Auf der Netzhaut gleichberechtigt angeordnet sind zwei Sorten von Sinneszellen, die nach ihrer Form »Stäbchen« und »Zapfen« genannt werden.

Die Stäbchen sind sehr empfindlich für Intensitäten und weniger für Frequenzen, die Zapfen für Frequenzen und weniger für Intensitäten.

Damit ist vorgegeben, daß die Stäbchen für Schwarz-Weiß-Sehen, d. h. für das Dämmersehen, Nachtsehen (sog. skotopisches Sehen) zuständig sind, die Zapfen für die Grundfarbenidentifikation, d. h. das Tagessehen (sog. fototopisches Sehen).

Nur am Rande sei hier vermerkt, daß die Zapfen der additiven Farbtheorie gemäß funktionieren, also Grundempfindlichkeiten für Rot, Grün und Violett haben. Soweit unser Schulwissen.

Ein überaus einfaches Experiment liefert nun Hinweise darauf, wie Stäbchen und Zäpfen miteinander arbeiten und wie dadurch eine völlig andere Welt als die physikalische in der menschlichen Eindrucksgenese entsteht. Also: Das Experiment benötigt zwei Projektoren. Der erste Projektor bildet auf einer Leinwand einen ur-roten Punkt ab. Der zweite Projektor legt um den roten Punkt einen hellen farblosen Ring. Für das menschliche Auge wirkt der rote Punkt nach Zuschaltung des hellen Rings »braun«.

Wir müssen also einräumen, daß eine objektiv definierte Farbe (hier Rot) in einer bestimmten Umgebung (hier »hell«) anders empfunden wird (hier Braun).

Genau das ist Physiologie – das Zusammenspiel von verschiedenen Rezeptoren, die zwar jeder für sich (ceteris paribus) eindeutig funktionieren, im Zusammenspiel aber die Vielfalt der menschlichen Sinneswelt liefern, für die es noch keine generelle theoretische Erklärung gibt.

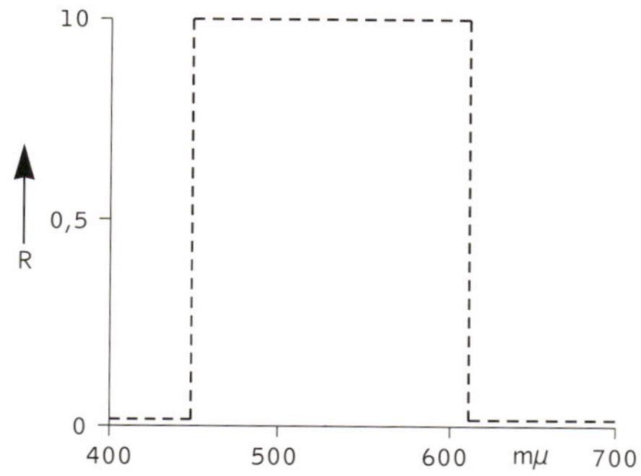

Remissionskurven [nach Schultze]: Remission einer grünen Optimalfarbe

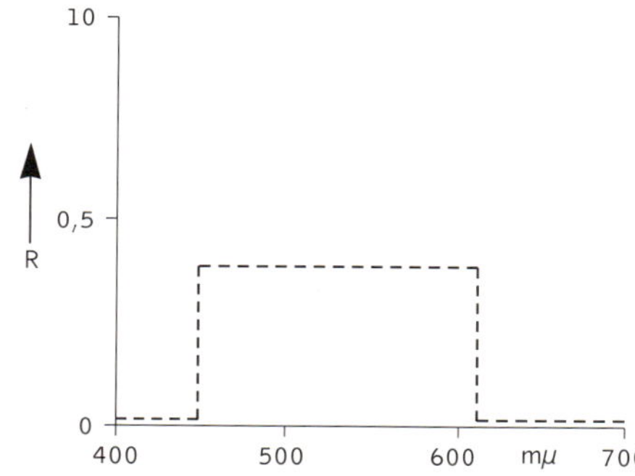

Remission einer grünen, jedoch abgedunkelten Optimalfarbe

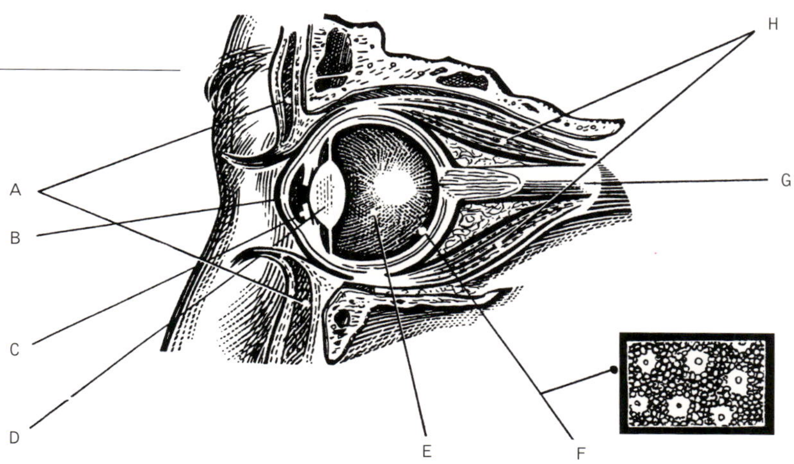

A Knöcherner Augenschutz
B Hornhaut
C Iris
D Linse
E Glaskörper
F Netzhaut
G Sehnerv
H Augenbewegungsmuskel

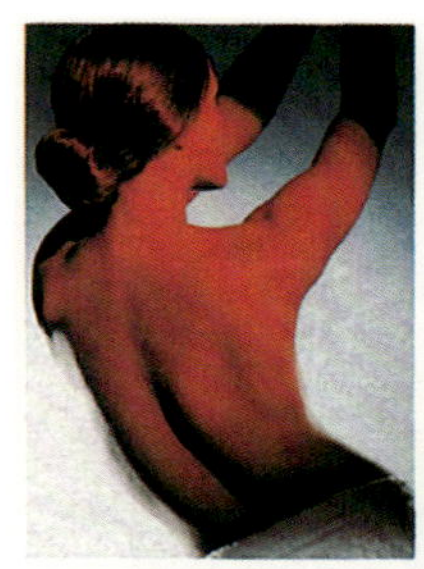

Rot – die Farbe der Energie und Liebe. Sie stärkt den ganzen Körper, gibt Mut. Rotbestrahlung gegen unreine Haut, für bessere Durchblutung, bei Allergien, macht Lust auf Sex

Grün – Symbol für die Kraft der Natur. Diese besonders beruhigende Farbe bringt Harmonie in unsere Seele. Die Farbbestrahlung beruhigt gestreßte Haut, stärkt die Abwehr

Violett – die Farbe der Magie und Inspiration öffnet Körper und Geist. Die Farbbestrahlung wirkt entschlackend und hautreinigend, bessert Cellulite und manche Narben

Blau – die kühlste Farbe, Symbol der Treue. Sie steigert die Konzentrationsfähigkeit. Die Bestrahlung mit Blau verwenden Kosmetikerinnen gegen fette Haut, Besenreiser

Nur das MENSCHLICHE Auge, verbunden über Sehbahnen mit Sehrinde, Zwischenhirn und Hypophyse, erlaubt die Wahrnehmung der Farbvielfalt, über die wir im folgenden noch sprechen wollen.

Farbeindrücke und Empfindungen Die »Sinnesdaten« werden also wie dargestellt nicht eindimensional (z. B. nach Frequenz und Intensität) vom Menschen registriert und zur Kenntnis genommen. Nur Farbreize, die als bedeutsam (also als Zeichen) erkannt werden, führen zu dem, was man einen Eindruck nennt.

Frieling [GESETZ, S. 254] nennt dazu ein Beispiel: »Ein kosmetisches Präparat ist in zartem Rosa und Türkis gestaltet, weiße Applikationen sind zusätzlich aufgebracht. Der Farbeindruck ist »hell« die Empfindung »zart« und die Anmutung, die daraus resultiert, ist »pflegend«.

Die Eindrücke sind – das ist wichtig – generellerer Natur (hell). Die Empfindungen sind dagegen eine Interpretation der Eindrücke (hell = zart). Bei der Anmutung [vgl. nächstes Kapitel] kommt sogar noch ein gewachsenes Vorverständnis dazu. Nur so ist die Interpretation »pflegend« möglich. In diesem physiologischen Teil wollen wir jedoch nur Eindrücke und Empfindungen analysieren.

Eindrücke durch Farben Hier zuerst der Versuch, einige Eindruckskategorien zu beschreiben:

HELL VERSUS DUNKEL: Helle Farben nennen wir farbtechnisch Pastellfarben. Sie entstehen durch den Zusatz von weißen Pigmenten zu einer bunten Grundfarbe (subtraktive Farbmischung vorausgesetzt).

Die Bandbreite der Pastellfarben ist groß. Sie reicht von den sogenannten zartesten Whisperfarben bis zu den ausdrucksstärkeren Kolorits. Die Farbworte und die Zugehörigkeit zu den Grundfarben ist oft nicht klar, deshalb hier der Versuch einer Zuordnungssystematik.

DUNKLE FARBEN sind mit Schwarz abgemischt, man spricht auch von gebrochenen Farben. Hier gibt es ebenfalls eine breite Palette von der leichten Abtönung einer Grundfarbe bis zu einem starken Schwarzzusatz, der schon einen Unbuntcharakter vermuten läßt.

Mit der Hell-Dunkel-Differenzierung können auch Eigenschaften der bunten Farben generell gemeint sein. Helle Farben wie Gelb, Orange und Magenta und dunkle Farben wie Violett und Ultramarin ergeben aufgrund ihrer Hell-dunkel-Differenz signifikante Kontraste [vgl. Kapitel 8].

BUNT VERSUS UNBUNT: Als bunte Farben werden die sechs Grundfarben erlebt. Der Buntheitsgrad [d. h. die Sättigung, vgl. dazu Kapitel 5] kann schwanken. Rot wird generell als bunter erlebt als Gelb oder Grün. Zur Verdeutlichung zeigen wir eine Farbkomposition.

Weiß und Schwarz sind der empfindungsmäßige Gegenpart zu den bunten Farben, Grau ist neutraler Unbuntpol.

KLAR VERSUS VERHÜLLT: Klare Farben sind helle oder dunkle Kolorits, die von einem Betrachter nicht primär als bunt, sondern als eigenständige unabgemischte Farbe wahrgenommen werden. Klare Farben sind vor allem auch die Zwischenfarben wie Türkis, Orange, Eisblau, Ultramarin usw. Klare Farben dürfen nicht zu pastellig und auch nicht zu stark abgedunkelt sein. Sie werden als reine Farbe mit hoher Buntkraft erlebt.

Die verhüllten Farben sind ihrer Klarheit beraubt, da sie empfindungsmäßig mit Grau, (also mit Schwarz und Weiß) abgemischt sind. Sie führen zu verhaltenen Empfindungen, sie sind weniger aufdringlich. Sie drängen nicht in den Vordergrund, sie liegen im Buntschatten (deshalb spricht man auch von Schattenfarben).

TRÜBE VERSUS STRAHLEND: Die beiden Kompositionen zeigen die visuellen Unterschiede:

Eine Komposition aus Pink, Bleu, Creme und Resedagrün

Farbkomposition:
klare Farben

Farbkomposition:
verhüllte Farben

Farbzuordnungen

Grundfarbe		Pastellfarbe
Magenta	------	Pink
Gelb	------	Creme, Elfenbein usw.
Blau	------	Bleu
Rot	------	Rose, Lachs
Grün	------	Reseda
Violett	------	Lila, Flieder
Urbraun*	------	Ecru (Beige)

(* es gibt Brauntöne zu jeder bunten Farbe)

Frieling [GESETZ, S. 32 ff.] hat darauf verwiesen, daß Brauntöne – also die Erdfarben – keine homogene Farbgruppe darstellen, sondern aus allen getrübten Grundnuancen empfindungsmäßig abgeleitet sind. »Das aktive und autonome Rot z. B. hält sich im Braun nicht in Richtung aktives Rot auf, verdunkelt sich und wird passiv und ist dadurch beharrend« [Frieling, GESETZ, S. 95]. Seufert [S. 188] hat das Empfindungsmäßige zum Thema Braun sehr schön beschrieben: »Braun hat etwas Versöhnendes, Beruhigendes, Ausgeglichenes; das Drängende im Rot ist gedämpft, das Düstere im Schwarz gemildert, sofern es aus beiden gemischt ist. Es beherrscht ein weites Feld im Farbkreis; mit bräunlichem Stich beginnt es bei Grün, das Oliv erzeugend; im Gelb mildert es die oft grelle Lichtfülle; im Orange bringt es prachtvolle orangebraune Farben mitsamt den Ockerfarben hervor; im Rot ist es beliebt durch seine warmen, ansprechenden braunroten und rotbraunen Spielarten, bis es im Purpurbraun in voller Schönheit erlischt, wobei es das Blau noch streift. Durch die Vielzahl seiner Tönungen ist es eine sehr wertvolle Farbe. Als ungesättigte Farbe fehlt es natürlich im Spektrum. Orange und Violett = Rotbraun; Violett und Grün = Blaubraun; Orange und Schwarz.«

Diese Beschreibung macht die »unterdunkelte Stimmung« aller Braunnuancen deutlich. Braun hat immer mehr Schatten als Licht, Braun ist eher rezeptiv als vitalisierend. Vor diesem Hintergrund wird auch der Begriff der »Trübe« für alle Braunnuancen deutlich.

Zum Schluß noch der Hinweis auf die gesamte Braunpalette, d. h. alle trüben Farben.

Am Farbkreis von Frieling kann man die Braunmetamorphosen gut studieren. Oliv, Echtbraun, Umbra, Braunpurpur, Oliv (im Uhrzeigersinn).

Noch ein Hinweis: Man darf die strahlenden Farben nicht mit den Glanzgraden verwechseln.

Strahlende Farben vermitteln den Eindruck, als ob das Licht »auf« der Farbe gebrochen wird. Trübe Farben vermitteln den Eindruck, als ob sie ein »Leben in der Tiefe« zu haben scheinen [Lutz, S. 114].

Trübe Farben konzentrieren ihre Wirkung nach innen, strahlende Farben kommunizieren ihre Wirkung nach außen.

Bei der Farbgebung von Sportgeräten z. B. kann man sehr gut erkennen, wie versucht wird, die »strahlenden Effekte« zu dynamisieren.

MATT VERSUS GLÄNZEND: Die strahlendsten Farben sind die Metallfarben. Physikalisch ist weder das spezifische Gewicht (Natrium schwimmt), noch die Härte (Blei läßt sich mit dem Fingernagel ritzen) metalltypisch. Metalle zeigen im Gegensatz zu allen anderen Mineralien nur das, was wir schon herausgestellt haben, ihren eigentümlichen Glanz. Dieser Metallglanz überstrahlt jede Farbe und klärt – empfindungsmäßig – verhüllte Farben auf.

Innerhalb der strahlenden Farben gibt es eine große Bandbreite. Sie reicht von der kalten Pracht des Chroms bis zum warmen Charakter des echten Rotgoldes. Die moderne Galvanotechnik ist darüber hinaus in der Lage, auch bunte (z. B. Blaugold) Metallfarben herzustellen.

Alle bisher beschriebenen Farbeindrücke lassen sich durch die unterschiedlichen Glanzgrade noch zusätzlich modulieren. Der strahlende Metallglanz des Silbers kann durch Satinierungstechniken geändert werden. Ein etwas trübes Blau kann durch die Steigerung des Glanzgrades (hochglänzend) attraktiviert werden.

Damit ist auch der Eindrucksrahmen für glänzende und matte Farben vorgegeben: zwischen Banalisierung und Attraktivierung. Wann einem Glanzgrad die entsprechenden Attribute jedoch zukommen, ist zeitgeistabhängig [vgl. Kapitel 11].

Zum Schluß wollen wir noch darauf verweisen, daß innerhalb der Farbsysteme [vgl. Kapitel 6] die Farbeindrücke systematisch angeordnet werden. Wir zeigen hier aus dem NCS-System eine Farbseite mit den entsprechend zugeordneten Farbempfindungen.

Farbempfindungen Sie kennen es aus vielen Sprachspielen:

— Eindrücke muß man sich verschaffen, d. h. man muß die Sinne für Reize sensibilisieren.

— Empfindungen hat man, d. h. sie treten auf, sie werden bewußt, nachdem die Eindrücke verarbeitet wurden. Es wird in diesem Zusammenhang auch oft von Gefühlen gesprochen, wobei wir diesem Begriff eine andere Bedeutung geben [vgl. Kapitel 9].

Braunpalette

Grundfarbe		Trübungsfarbe
Grün	------	Oliv-Palette
Blau	------	Petrol-Palette
Violett	------	Aubergine-Palette
Magenta	------	Braunpurpur (Weinrot)-Palette
Rot	------	Umbra-Palette
Gelb	------	Ocker-Palette

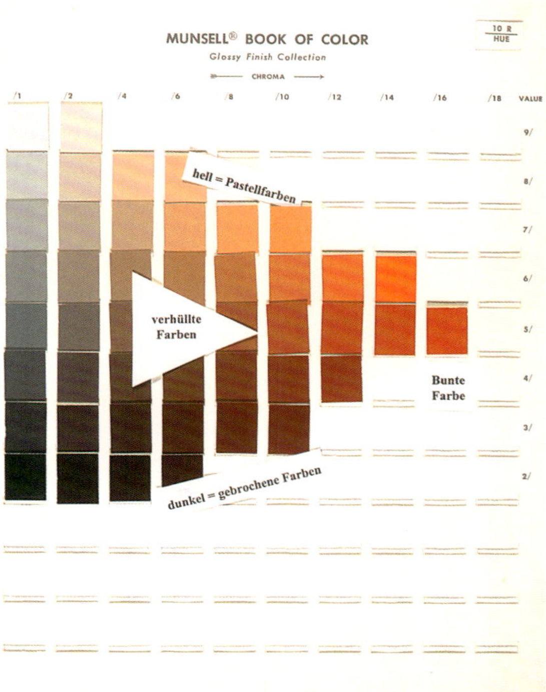

Farbempfindungen
und Farbsysteme

Das COLOR AKTIV-Farbenfünfeck
nach Frieling

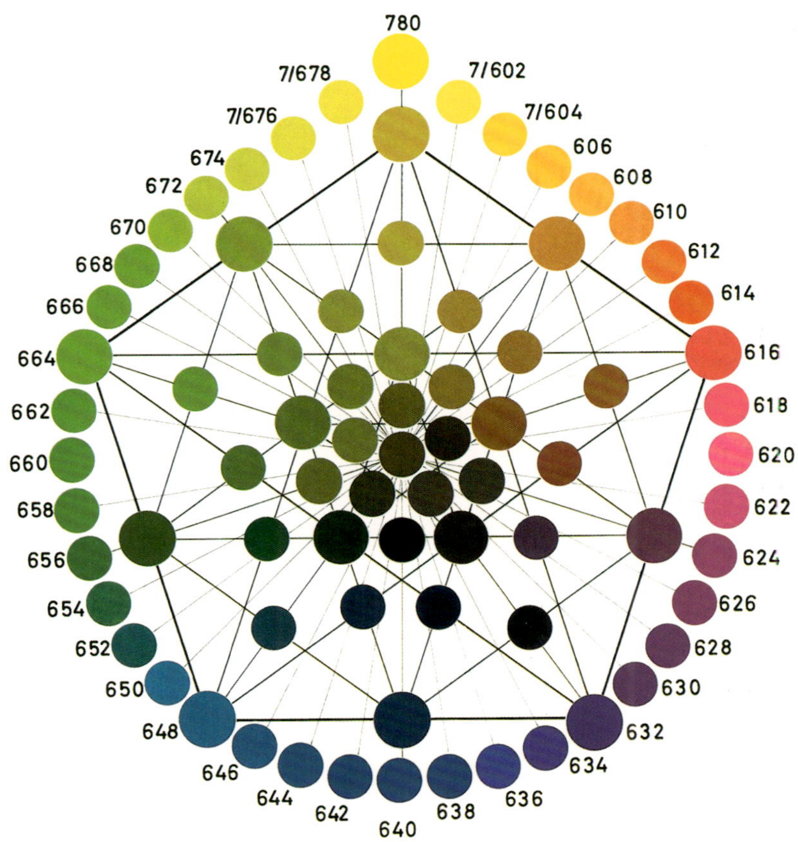

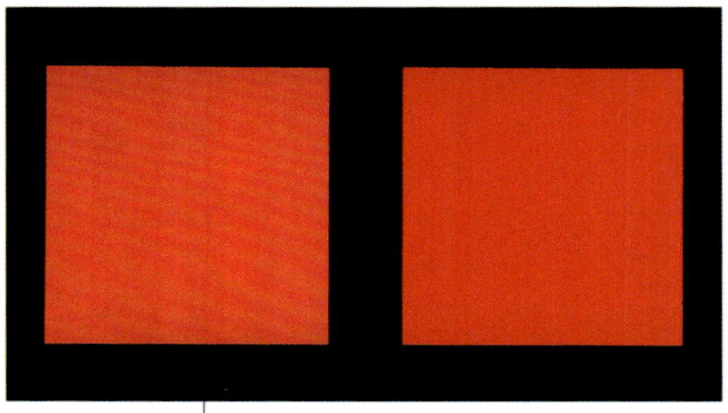

Die Physiologen haben auf vielfältige Art versucht, Empfindungen und insbesondere Farbempfindungen zu kategorisieren. Als erste Orientierung ist immer noch die Wundtsche »Windrose der Gefühle« brauchbar [zitiert nach Frieling, GESETZ, S. 187].

»Windrose der Gefühle«

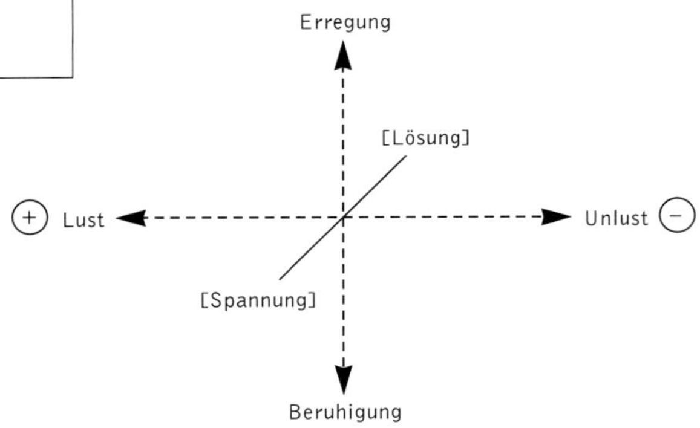

Welche Farben nun die entsprechenden Wundtschen Gefühlspole auslösen, wurde in der Farbliteratur versucht endgültig zu entscheiden. Die Ergebnisse, so müssen wir heute feststellen, sind jedoch immer trendbezogen.
Wir wollen trotzdem versuchen, für Farben einige generelle Hinweise zu ihrer Empfindungsqualität zu geben. Eine Quelle aus den 50er Jahren [Lutz, S. 130] beschreibt, daß es positive, d. h. lebhafte Farben (Gelb, Grün, Rot) und negative, d. h. beruhigende Farben (Blau, Purpur, Violett) gibt. Darüber hinaus werden »Gefühle« beschrieben, die diesen Grundfarben zukommen.

Wir verweisen weiterhin auf eine neuere Quelle. Küppers [HARMONIELEHRE, S. 29] entwickelt ein Modell in Form von Polarkoordinaten, das differente Empfindungen für die Grundfarben aufzeigt:

Modell nach Küppers

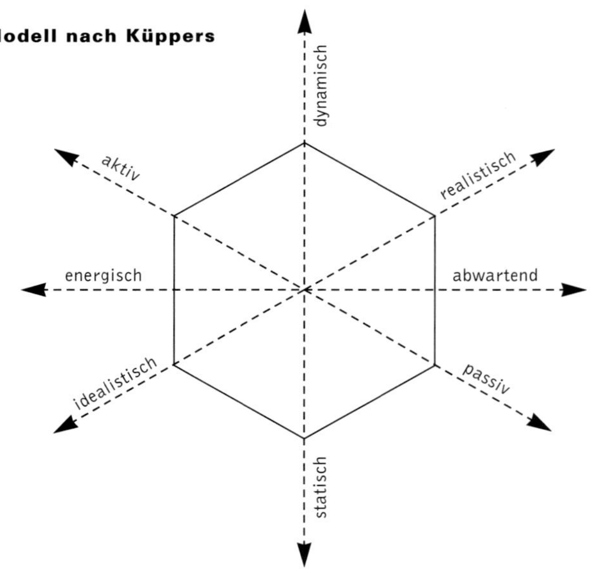

Da Empfindungen für spezielle Farbtöne von vornherein jedoch nur schwer zu bestimmen sind, benötigt man ein Instrumentarium, um sie zu isolieren.
Man kann z. B. mit Hilfe der semantischen Differentiale durch Befragungen halbwegs verläßlich überprüfen, welche Empfindungsbündel einem Farbreiz zukommen. Wir zeigen hier ein konkretes Beispiel. Es geht um Weiß bzw. Blau als Basislackierung für einen Bus [Bitsch, S. 24].
Die Probanden ordneten den Basisfarben auf einer Werteskala mit Gegensatzpaaren Empfindungsausprägungen zu.
Man erkennt dabei, daß WEISS erlebt wird als:
— weder warm noch kalt
— sehr elegant
— sehr abwechslungsreich
— etwas unfarbig (grau)
— etwas zurückhaltend
— ziemlich ruhig
— sehr hell

BLAU dagegen als:
— etwas kalt
— etwas farbig
— sehr zurückhaltend
— etwas hell usw.

Empfindungsqualitäten

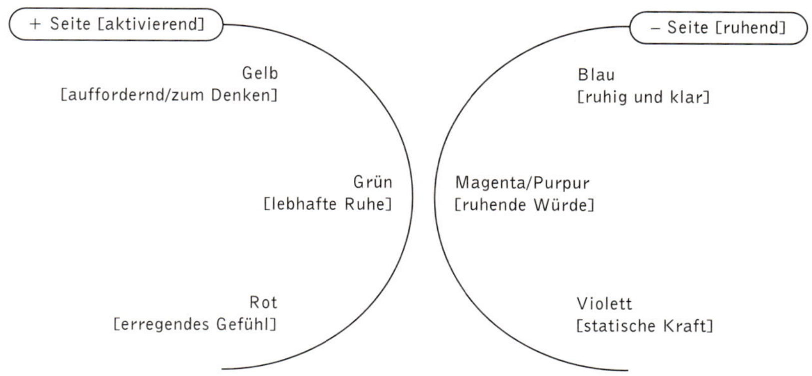

Blau als Basisfarbe

Weiß als Basisfarbe

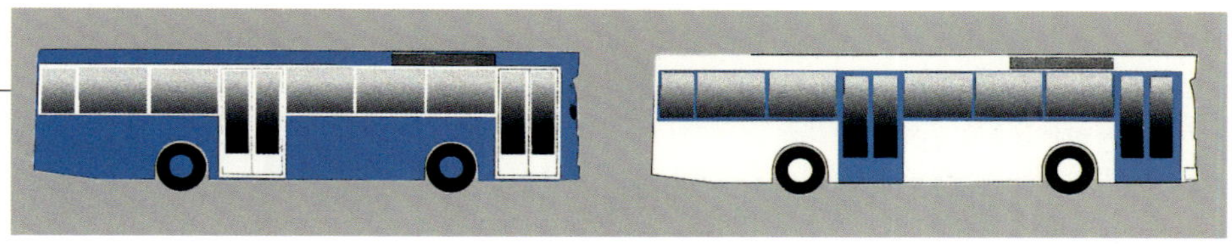

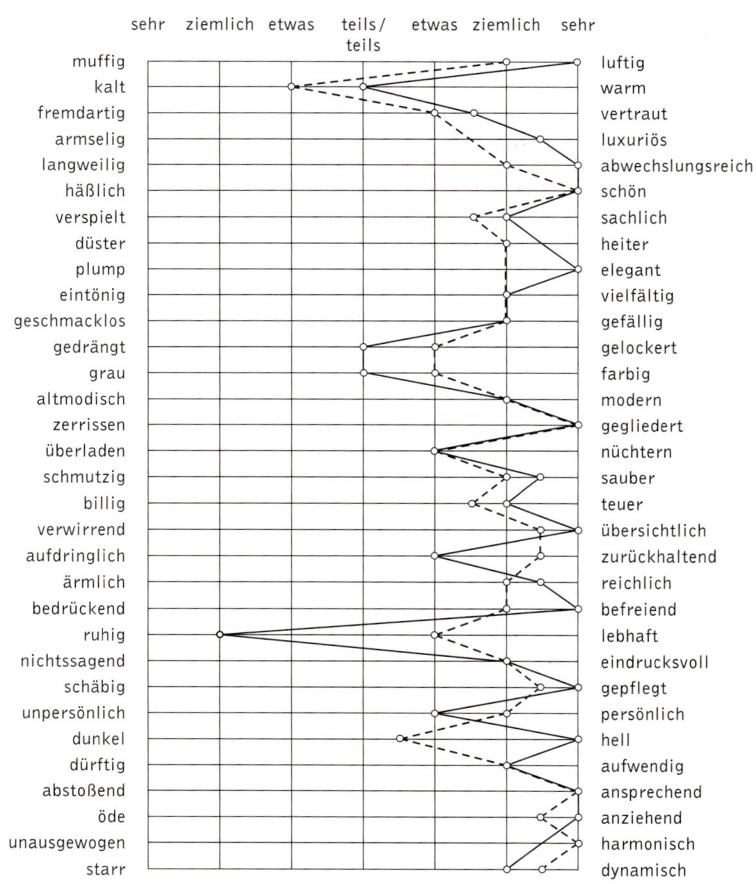

Das Problem dieser Auflistung besteht nun darin, daß die Farbempfindungen nebeneinander stehen. Man müßte die Möglichkeit haben, diese Daten zu verdichten, um sie z. B. in die »Windrose der Gefühle« nach Wundt oder die Polarkoordinaten nach Küppers einzutragen bzw. zu positionieren.
Das ist im nachhinein nicht mehr möglich, man ist also auf die Interpretation der »Begriffsleitern« [s. o.] angewiesen.
Besser sind die Polaritätenprofile, die von vornherein schon so angelegt sind, daß die gewählten Begriffe bestimmten Grundkategorien zuzuordnen sind. Wir zeigen hier ein solches System.
Dieses Profil ist so angelegt, daß die polaren Begriffe sich speziellen Kategorien zuordnen lassen. Anders ausgedrückt: Die vielfältigen Begriffe lassen sich in wenige Kategorien überführen (Faktorenanalyse).
Aufgrund unserer Studien können wir ein Ordnungsgefüge erstellen.
Die Auswertung dieses Polaritätenprofils ist grundsätzlich auf zwei Arten möglich:

— man bildet für jede Polarität Durchschnitte und interpretiert dann das gemittelte Profil als »Begriffsleiter«;
— man versucht, typische Polaritäten zu identifizieren, um diese dann zu interpretieren und in ein Positionierungsraster zu überführen.

Nur der zweite Weg ist brauchbar, wenn man auf der Suche nach Clustern ist.
Das Cluster-Modell mit den zuvor vorgestellten generellen Empfindungsfaktoren stellt sich also wie folgt dar: Jeder Farbton kann innerhalb der vier Felder positioniert werden, wenn man das vorgestellte Polaritätenprofil benutzt.
Soweit die marketingrelevante Datenlage zu physiologischen Tatbeständen der Farbe. Wir verzichten darauf, Hirntopographie und Neuronenbezüge zu referieren – das wäre nur aus pathologischer Sicht von Interesse. Wie Erfahrungen, Vorerfahrungen und vor allem Anmutungen zustande kommen, dazu wollen wir im nächsten Kapitel psychologischen Rat einholen.

Polaritätenprofile

labil		stabil
weich	---	hart
traurig	---	heiter
verschwommen	---	klar
schwach	---	stark
gefühlvoll	---	kühl
zerfahren	---	geordnet
verträumt	---	nüchtern
nachgiebig	---	streng
zart	---	robust
sanft	---	wild
beweglich	---	starr
müde	---	frisch

introvertiert		extravertiert
sparsam	---	großzügig
passiv	---	aktiv
ernst	---	verspielt
zurückhaltend	---	offen
egoistisch	---	hilfsbereit
gehemmt	---	lebhaft
verschwiegen	---	redselig
friedlich	---	aggressiv
zurückgezogen	---	gesellig
mißmutig	---	vergnügt
leise	---	laut

Cluster-Modell

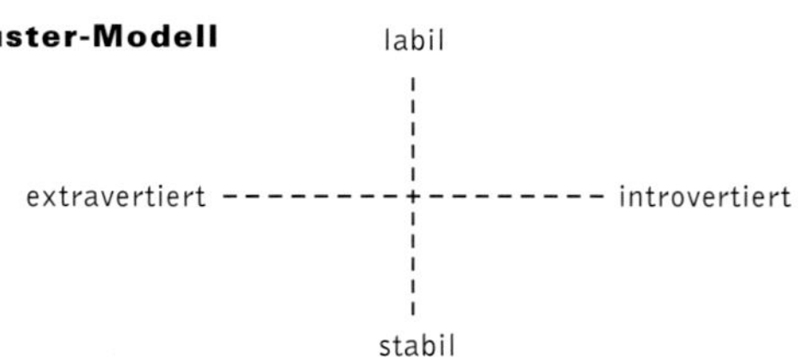

Einflüsse auf Farbempfindungen Die Physiologen bestätigen zwei Einflüsse auf farbige Kolorits: den SIMULTANKONTRAST und den SUKZESSIVKONTRAST. Der Simultankontrast beschreibt ein Phänomen, welches man als Wirkung der »Umfeldfarben« beschreibt. Unser Sehorgan wird die objektiv gleiche Farbprobe anders empfinden, wenn die Umgebungsfarbe sich ändert.
Den unbunten Simultankontrast kann man sehr einfach formulieren: »Ein mittleres Grau sieht auf einem weißen Hintergrund dunkler aus als auf einem schwarzen.« Anders ausgedrückt: helle Graunuancen präsentiert man besser auf dunklem Hintergrund, dunkle Grautöne besser auf weißen Substraten.

	1	2	3	4	5	6	7	
hart								weich
traurig								heiter
klar								verschwommen
schwach								stark
sparsam								großzügig
aktiv								passiv
ernst								verspielt
offen								zurückhaltend
egoistisch								hilfsbereit
gehemmt								triebhaft
gefühlvoll								kühl
verschwiegen								redselig
aggressiv								friedlich
geordnet								zerfahren
verträumt								nüchtern
nachgiebig								streng
gesellig								zurückgezogen
zart								robust
mißmutig								vergnügt
sanft								wild
beweglich								starr
laut								leise
müde								frisch

Unbunter Simultankontrast: helle Graunuancen kommen auf dunklem Hintergrund gut zur Geltung. Dunkle Grautöne bekommen Charakter auf hellen Hintergründen.

Der bunte Simultankontrast ist schwieriger zu generalisieren; Marx, [S. 14 ff.], demonstriert die zu erwartenden Effekte sehr ausführlich. Für unsere Betrachtung gilt festzuhalten, daß dunkle Bunttöne mehr Farbreichtum und Brillanz gewinnen, wenn sie vor hellen Farben präsentiert werden.
Helle Bunttöne werden vor den Komplementärfarben nuancenreicher.
Zarte Farben verlangen weiche Hintergründe, robuste Farben vertragen starke Nuancen.
Wie sich helle Grautöne vor helligkeitsverschiedenen Hintergründen zeigen, läßt unsere Abbildung erkennen.
Der Sukzessivkontrast hat etwas mit den Nachbildfarben zu tun. Hierbei ist folgende Erkenntnis zu beachten [Marx, S. 124]: Wandert der Blick von einer Farbe zur anderen, so werden mehrere Farben hintereinander fixiert. Dabei entstehen additive, subtraktive oder integrative Nachbildsynästhesien. Letztere können divergierend (es entstehen neue Buntheiten), konvergierend (die Farben nähern sich an) oder neutralisierend (die Buntheit wird gedämpft) sein.

Hellgrau wirkt auf verschiedenfarbigen Hintergründen jeweils anders.

Divergierende Buntheit

Konvergierende Buntheit

Neutralisierende Buntheit

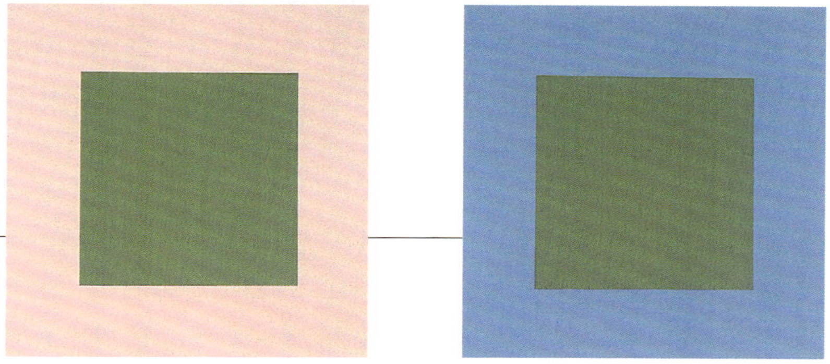

Dunkle Bunttöne
gewinnen Farbreichtum
und Brillanz vor
hellem Fond.

Helle Bunttöne werden
vor den Komplementärfarben
nuancenreicher.

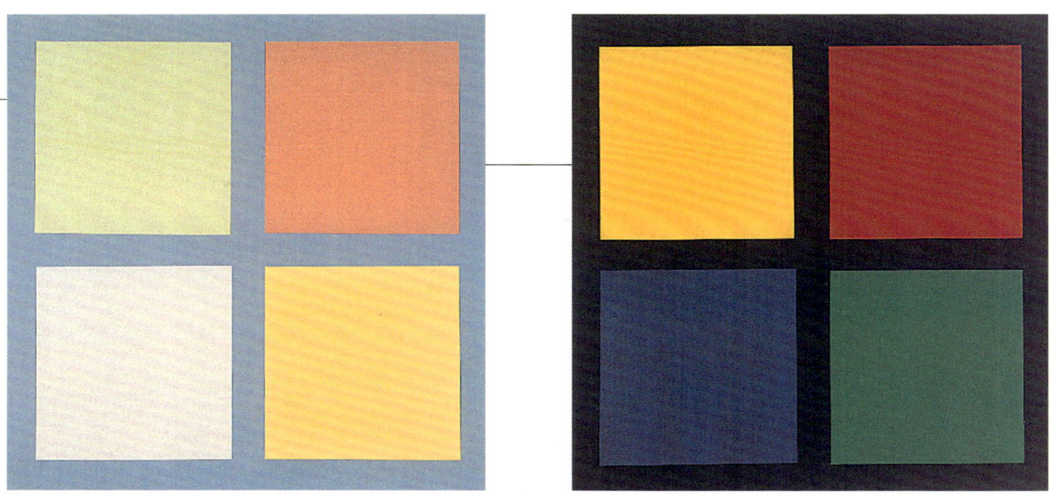

Zarte Farben verlangen
weiche Hintergründe,
robuste Farben vertragen
starke Nuancen.

Zusammenfassung Braun ist eine physiologische Farbkategorie, die in der physikalischen Welt überhaupt nicht vorkommt. Es gibt eine Vielfalt eigenständiger physiologischer Farbeindrücke, die von den Empfindungen (Gefühle, die Farben auslösen) zu trennen sind. Umfeldkoloration und Nachbildwirkungen verändern farbige Flächen empfindungsmäßig.

Kapitel 5 **Farbpsychologie**
Wie aus archetypischen Quellen Assoziationen, Synästhesien und Farbanmutungen werden

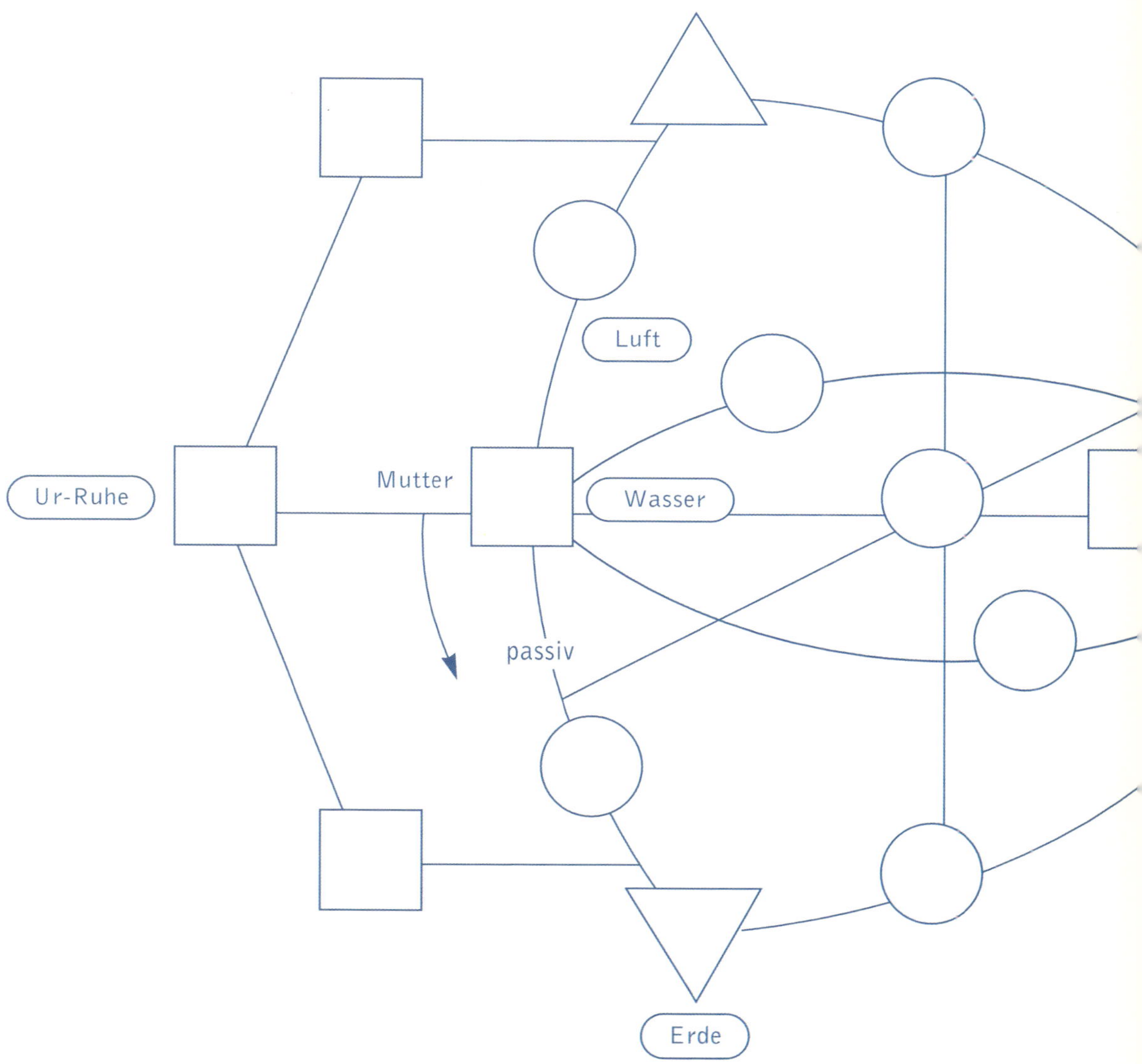

Psychologie ist immer wieder als Seelenlehre oder Seelenforschung umschrieben worden. Diese auf Aristoteles zurückgehende Definition scheint uns zu formal und zu allgemein. Hofstätter [S. 10] macht es anschaulicher und nennt drei Aspekte der allgemeinen Psychologie:

— Psychologie hat mit »Erleben« zu tun
— Psychologie hat mit »Verhalten« zu tun
— Psychologie hat mit von Menschen geschaffenen »Gebilden« zu tun

Alle drei Aspekte finden auch bei der Beschäftigung mit Farben Berücksichtigung:

FARBERLEBEN hat weniger mit Eindrücken und Empfindungen zu tun (das ist Physiologie), sondern mehr mit Assoziationen, archetypischen Vorstellungen und Synästhesien.

FARBVERHALTEN berücksichtigt dagegen die Folgeerscheinungen, das Erlebnis. Es geht um Wirkungen, Emotionen und Anmutungen.

FARBGEBILDE untersucht die Psychologie im Rahmen der Wahrnehmungspsychologie. Es geht um optische Täuschungen und andere Figur-Grund-Wirkungen. Hierüber berichten wir in Kapitel 15.

Im folgenden widmen wir uns zuerst den Farberlebnissen, um dann ausführlich auf Farbanmutungen einzugehen.

Dazu referieren wir über Erfahrungen und Vorerfahrungen mit Farben, die für die Anmutungsentstehung sehr wichtig sind. Es wird aus archetypischen Quellen zu schöpfen und auf Assoziationen bzw. Synästhesien hinzuweisen sein.

Farbe und Archetyp Die Archetypdiskussion ist momentan in vollem Gange. Volker Fischer hat 1988 den Begriff »Archetypdesign« lanciert – für eine Gestaltungsart, die nicht nur von Philippe Starck und Ettore Sottsass als Formalfaktor benutzt wird. Bei diesem Design geht es darum, die im sogenannten kollektiv Unbewußten (also der Vorerfahrung) abgespeicherten Urmuster abzufragen und in aktuelle Gestaltungsüberlegungen einzubeziehen.

Die Begriffe des »kollektiv Unbewußten» und des »Archetyps« gehen auf C. G. Jung [S. 45-56] zurück.

Jung hatte starkes Interesse an mythischen und metaphysischen Fragen. Er glaubte, daß mythische Symbole (z. B. Drache, Schlange, strahlender Held, gute Fee usw.) der ganzen Menschheit gemeinsam seien (im kollektiv Unbewußten verankert). Solche generell gültigen Symbole sind auch die Archetypen, über die heute so viel nachgedacht wird.

Man hat versucht, diesen Ansatz auf das Produktmarketing zu übertragen. Nach Gladbach sind Produktarchetypen durch folgende Überlegungen gekennzeichnet:

— Archetypen von Produkten sind kollektive, ganzheitliche, bildhafte Vorstellungen, die sich fest im Gedächtnis der Menschen eines Kulturkreises verankert haben. Ihre Entstehung ist primär kulturbedingt und setzt sehr früh ein.
— Die unbewußte Entstehung und Speicherung solcher vielen Menschen gemeinsamen archetypischen Produktvorstellungen legt die Vermutung einer Wert- und Anmutungsneutralität und der damit verbundenen breiten Akzeptanzbasis archetypisch gestalteter Produkte nahe. Archetypen verkörpern die typische Form bzw. Urform eines Produktes und entsprechen damit der Norm.
— Produktarchetypen besitzen als Urbilder einen historischen Bezug.

Für Farben sind folgende archetypischen Kriterien belegt: Für die sechs Elementarfarben läßt sich nach Gerritsen [S. 6] folgende tiefenpsychologische Bedeutung (sog. Urmacht) feststellen:

»ROT: die lodernde Macht des Feuers, Zeichen für Krieg, Blut und Gewalt, Symbolfarbe für das Ich;

GRÜN: die Urkraft der Fruchtbarkeit, die den ausgestreuten Samen keimen läßt, Zeichen für Frieden und Wohlergehen, Symbolfarbe für die Ruhe;

BLAU: die Farbe für die Macht des Unendlichen, des Himmels und des ganzen Firmaments, der Gedanken und Meditation; Symbolfarbe für Raum und Ewigkeit;

GELB: die Macht der Gesetzlichkeit von Zeit, Sonne, Mond und Sternen; Zeichen der Macht Gottes, Symbolfarbe für ›strahlend‹, für Zeit und Vergänglichkeit der Zeit;

SCHWARZ: die bedrückende Macht der Finsternis, Zeichen für Tod und Vergänglichkeit, Symbol für die Trauer;

WEISS: das blendende Licht des Geistes, über den Tod triumphierend; die weiße Asche nach dem Erlöschen des Feuers; die Stille des Schnees, der das schwarze Winterholz bedeckt hat; Symbol für die Reinheit, für das Unberührte.«

Nach Frieling [GESETZ, S. 140] haben die vier Grundfarben folgende Archetypik:

»ROT: Das archetypisch Väterliche; Ur-Sprung, makrokosmische Herkunft, höheres Schicksal, geistig belebendes Prinzip, also BLUT (mehr Rot) und FEUER (mehr Rotorange).

GRÜN: Das archetypisch Weibliche im Sinn des Beharrens, Begrenzens, der Gebärmutter, die in ihrem Tragen allein aktiv wird. Symbol des tragenden Wasserelementes, das sich – nach Bewegung – wieder in sich selbst findet (oder zum Tropfen abkugelt). Während im Rot autonome Bewegungskraft liegt, herrscht im Grün statisches Gleichgewicht des Bewegten (Gelb und Blau).

GELB: Archetypisch das kommunikative, verbindliche, periphere Prinzip. Insofern auch Luft, die ja alle Lebewesen verbindet. Gelb deutet auf Expansion und Umfassen, im Gelborange speziell männlich-zeugend, im Zitron und Oliv ohne Geschlechts-

charakter und nur als Helligkeit bzw. als Beschattung der Helligkeit (Aktivität-Lüscher) wirkend.
BLAU: Archetypisch weiblich, im Sinn des Empfangens ein Vorgang, damit zugleich männlich im Sinn des Empfangens des Geistigen (Pneuma, Logos). Immer also Bindung, daher ERDE im geistigen Sinn. (Die Luftsymbolik ist sekundär und entstammt der Symbolik der himmlischen Vernunft und Gesetzlichkeit.) Prinzip des In-sich-aufnehmens, Vollendens.«

Als Positionierungsmodell ergibt sich die hier abgebildete Übersicht.

Auch andere Autoren haben sich mit der Archetypik von Farben auseinandergesetzt und dabei auch die Metallfarben mit einbezogen. Nach Kramer-Matschoss [zitiert nach Frieling, GESETZ, S. 18ff.] lassen sich signifikante Zusammenhänge beschreiben, die wir hier unkommentiert zur Eigenbeurteilung vorlegen.

Jung selbst hat sich zur Archetypik der Farben nicht geäußert. Er versuchte jedoch, die Grundfarben sogenannten »mentalen« Urtypen zuzuordnen. Hier zur Verdeutlichung [zitiert nach Frieling, GESETZ, S. 147] die Aussagen:

Blau	—	Farbe des Denktypus	—	rational
Rot	—	Farbe des Fühltypus	—	emotional
Gelb	—	Farbe des Intuiertypus	—	Sensualität
Grün	—	Farbe des Empfindungstypus	—	Sensitivität

Geistige – materielle Farben

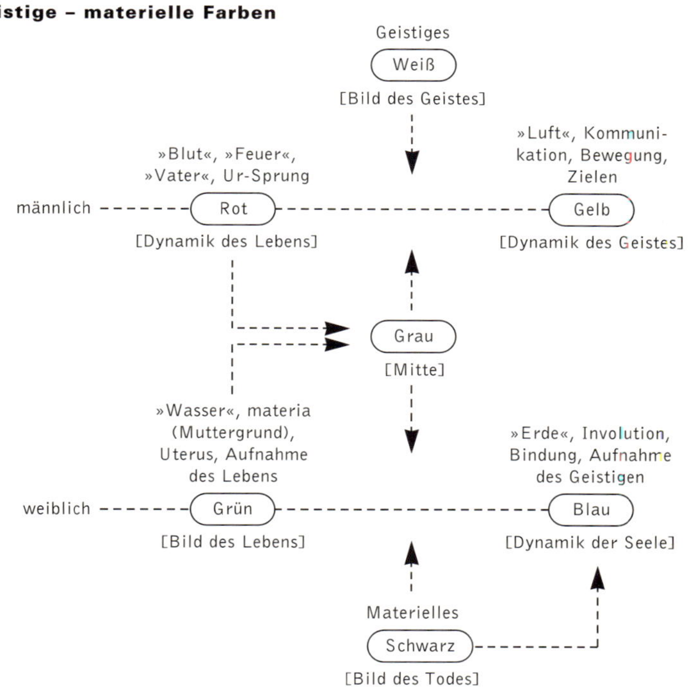

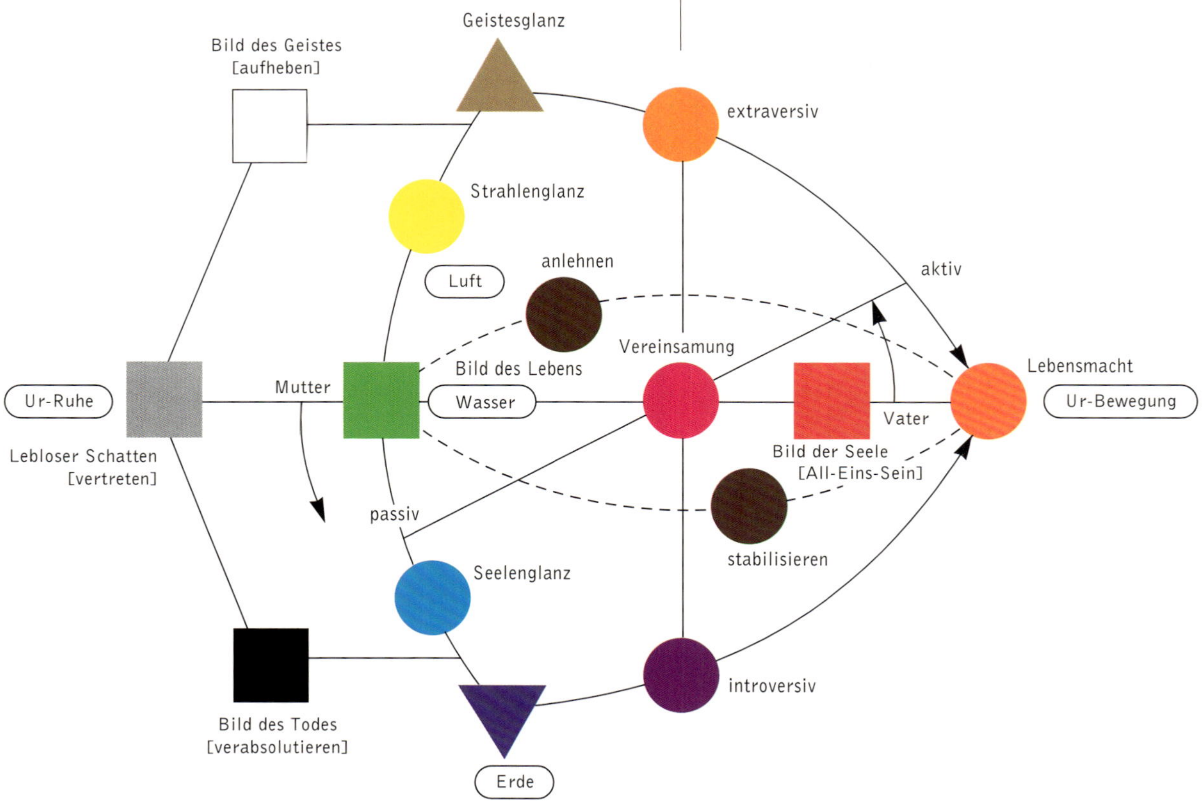

Farbassoziation Eine Farbempfindung kann – bevor es zu Anmutungen kommt – zu Gedankenverbindungen (= Assoziationen) anregen. Sie kann aber auch andere Sinneseindrücke hervorrufen (stimulieren). Man nennt dies eine »Synästhesie«. Bei den Assoziationen ist also das Verhältnis von Reiz und Reaktion wichtig. Wir zeigen hier an Begriffen, daß es meistens eine Reaktionskette gibt. Eine direkte eindimensionale Korrelation ist außerordentlich selten.

Reaktionskette

Reizwort	Reaktion			
»Regen«	Wolken [m]	Schirm [f]	Wetter [m]	naß [o]
»Haushalt«	Kosten [f]	Glück [f]	Wohnung [m]	Schlaf [m]
»Mond«	Licht [m]	Monat [o]	Nacht [f]	rund [f]

Bei den Farbassoziationen muß man die Grundassoziation der Elementarfarben von den Generalassoziationen der Farbzusammenstellungen (Farbensembles) trennen. Hier zuerst einige Grundassoziationen zu den vier Elementarfarben:

Rot — Feuer, Blut, Liebe
Gelb — Gefahr, Bedrohung
Grün — Natur, Landschaft
Blau — Himmel, Träume

Man erkennt unschwer, daß sich hier Archetypisches mit Erfahrungen durchmischt.
Trotzdem: Im konkreten Fall kann man mit Hilfe von Polaritätenprofilen die Gemeinsamkeiten und Unterschiede zwischen »Farbeindruck« und »Assoziation« gut austesten, wie folgendes, schon klassisches Beispiel für »Liebe« und »Rot« zeigt [Hofstätter, S. 30].
Schnell sieht man zentrale Gemeinsamkeiten. Jedoch:

Liebe ist leise — Rot ist laut
Liebe ist eher sanft — Rot ist wild
Liebe ist neutral — Rot ist eher gespannt usw.

Interessanter sind jedoch die Generalassoziationen, wie folgende Übersicht [Frieling, GESETZ, S. 173] zeigt. Das ist auch nicht verwunderlich, da mehrere Farben den Assoziationsgrad erheblich steigern.
Wir zeigen in der Abbildung einige Generalassoziationen, die mit Farbensembles visualisiert wurden [nach Frieling: GESETZ, S. 128].

Farbassoziationen

emotionale Steigerung: dramatisch	Gelb, Orange, Rot
emotionale Entspannung: ergeben	Rot, Orange, Gelb
geistige Vertiefung: Kontemplation	Purpur, Violett, Schwarz
geistige Entspannung: Aufgabe	Violett, Blau, Blaugrün
sich vergegenwärtigen	Blaugrün, Blau, Violett
geistige Steigerung	Violett, Purpur, Gold
physische Verdichtung (ob das was mit der Baghwan-Bewegung zu tun hat?)	Gelb, Orange, Blau, Rot

Es gibt typische Assoziationen zu vielen allgemeinen Phänomenen. Bekannt sind Zuordnungen zu den Jahreszeiten, den Himmelsrichtungen usw.
Wir zeigen hier beispielhaft einige Farbcollagen, die den Charakter momentan wiedergeben. Man erkennt die typischen Kolorits der Jahreszeiten.

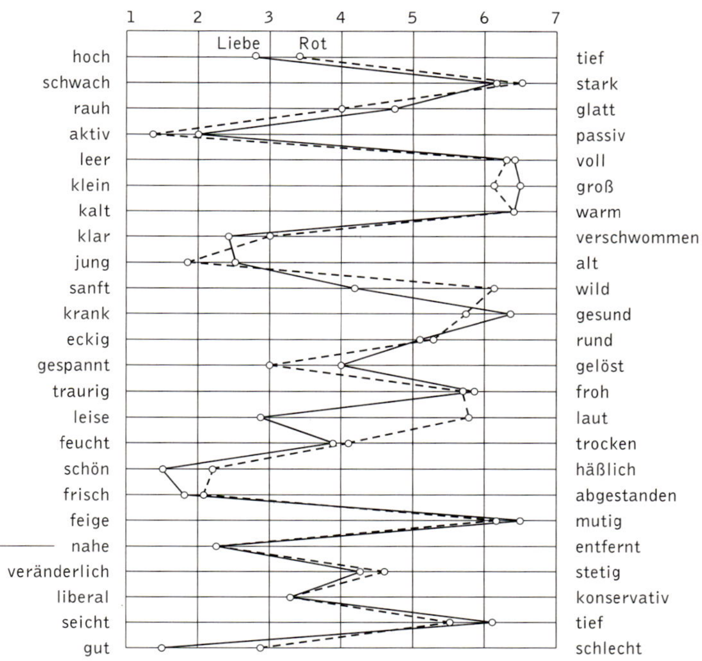

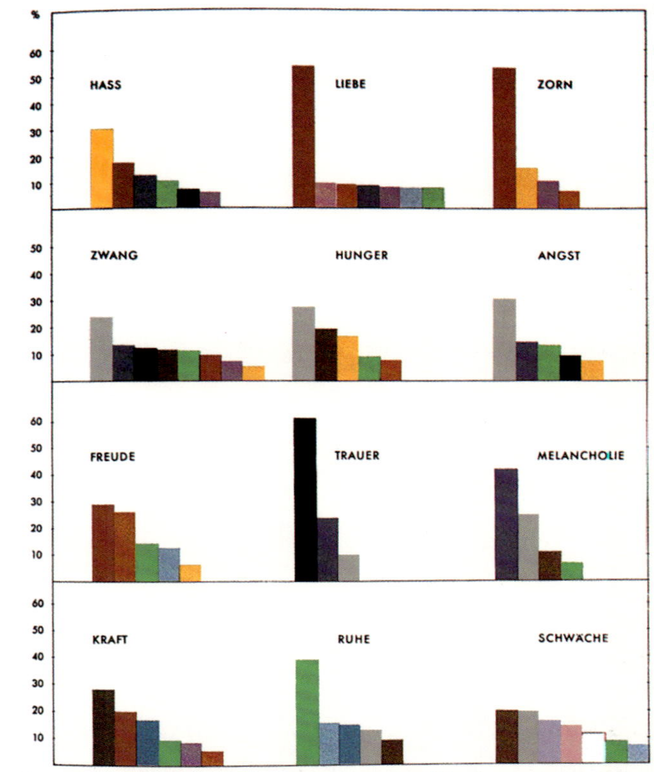

Abb. 36 'Farbenzuordnung zu verschiedenen Gemütsbewegungen und Begriffen in statistischen Durchschnittswerten. Erläuterung im Text.

Es ist möglich, aus den Farbcollagen z. B. die typischen Kolorits für jeden Monat abzuleiten.

Synästhesien und Farbe Dieses Thema ist in der Farbtheorie ausführlich abgehandelt. Das Farbhören ist genauso wie das Farbriechen und Farbschmecken theoretisiert worden.

Farbe und Akustik Wir erleben es beim Fernsehen jeden Abend: Farbe und Musik machen aus langweiligen Bildsequenzen eine dynamische Unterhaltung. Kein Großkonzert ist heute mehr ohne ausgeklügelte Farbtechnik denkbar. Jeder Bühnentechniker (light and sound) bringt jedoch seine EIGENE Lichtchoreographie zum Einsatz. Die Unterstützung der Musik durch Farbe ist ein Geheimnis erfolgreicher Konzerte.
In der Literatur gibt es einige Hinweise zur sogenannten Farbdramaturgie [Frieling, GESETZ, S. 175]:
»1. GELB-ORANGE-ROT-(SCHWARZ) = Steigerung im Emotionalen, zeitnah werden, zur dramatischen Krise geführt werden.
2. ROT-ORANGE-GELB-(WEISS) = Entspannung im Emotionalen, Zeit dahingeben und sich zugleich in die Zeit erweitern, sich dargeben.
3. (SCHWARZ)-VIOLETT-BLAU-BLAUGRÜN-(WEISS) = Entspannung im Geistigen, Zeitverlust, Aufgabe des Körpergefühls, sich dem Geistigen dargeben.
4. (WEISS)-BLAUGRÜN-BLAU-VIOLETT = Steigerung und Verdichtung ohne Gewinn eines bestimmten Zeitgefühls (also: nicht gegenwärtig werdend).
5. VIOLETT-PURPUR-(GOLD) = Steigerung und Läuterung im Geistigen, ohne reales Zeiterlebnis.
6. PURPUR-VIOLETT-SCHWARZ = Geistige Vertiefung, zeitfern.
7. GELB-ORANGE-BRAUNROT-SCHWARZ = Physische Verdichtung, Verirdischung mit Zeitnähe.
8. GRÜN-GELBGRÜN-ZITRON-(WEISS) = Physische Veräußerung, Auflösen.«

Grundsätzlich fällt zuerst einmal auf, daß Dur-Tonarten stark farbig ausgeleuchtet werden, während bei Moll-Tonarten das Unfarbige dominiert. Künstlerische Lichtgestaltung bedeutet jedoch oft, das Erwartete nicht zu tun, Gegenläufiges miteinander zu verbinden. Genau das macht es eigentlich sinnlos, Regeln für die Farbdramaturgie zu bemühen.

Farbe und Geruch Paul Jellinek [S. 121] ist nach Altmeister Henning [S. 369] der erste Autor, der eine sinnvolle Gliederung der Gerüche vorgelegt hat.
In unserem Zusammenhang ist nebenstehendes Schema nach Jellinek [S. 213] schon selbsterklärend. Die Zuordnung von Grundfarben und Grundgerüchen wird dabei aufgrund der Archetypik und der Empfindungsweise der Farben vorgenommen.
Doch Vorsicht auch bei diesem Modell: Danach müßten heute alle Parfüms »schwül« zwischen narkotisch und erogen sein, denn fast alle in diesem Jahr kreierten Duftwässer haben eine violette bzw. blaue Koloration, wovon man sich leicht selbst überzeugen kann [vgl. dazu auch das Kapitel 12, Farbtrends].

Farbe und Geschmack Seit v. Skramlick [S. 347] hat es sich eingebürgert, von vier Grundgeschmacksarten auszugehen. Da paßt es gut, daß wir auf vier Grundfarben zurückgreifen können. Folgender Zusammenhang wird immer wieder hergestellt [Frieling, GESETZ, S. 206]:
Auch hier größte Vorsicht: So müßte z. B. die Bochumer Brauerei Moritz-Fiege ihr nachgewiesenermaßen bitterstes Pils Deutschlands eigentlich mit einem violetten Label versehen. Jedoch empfinden wir den grünen Fond und Goldschrift für ein Bier viel passender. Außerdem weist Heller [S. 145 f.] darauf hin, daß man heute Weiß mit »salzig« assoziiert.
Nichts ist so unverständlich wie die Weinfachsprache! Warum Ulrich Hinkfuss (Sylt) der erste ist, der sich werbewirksam mit sogenannten Geschmacksportraits versucht, ist unbekannt. Seine Geschmack-Farbe-Synästhesie für Rotwein, Weißwein, Rosé sind eine künstlerisch überzeugende Marketinginnovation.

Geruchsprisma [Henning]

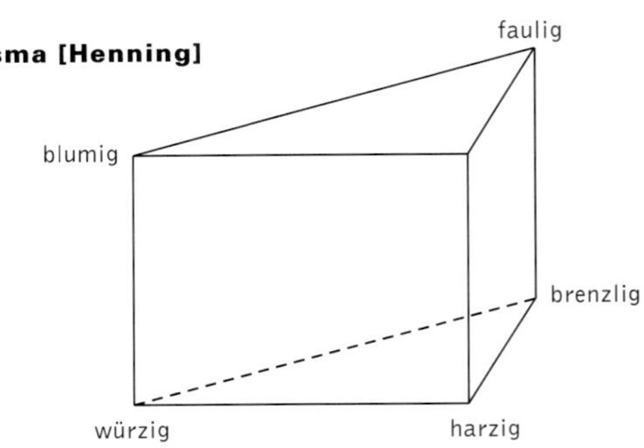

Grundgerüche – Grundfarben [Jellinek]

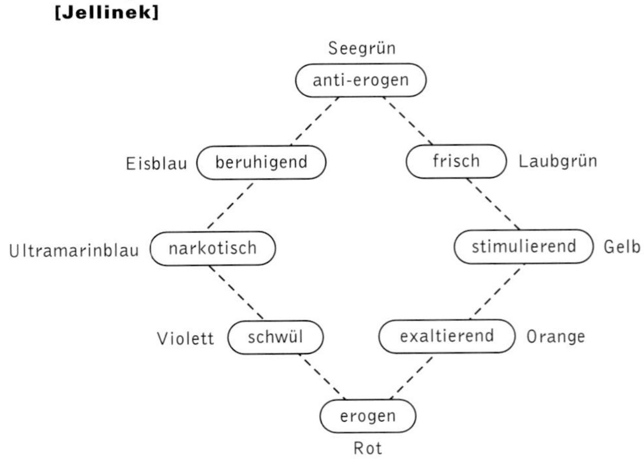

Grundgeschmacksarten

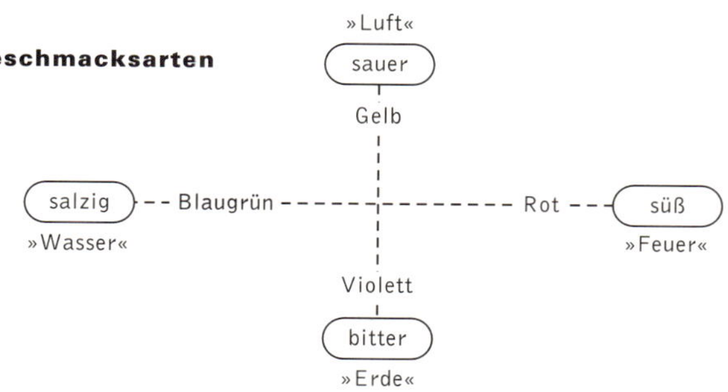

Geschmacks-portrait Spät-burgunder 93

Ulrich Hinkfuss: Geschmacksportrait Grauer Burgunder 95

Sélection HINKFUSS am Dorfteich

Restaurant in Wenningstedt auf Sylt

1994 Grauburgunder, trocken

Qualitätswein B.A. • A.P.-Nr. 902-11-95 • 750 ml • Alc. 11,5 % by Vol.

BADEN

Erzeugerabfüllung JOACHIM HEGER

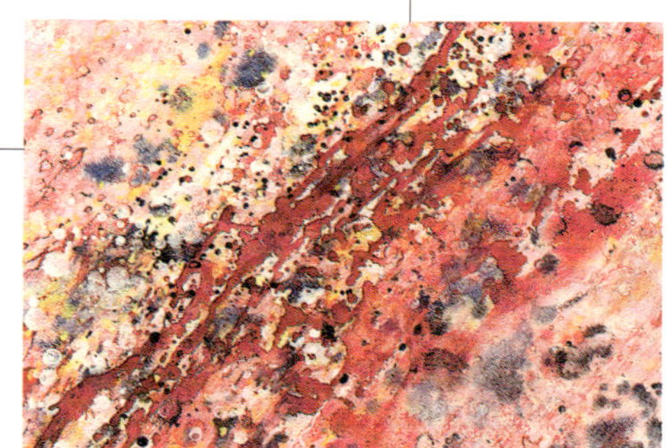

Geschmacks-portrait Weißer Burgunder 94

Geschmacks-portrait Rosé 95

Geruchsquadrat [Jellinek]

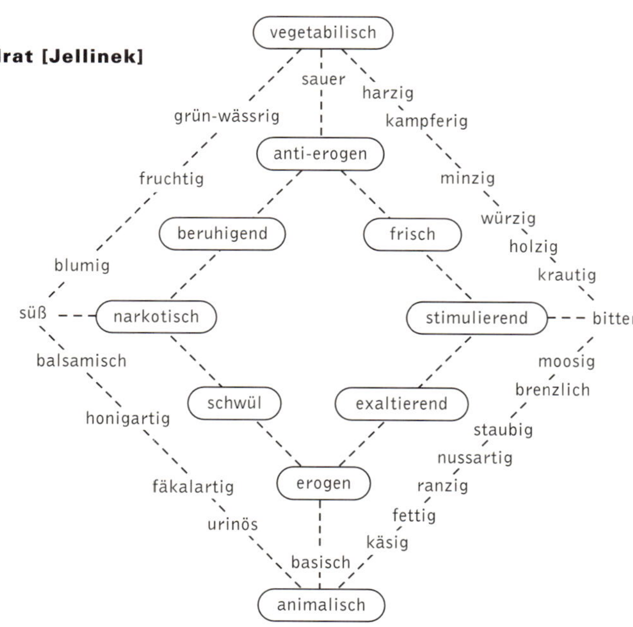

Farbe und Formwahrnehmung (sogenannte Farbgeometrie) Zuerst wurden nur Kreis, Quadrat und Dreieck als Grundform anerkannt. Kandinsky hat Anfang dieses Jahrhunderts eine eindeutige Form-Farbe-Beziehung formuliert.

Diese Ergebnisse lassen sich nur z.T. mit der archetypischen Symbolik vergleichen.

Natürlich haben Gold und das Dreieck die Symbolik des Geistesglanzes, aber die Urruhe ist dunkel (wie das Blau) und damit dem eher statischen Quadrat zuzuordnen. Rot ist das Symbol der Urbewegung und müßte eigentlich für den Kreis reserviert werden.

Auch die Befragung, die Kandinsky unter seinen Bauhaus-Studenten durchführte [vgl. Wingler, S. 159], kann nicht darüber hinwegtäuschen, daß man heute andere Zuordnungen wählt. Die DIN 1818 (Sicherheitsfarben) normiert die Bezüge so:

Rot	—	RAL 3000	—	Kreis
Gelb	—	RAL 1004	—	Dreieck
Blau	—	RAL 5010	—	Rechteck
Grün	—	RAL 6001	—	Quadrat

Man kann natürlich eine vollständige Formmetamorphose durchführen und erhält dann die sechs abgebildeten Grundformen. Ausgehend davon haben wir in einer aktuellen einfachen Studentenbefragung folgende Farb-Form-Korrelationen erhalten.

Man erkennt die sichere Zuordnung bei den drei Grundformen und die um 30% schlechtere Korrelationsrate bei den Übergangsformen.

Die geringen Prozentzahlen dürfen jedoch nicht mißinterpretiert werden. Sehr häufig fallen die Probanden ins sogenannte Assoziationsloch. Da wird z. B. der Kreis nicht als geometrische Figur wahrgenommen, sondern als Sonne und die Gedankenverbindung Sonne = Gelb liegt ja auf der Hand. Nur so ist es auch zu erklären, daß das Dreieck häufig auch mit Rot in Verbindung gebracht wird. Das Dreieck kann auch als Dachschräge interpretiert werden, damit ist es ein Ziegeldach, und die Farbe Rot wird assoziiert.

Farbe und Gewicht Durch Farbgebung ist es möglich, einen Gegenstand empfindungsmäßig leichter oder schwerer wirken zu lassen. In einem einfachen Versuch trugen Testpersonen verschiedenfarbige Kisten; die helleren wurden um bis zu 25% leichter geschätzt als die dunkelfarbigen [Test nach Warren und Flynn, zitiert nach QUALITÄTSFAKTOR DESIGN, S. 28]. Auslöser dieses Testes waren Arbeiter, die an bestimmten Tagen, nämlich dann, wenn es schwarze Kisten zu transportieren gab, eine viel geringere Leistung zeigten als an solchen, an denen es helle Ladung zu bewegen galt.

Farbe und Dimension Diese »optische« Synästhesie ist eine weitere Farbwirkung zusätzlich zur Buntheit.

Helle Grau-Blau-Töne suggerieren Fernwirkungen, sie sind die Farben der Luft und jene der weit entfernten Gebirge, die nur schwach, schemenhaft zu erkennen sind. – Kräftige Rottöne provozieren eine unmittelbare Nähe und Enge.

Bezieht man die optische Wirkung auf Räume, kommt man zu interessanten Regeln, die wir hier zusammenfassend vorstellen [Lutz, S. 193]:

1. Eine Decke herunterziehen
   = Die Decke dunkler halten als die Wände und den Boden
2. Eine Wand herausdrücken
   = Diese Wand mit kühlem Farbton tapezieren
3. Eine Wand hereinholen
   = Diese Wand mit lautem, aktivem Farbton behandeln
4. Ein Zimmer größer machen
   = Helle, duftige, durchsichtige Farbtöne verwenden
5. Ein Zimmer kleiner erscheinen lassen
   = Dunkle, satte, warme Farben oder Dekor-Tapeten vorschlagen
6. Ein Zimmer höher erscheinen lassen
   = Die Decke sehr hell halten

Farbe und Haptik Zuerst eine Erklärung für dieses Synästhesie-Phänomen: Eine der bekannten Farbtheorien besagt, daß das gesamte Farbgedächtnis aus addierten Anekdoten besteht. Das Warm-Blau schöner Augen, das Kupfer-Rot der Haare, das Purpur-Rot einer Knollennase sind eingeprägte Reminiszenzen an Begegnungen. Die Farbe Grün des Kleides, das Grau des Anzugs, das Rouge des Puders sind Wiedererkennungsfarben, die fast unauslöschlich im Gedächtnis verhaftet sind.

Gerüche und haptische Erfahrungen sind ebenfalls in anekdotischen Zusammenhängen zu sehen.

Häufig gibt es auch Überlagerungen oder Parallelitätsinduktionen von Geruch, Tastsinn und Farberfahrungen.

Ein Teil der Fläche-Farb-Assoziationen beruht auf solchen Erfahrungswerten. So suggeriert eine hellgrau glänzende Fläche eher einen harten, kühlen, metallenen Griff als eine beigebraune Fläche, die beispielsweise an eine sandige Struktur erinnert, dagegen läßt eine lichtgrau-blaue Fläche an eine sehr glatte, wäßrige Oberfläche denken.

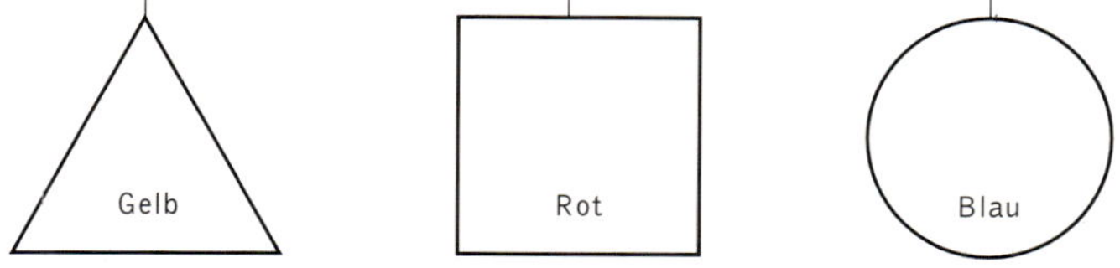

Bewegendes Prinzip und spitze Form

Festes Prinzip und feste Form

Konzentrisches Prinzip und bewegte Form

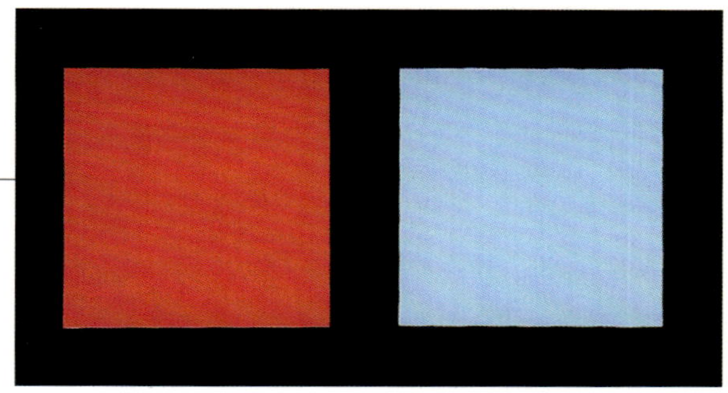

Farbe als Eindruck für Nähe und Ferne

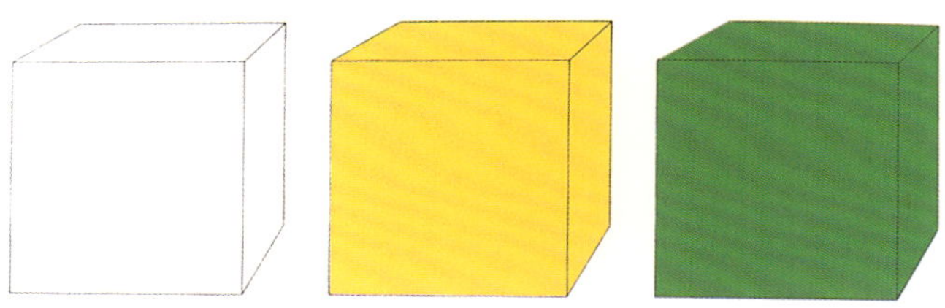

3 pounds (dieses Gewicht wurde der Versuchsperson bekanntgegeben

geschätzt auf 3,5 pounds

geschätzt auf 4,1 pounds

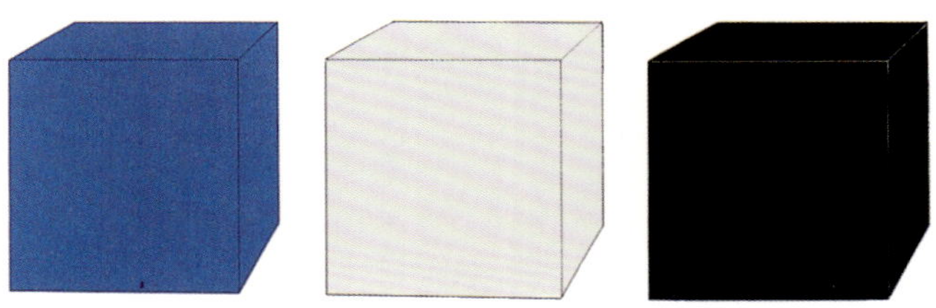

geschätzt auf 4,7 pounds

geschätzt auf 4,8 pounds

geschätzt auf 5,8 pounds

Reflexionsebenen

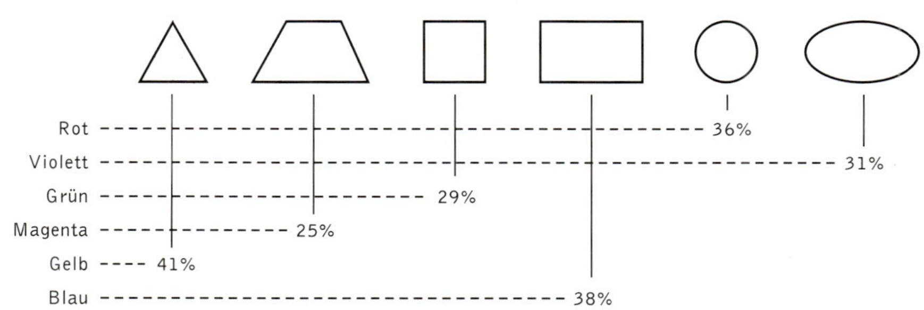

Der Begriff »The Touch of Colour« weist sehr treffend auf die Mehrdimensionalität von Farben hin. Will man mit Farbe (und den Produkten, denen man eine Farbe gibt) richtig umgehen, bedeutet das, auf die Exklusivität und die körperlich spürbare Eigenständigkeit jedes Farbtons einzugehen und ihn harmonisch (zusammen-stimmend) mit dem Material der Oberfläche anzuwenden.

Farben werden nicht mehr länger isoliert gesehen: das Zusammenspiel zwischen Farben, Griff und Material gewinnt zunehmend an Bedeutung. Neue kreative Dessins entstehen, indem scheinbar spielerisch unterschiedliche Fasertypen und Garnkonstruktionen sowie Färbe- und Drucktechniken miteinander kombiniert werden.

Farbe und Gesamtbefinden (sinnesgesamt)

Immer wieder erleben wir positive und negative Farbüberraschungen. Manchmal läßt uns die Umgebung kalt – eigentlich nur dann, wenn sie uns wirklich kalt erscheint. Allein durch die Verwendung von Orange-Gelb-Rot-Tönungen werden Gefühle von körperlich spürbarer Wärme suggeriert.

Gefühlsmäßige Schätzungen von Raumtemperaturen differieren bei Räumen in »kühlen« und »warmen« Farben um bis zu 6°C (zwischen 15°C und 21°C). Solche Erkenntnisse lassen sich natürlich sehr gut bei der Gestaltung von Räumen nutzen:

— Soll ein Raum warm wirken (Nordseite):
  Eine warme Farbe nehmen, z. B. Goldgelb, Braungelb, Rotgelb, Orange und Erdbeer bis zum hellen Rosa
— Soll der Raum kühl wirken (Sonnenseite):
  Kalte Farben nehmen, z. B. alle Blautöne, Grünblau, Graublau, Silbergrau, Silberblau, alle Grüntöne mit bläulichem Einschlag
— Ist ein Raum lichtarm (wenig Tageslicht):
  Strahlende, helle Töne wählen, möglichst Tapeten mit Fondgrund, die die Farbe halten und Lichtreflexe geben (Glimmer)
— Ist ein Raum zu hell (viele Fenster):
  Dunkle, satte Farben, die das Licht aufsaugen, vorschlagen evtl. mit rauher, samtiger Oberfläche.

Zur Finalisierung der Synästhesien Synästhesien lassen sich im Marketing sehr vorteilhaft ausnutzen. Farbportraits werden z. B. in der Gastronomie eingesetzt, um den Charakter von Speisen und Weinen zu visualisieren. Somit ist man nicht mehr auf expressive Begriffe angewiesen, sondern kann sich mit dem wichtigsten Kommunikationsorgan, dem Auge, einen Eindruck verschaffen, der nachher durch die Geschmacksempfindung relativiert wird. Farbportraits werden meistens als ungegenständliche Bilder ausgeführt.

Farbspektren sind bei Parfums angezeigt. Bekanntlich haben Parfums einen Geruchsverlauf. So kann man die Geruchswirkung als farbiges Band visualisieren. Hier einige Beispiele nach Jellinek [S. 214], wobei die Farbvisualisierung von uns vorgenommen wurde.

Die meisten Parfums werden nach drei Kriterien beschrieben. Hier ein Beispiel des Bulgari-Parfums:

— Kopfnote
  Bergamotte aus Italien
  Bitterorangen aus Tunesien
  Orangenblüten aus Spanien
  Kardamom aus Ceylon
  Koriander aus Rußland
— Herznote
  Rosen aus Bulgarien
  Jasmin aus Ägypten
— Grundnote
  Grüner Tee
  Hölzer

In diesem Fall bieten sich Farbcollagen zur Visualisierung an. Wie man Synästhesien mit Farbpaletten darstellen kann, zeigt nebenstehende Abbildung. Den erklärenden und stimulierenden Text von Axel Venn haben wir in einer zweiten Abbildung hinzugefügt.

Wie man sehr verschiedene Arten von Synästhesien visualisieren kann, zeigt unsere Abbildung nach Frieling.

Farbanmutungen Farbanmutungen werden wirksam, wenn man eine reizinduzierte Empfindung hat, die mit Erfahrungen und Vorerfahrungen gekoppelt werden. [Lersch, S. 31, spricht von »Erleben« als Ausdruck des »Angemutet werdens«.] Wir wollen an dieser Stelle auch darauf verweisen, daß »Empfindungen« und »Anmutungen« bei der Beschreibung von Farbwirkungen nicht immer eindeutig zu trennen sind.

Oft werden die gleichen Begriffe [vgl. Kapitel 4] von Autoren [Bitsch, Küppers, Frieling usw.] benutzt, um Farbempfindungen zu beschreiben. Wir halten eine kategoreale Trennung jedoch für nötig, um zwischen unreflektierten, spontanen Empfindungen und an Erfahrungen und Vorerfahrungen gebundenen Anmutungen differenzieren zu können.

Welche Anmutungen sind nun der Art nach zu benennen? Goethe hat als erster sogenannte »sinnlich-sittliche« Wirkungen der Farben beschrieben [Mathaei, S. 163]:

— Purpur hat die Wirkung schön
— Violett hat die Wirkung unnötig
— Blau hat die Wirkung gemein
— Grün hat die Wirkung nützlich
— Gelb hat die Wirkung gut
— Orange hat die Wirkung edel

Farbe und Haptik eingelöst an vier faszinierenden Oberflächen

Geruchswirkungen

Bulgarisches Rosenöl

Gelb — Rot — Ultramarinblau

- Gelb – stimulierend: Eugenol, Citral
- Rot – erogen: Nonylaldehyd, Phenylessigsäure
- Ultramarinblau – narkotisierend: Rosenalkohole

Französisches Lavendelöl

Grün — Eisblau — Ultramarinblau

- Grün – anti-erogen: Terpene, Borneol, Cineol
- Eisblau – beruhigend: Linalylacetat
- Ultramarinblau – narkotisierend: Linalool, Geraniol

Man erkennt, hier kommt zu der Empfindung eine Erfahrung – sonst könnte Grün nicht als »nützlich« eingestuft werden. Leider sind diese Ausführungen heute genauso abstrakt wie die ästhetischen Ergüsse von Zeising [zitiert nach Hartmann, S. 243], der folgende Elemente des »Anmutenden« vorschlägt.
Nicht ganz uninteressant ist die Weiterführung der drei Pole der Elemente des Schönen. So entsteht ein erweiterter Kreis von 18 Untermodifikationen.
Für unsere Überlegungen könnte man daraus ableiten, daß
— Rotviolett (= Magenta) würdige, imposante Anmutungen hat,
— Violettblau (= Ultramarin) glorreiche und dämonische Anmutungen hat,
— Blaugrün (= Türkis) wehmütige, rührende Anmutungen hat,
— Grüngelb (= Lind) barocke, burleske Anmutungen hat,
— Gelborange (= Safran) pikante, possierliche Anmutungen hat.

Die neuesten Ordnungsschemata für farbpsychologische Anmutungen stammen von Küppers [HARMONIELEHRE, S. 27].
Diese normierten und fixierten Anmutungsentsprechungen werden der heutigen Situation jedoch auch nicht mehr gerecht. Die elektronischen Medien, die Mode, der Zeitgeist wirken auf tradierte Farbbezüge permanent ein. Farben, die noch vor wenigen Jahren »laut« anmuteten, sind durch Gewöhnung »dezent« geworden – »junge Farben« sind plötzlich für alle Altersklassen akzeptabel usw.
Kurzum: Man kann heute keine allgemeinen Farbanmutungen mehr formulieren. Aus diesem Grunde schlagen wir hier lediglich eine Systematik der Anmutungen vor und geben Hinweise darauf, wie man diese farbspezifisch einlöst.
Anmutungen lassen sich besser begrifflich fassen, wenn man sie polar gliedert. Sie erhalten dadurch Feldcharakter. Darüber hinaus hat es sich als nützlich erwiesen, zwischen abstrakten Anmutungen, sogenannten Anmutungscharakteren, und Einzelanmutungen zu unterscheiden.
Die folgende Polaritätenliste definiert die bisher als relevant hervorgetretenen Anmutungscharaktere [zitiert nach Küthe/Thun]

sachlich	-----	romantisch
konventionell	-----	originell
klassisch	-----	modisch
traditionell	-----	avantgardistisch
tough	-----	tender
rustikal	-----	artifiziell
einfach	-----	wertvoll

Für feinere oder weitergehende Analysen kann man jedem Anmutungscharakter spezifische Einzelanmutungen (Charakterelemente) zuordnen. Aufgrund unserer Erfahrung mit dieser Methode können wir den globalen Anmutungscharakteren spezifische Einzelanmutungen zuordnen.

Anmutungen [Küppers]

Gelb
extravertiert
dynamisch
Veränderung

Orange
fanatisch
aktiv
überschäumend

Grün
realistisch
lebensfroh
naturverbunden

Rot
exzentrisch
Tatendrang
Eroberungswille

Türkis
konzentrisch
Spannung
Beharrung

Magenta
idealistisch
theoretisch
transzendent

Cyan
pflichtbewußt
passiv
konzentriert

Violett
introvertiert
statisch
Ruhe

Braun
zurückgezogen
Erschlaffung
Behaglichkeit

Weiß
illusionär
Auflösung
realitätsfern

Grau
unbeteiligt
abgeschirmt
Sich-Verstecken

Schwarz
pessimistisch
Zwang
hoffnungslos

Elemente des »Anmutenden«

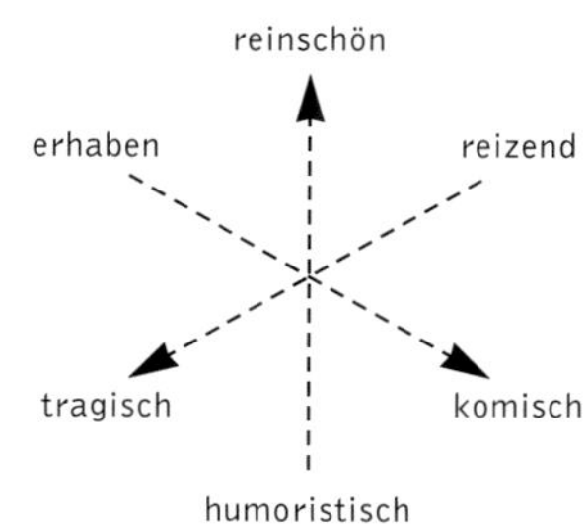

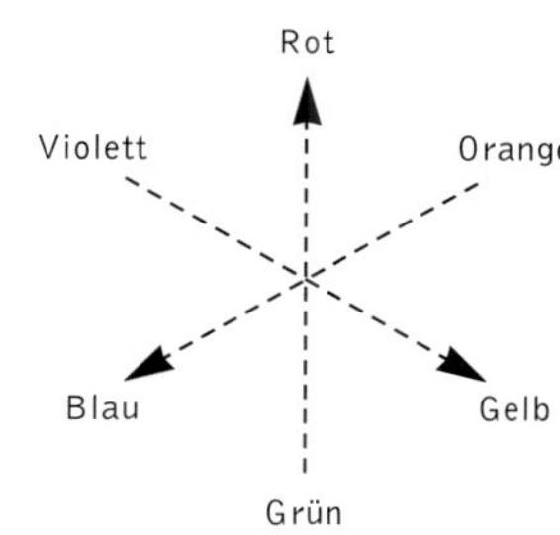

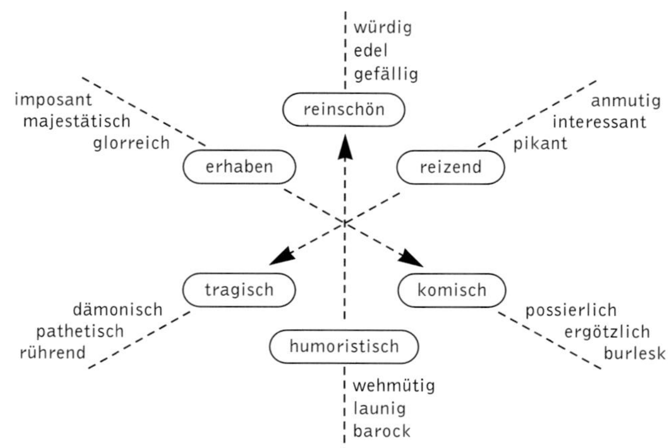

Polaritätsprofil der Anmutungscharaktere und Einzelanmutungen

sachlich	**romantisch**
nüchtern	gefühlvoll
rational	sensitiv
überlegt	sinnlich
konventionell	**originell**
üblich	ausgeflippt
bedeckt	frisch
seriös	ungewöhnlich
bürgerlich	bohèmehaft
klassisch	**modisch**
dezent	laut
zeitlos	modern
ruhig	unruhig
zurückhaltend	auffällig/aufdringlich
traditionell	**avantgardistisch**
alt	jung
ruhig	erregend
vertraut	fremd
gewohnt	poppig
tough	**tender**
herb	süßlich
geomterisch	blumig
hart	weich
robust	zart
eckig	rund
rustikal	**artifiziell**
natürlich	künstlich
verspielt	streng
einfach	komplex
schwer	leicht
grob	grazil
einfach	**wertvoll**
sparsam	verschwenderisch
schlicht	aufwendig
zurückhaltend	repräsentativ
standard	hochwertig
billig	nobel

Es ist wegen der Vielfalt der Anmutungen (Charaktere und Elemente) nicht möglich und vor allem auch nicht sinnvoll, singuläre Einzelfarben zuzuordnen. Aussagekräftiger sind Farbzusammenstellungen.
Hierzu benötigt man z. B. einen verläßlichen Kompositionsatlas [vgl. z. B. DESIGN-GUIDE TO COLOUR]. Hier werden Farbkolorits vorgestellt, die den referierten Anmutungen dann zuzuordnen sind. Man benötigt nur noch einen trainierten Blick, um zu entscheiden, welche Zweier- oder Dreierkombination einer vorher definierten Anmutung entspricht. Wir können hier keine allgemeinen Regeln ableiten – subjektive Entscheidung zum Thema und zur Koloration sind gefragt.
Der Colour-Guide enthält auf 135 Seiten Farbkompositionen mit zwei oder drei Farben. Wir zeigen hier Seiten mit Farben im Bereich »soft« [S. 126] und »deep« [S. 130].
Die Generalisierung – d. h. die empirische Überprüfung – geschieht dann am besten mit Polaritätenprofilen. Möglicherweise ist es auch nützlich, psychologische Ordnungsschemata, wie die in diesem Kapitel referierten, heranzuziehen, um Grundkolorits festzulegen.

Zusammenfassung Wir wollen im Überblick für die bunten sowie die unbunten Grundfarben auflisten, welche Eindrücke, Empfindungen und Anmutungen zu beachten sind.
Es soll eine Gesamtschau sein, und deshalb nehmen wir keine Differenzierung wie in den vorausgegangenen Kapiteln mehr vor. Die Farbcharaktere sollen ganzheitlich vorgestellt werden [nach Lutz, Küppers, Heller].

Rot als Charakterbild Rot ordnet sich keiner Farbe unter. Rot ist so vorherrschend, daß es sofort die Führung unter allen Farben übernimmt. Rot übt den größten Reiz auf das Auge aus, so daß es beim Zusammenstehen mit anderen Farben optisch so aussieht, als ob das Rot unserem Auge viel näher sei als die anderen Farben, z. B. Grün oder gar Blau.
Rot ist Ausdruck für Lebenskraft, für Lebensenergie. Rot ist das Symbol für die Liebe, in der sich warm und freudig ein Leben dem anderen schenkt. Rot spricht – dividiert – noch in der größten Skala die Gefühle der Menschen an. Das schwere Dunkelrot stellt Würde und feurigen Ernst dar. Hochrot ist die Farbe des Umsturzes. Je heller das Rot wird, desto mehr tritt das Erregende zugunsten einer Wärme und Freude zurück. Besonders ist Rot in den hellen Tönen (Rosa) heiter, freudig und jung.

Blau als Charakterbild Blau ist die Farbe des Himmels. Je tiefer das Blau, desto metaphysischer wird es, d. h. Blauschwarz bekommt schon den Klang einer großen kosmischen Trauer. Blau ist und wird für uns immer eine rätselvolle Farbe bleiben. Es ist eine kalte Farbe, die stets fern erscheint, die wohl beruhigt, aber in ihrer Ausstrahlung ernst, kalt, sehnsüchtig bleibt, mit einem Unterton von Traurigkeit. Blau macht ein Loch im Bild – sagt der Maler –, das bedeutet, daß Blau immer zurückzuweichen scheint. Ultramarinblau ist auch kühl, wirkt aber wohltuend, beruhigend und besänftigend, bestimmt zur Ruhe, weil es sich passiv verhält. Blaugrün – die Mischung aus Blau und Grün – verschmilzt in sich das Zurückhaltende und Sehnsuchtsvolle des Blaus mit der Ruhe und der Frische des Grüns. Blaugrün macht sehnsuchtsvoll, beruhigt aber zugleich.

Grün als Charakterbild Grün, besonders das frische als »junges« angesprochene Grün, ist der Ausdruck für Frühling und Jugend. Das dunklere Grün verliert von dieser Symbolhaftigkeit. Grün ist auch die Farbe des gesunden, vollen Lebens. Jedoch, während Orange der Ausdruck des höheren geistigen Lebens ist, ist Grün der Ausdruck des vegetativen, körperlich vollen Lebens. Grün ist die ruhigste aller Farben und kann deshalb Gegensätze ausgleichen. Grün zieht das Auge an, sättigt und kräftigt es.
Wird das Grün mit Gelb gemischt, dann wird es jugendlicher, lebendiger, aktiver. Mit Braun gemischt bekommt das Grün einen anderen Klang: es wird ernster und schwerer.

Violett als Charakterbild Violett ist die merkwürdigste aller Farben. Sie ist nicht kalt und auch nicht warm. Es haftet ihr aber etwas Mystisches, für manche Menschen auch Bedrückendes an, das ein physisches Unbehagen auslöst. Von Violett werden tief veranlagte, zur Mystik neigende, manchmal schon etwas absonderliche Menschen angesprochen. Ein bestimmter Violetton kann die Menschen tief ergreifen, ja rühren. Auf sehr sinnenfrohe Personen wirkt Violett geradezu betäubend. Sie gehen dem Violett gern aus dem Wege. Ein Violett, in dem das Blau vorherrscht, ist in seiner Wirkung zum Ätherischen, zum Nach-oben-strebenden noch verstärkt (Ultramarin). Rotviolett, in dem das Rot nur sanft anklingt, wird zarter, je mehr man es aufhellt. Es gibt dann eine feine, zarte, weibliche Strahlung ab. Das dunkle Violettrot jedoch ist würdevoller, es wird zum Bischhofspurpur. Die Farbe Hellviolett (Lila) in Verbindung mit Weiß und Zitronengelb kann sehr intensiv und weiblich wirken.

Gelb als Charakterbild Gelb hat eine stark anregende Wirkung, ohne dabei aufzuregen, wie es die Farbe Rot tut. Das reine Gelb ist die hellste Farbe im Farbkreis und das Symbol für Fruchtbarkeit, Segen, Überfluß und – wenn es sich zum Gold steigert – Ausdruck von Macht, Glorie und Majestät.
Je heller das Gelb ist, desto stärker tritt es in den Vordergrund. Gelb hat eine dominierende Wirkung. Dividiert man das Gelb, so nimmt es an Kraft zu, wenn es dunkler wird, verliert aber dafür die Heiterkeit und die Majestät. Je mehr das Gelb an-

»deep«

Y60 M20 C50 BL30
M10 C30 BL30
Y60 M100 C40 BL30
Y90 M90
Y90 M40 C30
Y30 M50 C60 BL50
Y80 M70 C30
Y40 M40 C40
Y30 M70 C70
Y30 C50 BL50
Y80 M90
Y80 M90 C60 BL30
Y80 M60 C80
Y30 M20 C10 BL30
Y50 M100 C70
Y80 M100 C20
Y30 BL50
Y40 M70 C80 BL30
Y40 M100 BL50
Y20 C50 BL30
Y70 M60 C50 BL30
Y60 M30 C50 BL50
Y10 M100 C20
Y20 M60 C70 BL50

»soft«

Y50
Y10 C40
Y40 C50
BL50
M50
Y50 M50
Y30 M40
M40
M30 C40
Y40
Y10 C50
BL40
Y40 M10
Y20 C60
M30 C60
Y50 M10 C30
M50
M40 C40
M40 C10
M40 C40
Y10 C70
M10 C70
Y30 C50
M50 C50

dererseits aufgehellt wird, desto mehr verfeinert es sich, wird leichter, zarter, edler und tritt dann optisch mehr zurück.

Magenta als Charakterbild Magenta ist die Farbe des Unnatürlichen und damit auch des Übersinnlichen, des Transzendenten. Man sieht nicht nur das Vordergründige, sondern man sieht den großen Rahmen. Man ist bestrebt, zu erfahren, was hinter den Dingen ist, und versucht, Zusammenhänge zu verstehen. Dabei geht es um Ordnung und Gerechtigkeit, also ums Prinzipielle. Magenta kann auf das Abnorme, aber auch auf das Bewußtsein des Besonderen oder sogar auf überzogene Machtansprüche hinweisen.

Braun als Charakterbild Braun ist die erdhafteste, verdichtetste und realste aller Farben. Braun kann man nicht mit edel und fein ansprechen, dafür ist es aber kräftig: Braun ist der Ausdruck für das Gesunde und Behäbige, Erdhafte. Gemischt mit anderen Farben wird diese sehr typische Eigenschaft verändert. Braun mit Rot oder Violett gemischt läßt den Eindruck sonnenbeschienener Erde entstehen. Dieses Violett-Braun hat dann eine sehr anziehende, ins Magisch-Mystische gehende Kraft.

Schwarz als Charakterbild Schwarz ist mit dem absoluten Dunkel gleichzusetzen. Schwarz ist die materialverkörperte Finsternis. Schwarz hat für uns die Bedeutung des Ernsten, Negativen, Finsteren und der Trauer. Schwarz ist verschlossen und erhaben. Gegen Weiß gesetzt, entsteht der absolute Kontrast.

Weiß als Charakterbild Das Weiß ist jenseits von Gut und Böse. Weiß ist auch keine Farbe im Sinne einer Farbigkeit. Es ist der stärkste Gegenpol zu Schwarz. Dieser Kontrast ist in seiner Unbedingtheit jedem sofort vorstellbar. Während Schwarz Trauer ausdrückt, haftet dem Weiß Heiterkeit an. Weiß ist für uns das Symbol für Unschuld und Reinheit. Soll etwas Einfacheres, doch Kraftvolles und Bedeutendes dargestellt werden, so drückt dies der Schwarz-Weiß-Kontrast am besten aus.

Grau als Charakterbild Grau ist das Trübe an sich. Grau könnte man als Symbol für das Unentschiedene nehmen. Grau ist indifferent, klanglos, wärmt weder noch wirkt es kühlend. Grau ist Hintergrund oder Nebenfarbe. Grau kann ausgleichen und neutralisieren und ist deshalb wichtig, um allzu große Farbkontraste zu mildern oder Farbkontraste harmonisch zusammenzubringen. Grau ist wie die Pause in der Musik.

Gold als Charakterbild An und für sich ist Gold klangarm und dadurch seelenlos, aber es ist festlich und majestätisch durch seine Dichtigkeit und seine großartige Strahlung. Gold ist analog der Sonne Ausdruck für die höchste Lebenskraft, geistig gesehen. Zugleich Ausdruck der Macht und Würde; je reicher und machtvoller die Zeiten waren, desto mehr Gold wurde auch in den Raumausstattungen verwendet (Krönungskirchen, Thronsäle, Residenzräume).

Silber als Charakterbild Silber ist wie Gold klangarm und dadurch seelenlos. Silber hat eine durchaus andere Strahlung als Gold. Es ordnet sich wie Grau den farbigen Gegenständen bei, mildert aber ihre Freudigkeit. Silber ist nicht so lockend wie Gold, es blendet das Auge nicht, sondern zieht es mild an. Silber ist, so sagt man, »das Licht unter den Metallen« und erscheint deshalb einem großen Kreis von Menschen edler als das Gold. Während Gold eine warme Strahlung hat, wirkt Silber immer kühl.

Kapitel 6 **Farbsysteme**

Sinnvolle Farbsammlungen fürs Marketing

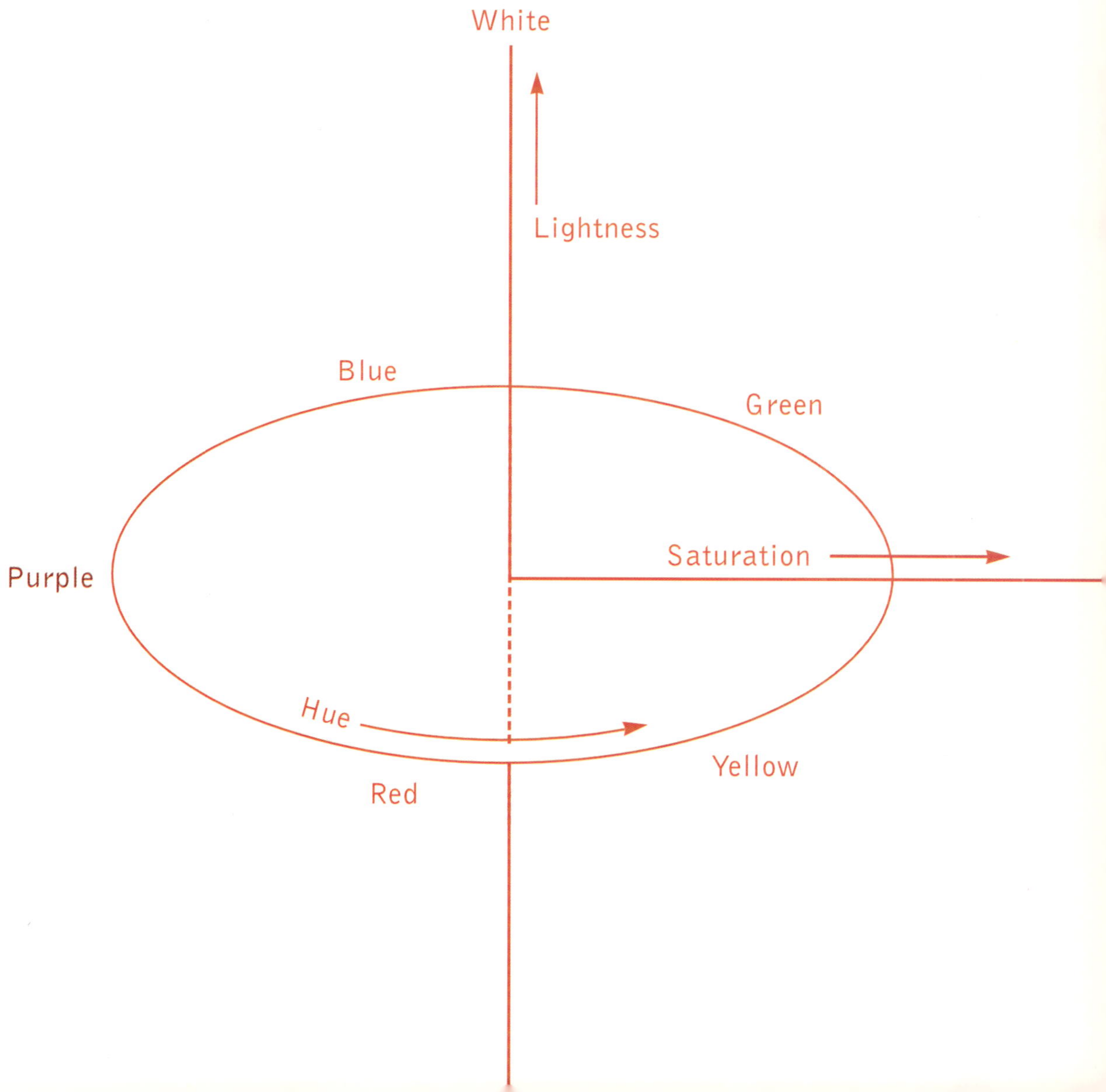

Aus logischen Gründen muß man zuerst einmal die Farbregister von den Farbordnungen unterscheiden.
Beide werden im Marketing benutzt. Für fundierte Entscheidungen benötigt man jedoch »Systeme«. Nur diese genügen unseren physiologischen Anforderungen.
Das erste echte Farbsystem wurde 1929 vorgestellt [Munsell, BOOK OF COLOUR]. Es enthielt 850 Farbmuster. Heute hat dieses Werk zwei Bände mit zusammen 4000 systematisch angeordneten Farbnuancen. Bis heute sind über 50 solcher Farbsysteme entwickelt worden [vgl. Nemcsics, S. 53]. Für unsere Marketingarbeit sind nur wenige geeignet: neben Munsell NCS bzw. RDS.
Zuerst jedoch ein Überblick über handelsübliche Farbsammlungen:

Farbregister Meistens liegen diese als sogenannte Farbfächer vor. Am bekanntesten sind die von RAL, Pantone und den Herstellern von Dispersionsfarben (z. B. ispo EuColorsystem).
Die RAL-Farben stammen aus den 30er Jahren (daher auch der Name: Reichs-Ausschuß für Lieferbedingungen; denn die Einhaltung genauer Farbtöne ist eine Lieferbedingung!) und werden heute vom RAL Deutsches Institut für Gütesicherung und Kennzeichnung (Sankt Augustin) herausgegeben. Die einzige Systematik dieser Farbsammlung besteht darin, daß neun Farbgruppen gebildet werden von 1 (Gelb), 3 (Rot), über 5 (Blau) bis 9 (Sonderfarben). Innerhalb dieser Gruppen gibt es keine Farbordnung, jedoch die Benennung der Farben [vgl. Kapitel 2] ist oft praxisnah und präzise gewählt. Für einfache Farbentscheidungen reichen diese 190 RAL-Farben durchaus aus.
Wichtig zu wissen ist es, daß diese Farben als Standardfarben von der Lackindustrie oder auch von Teppichbodenherstellern (z. B. Longlife) angeboten werden. Auch die Hersteller von Küchenmöbeln bieten Fronten in allen RAL-Farben.
Ein ähnliches Register wie RAL für den Produktdesigner bietet HKS dem Grafikdesigner bzw. dem Drucker. Beide Farbregister bieten jedoch viel zu wenige Nuancen, da sie Volltonsysteme sind, also ohne Pastells und Trübungsfarben auskommen.
Möchte man nun im Druck leichte Modulationen von HKS-Tönen vornehmen, so treten natürlich Komplikationen bei der Reproduktion auf.
Um im Grafik- und Druckbereich die Kommunikation über Farbtöne schneller und präziser zu gestalten, wurden die Pantone-Farbregister entwickelt. Sie helfen – bei großer Farbauswahl – Farbvorstellungen präzise kommunizierbar zu machen.
Zur Verbreitung der Pantone-Register hat auch beigetragen, daß es diese Farben in unterschiedlichen Materialien gibt: Abreißbare Musterkarten aus Papier, Textilproben, Folien, Farbstifte – alles ist in den etwa 800 Pantone-Farben lieferbar.
Die Druckfarben lassen sich aus 14 Grundfarben nach genauen Mengenangaben stets neu mischen. Scheinbar sollte also mit den Pantone-Registern und Mischangaben das Problem der Farbdefinition behoben sein. Dies ist leider nicht der Fall.
Der Hauptfehler aller dieser Farbfächer und Farbregister ist nämlich folgender:
— sie erzeugen einen Überfluß an ähnlichen Farben, eine Feinnuancierung, die man meist nicht braucht;
— auf der anderen Seite ist eine Menge an »entschieden anderen Farben« nicht vorhanden, weil die Pigmentchemie in der Regel zu flach ausgelegt ist.

Innovative Farbentscheidungen benötigen jedoch alle visuell möglichen Kolorationen und nicht die durch eine bestimmte chemische Technik machbaren.

Die HKS-Farben

Der RAL-Farbfächer

Der Pantonefächer wird von Designern gerne benutzt. Hier stimmen jedoch empfindungsmäßig die interkategorealen Abstände häufig nicht überein (vgl. z. B. 379U zu 385U).

Mechanistische Farbsysteme

Wir haben schon darauf verwiesen, daß Farbordnungen in der dritten Dimension versucht wurden. Diese Systeme sind dann abzulehnen, wenn sie zu regelmäßigen geordneten Körpern führen. Egal, ob Kegel oder Doppelkegel, Halbkugel oder Kugel, Zylinder oder Würfel, mechanistische Farbsysteme [vgl.Gerritsen, S. 36 ff.] widersprechen den physiologischen Differenzierungsgesichtspunkten des menschlichen Sehens. Mechanistische Farbsysteme sind zwar an sich ästhetisch, leiden aber unter ihrer physiologischen Präzision. Abgebildet ist ein Beispiel der Farbkugel nach Itten.

Farbsysteme für fundierte Entscheidungen

Die gerade beschriebenen Ordnungen sind für systematische Farbanalyse, Farbentscheidungen bzw. Farbtrendabschätzung nicht zu empfehlen. Diese Systeme sind technisch ausgelegt und nicht physiologisch. Sie berücksichtigen nicht die Sehgewohnheiten und vor allen Dingen die Identifikationsmöglichkeit des menschlichen Auges.

Bei der Thematisierung der physiologischen Sehtatsachen [vgl. Kapitel 4] haben wir die Farbeindrücke herausgearbeitet:

— bunt versus unbunt
— hell versus dunkel
— strahlend versus trübe

Diese Kriterien gilt es bei der physiologischen Farbordnung zuerst einmal zu beachten.

Berücksichtigt werden diese Farbeindrücke in den Farbsystemen durch die Kriterien Farbton, Sättigung und Helligkeit.

Der FARBTON (engl. »hue«) wird durch die Empfindungsgrößen Blau, Grün, Rot, Gelb, Violett usw. erklärt. Die Farbtonabfolge gehorcht dabei nicht unbedingt physikalischen Spektren (also von Rot zu Violett) sondern sie folgen vielmehr den Mischvorstellungen der Farben, die von Testpersonen vorgegeben werden. Das neue RDS (RAL-Design-System) hat z. B. die Farbabfolge: Rot-Magenta-Violett-Blau-Grün-Gelb.

Die SÄTTIGUNG (engl. »saturation«) ist eine Größe, die den Grad der Farbkräftigkeit angibt. Eigentlich können nur Lösungen einen unterschiedlichen Konzentrationsgrad haben. Man benutzt hier jedoch diesen Begriff, um zu verdeutlichen, wie strahlend bzw. wie verwässert (d. h. trübe) eine Farbe ist.

Der Sättigungsgrad ist eine sehr wichtige Größe, zeigt er doch, daß helle Farben (z. B. Gelb) im Vergleich zu dunklen Farben (z. B. Violett) viel stärker pigmentiert sein müssen, um gleich kräftig zu wirken.

Die HELLIGKEIT (engl. »lightness«) einer Farbempfindung gibt an, welchen Unbuntanteil, d. h. welches Schwarz- bzw. Weißverhältnis ein Farbton hat. Der Helligkeitsfaktor zeigt also an, ob Pastellfarben, verhüllte Farben oder abgedunkelte Farben vorliegen.

Durch die empfindungsmäßige Verbindung von Sättigung und Helligkeit können in den physiologischen Farbsystemen auch alle Brauntöne sinnvoll plaziert werden.

Die geometrische Interpretation der Farbempfindungsparameter kann mit Hilfe von Zylinderkoordinaten erfolgen. In unserer Abbildung ist das geschehen [nach Munsell, S. 8]:

Munsell-Koordinaten

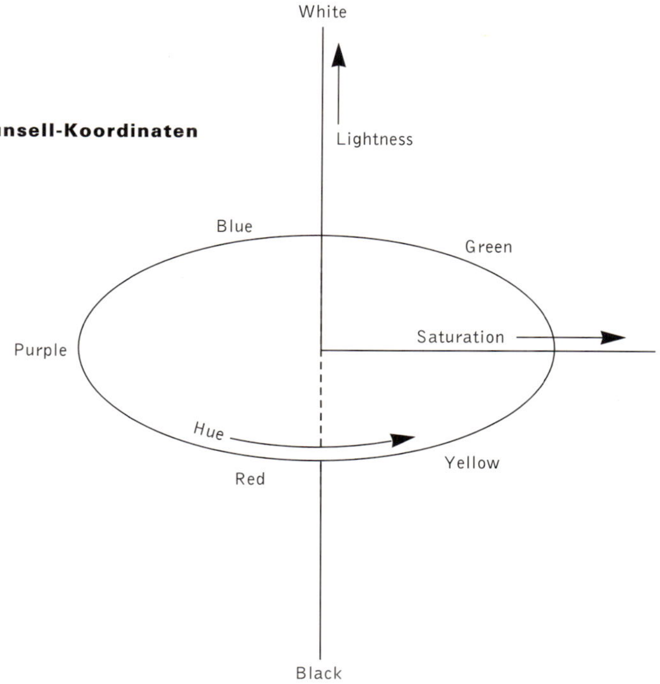

RDS (RAL-Design-System)

Darüber hinaus muß das Webersche und das Fechnersche Gesetz Beachtung finden [vgl. dazu nächstes Kapitel: das Prinzip der Schwelle], indem die Gleichabständigkeit der Farben untereinander sowie in ihrer Abmischung eingehalten wird. Also, die Farbreize dürfen nicht durch lineare Mischanweisungen erzeugt werden, sondern aufgrund gleichabständiger Eindrücke, und diese erhält man eben nur durch eine empirische Befragung. Farbsysteme werden in der Tat empirisch erarbeitet!

Am Anfang steht die Frage der einzusetzenden Grundfarben. Europäische Systeme, so das Ergebnis von empirischen Studien, wählen die Hauptfarbtöne Rot, Blau, Grün und Gelb. Das bekannte amerikanische Farbsystem Munsell wählt noch Magenta (Purpur) als fünfte Grundfarbe hinzu. Hier erkennt man die Hemisphärenunterschiede!
Jede dieser Grundfarben muß nun im Hinblick auf mögliche Zwischenfarben ergänzt werden, bei NCS und RDS z. B. Magenta und Violett.
Alle definierten Grundfarben müssen nun im Hinblick auf ihren Sättigungsgrad überprüft werden. Hierzu werden Farbvergleiche der einzelnen Grundfarben mit »Neutralgrau« initiiert. Das Auswahlverfahren liefert für die Grundtöne Sättigungsstufen unterschiedlicher Höhe.
Nun müssen wiederum zwischen die genormten Grundfarben Farbunterschiede eingereiht werden, die gleichabständig sind. Hier ergibt sich nun ein interessanter physiologischer Effekt: im Grünbereich ist die Differenzierungsfähigkeit des Auges besonders groß, also nimmt die Nennungszahl zu, im Gelbbereich sind die Unterschiedszahlen sehr gering, also nur wenige Gelbnuancen! Sehr einleuchtend ist auch hier das RDS-System, welches die Windrose als Einteilungsgrundlage nimmt und im 10°-Rhythmus 36 unterschiedliche Basisfarben postuliert und sich dabei auf die vier Grundfarben nicht mehr einläßt.

RAL-Design-System RDS

Darüber hinaus wird auch die Braunpalette entsprechend berücksichtigt. In Kapitel 4 (Farbphysiologie) haben wir gezeigt, daß jede bunte Farbe entsprechende Braunnuancen aufweist. Natürlich entsteht z. B. die Olivpalette mischtechnisch nicht dadurch, daß man Grün mit Weiß und Grau abtönt. Aufwendige Kolorationen mit den anderen Grundfarben sind nötig, damit die entsprechenden echten Braunpaletten entstehen. Physiologisch jedoch setzen wir uns über diese komplizierten Bezüge hinweg und positionieren die Braunnuancen entsprechend unserer Empfindung. Das ist für Farbentscheidungen von großem Nutzen.

Jede der definierten Grundfarben wird nun durch Verminderung der Farbigkeit, d. h. gedankliche Unbuntzumischung von Schwarz-Weiß-Anteilen, weiter differenziert. So entstehen letztlich Farbseiten, die bei den einzelnen Farbtönen untereinander im Hinblick auf ihre Farbempfindung »gleichweit« auseinander liegen.

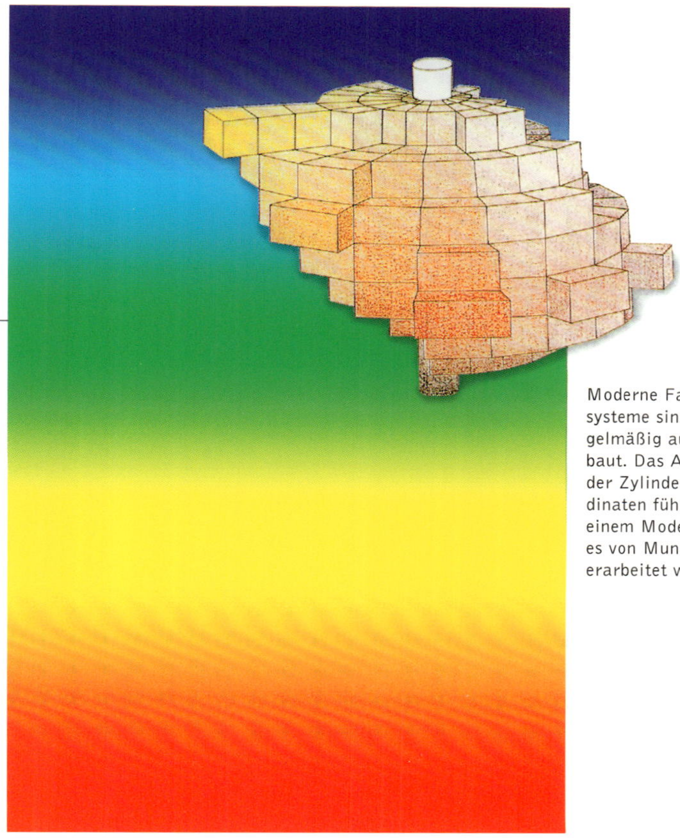

Moderne Farbsysteme sind unregelmäßig aufgebaut. Das Ausfüllen der Zylinderkoordinaten führt zu einem Modell, wie es von Munsell erarbeitet wurde.

Im RAL-Farbatlas werden die vier Grundfarben empfindungsmäßig in 36 Basisnuancen unterteilt. Alle anderen Grundfarben sind annähernd gleich vertreten (mit sieben Paletten). Damit der Gelbbereich (empfindungsmäßig) nicht weiter zu kurz kommt (nur drei Paletten), werden die Kolorationen 075, 085 und 095 zusätzlich eingeschoben.

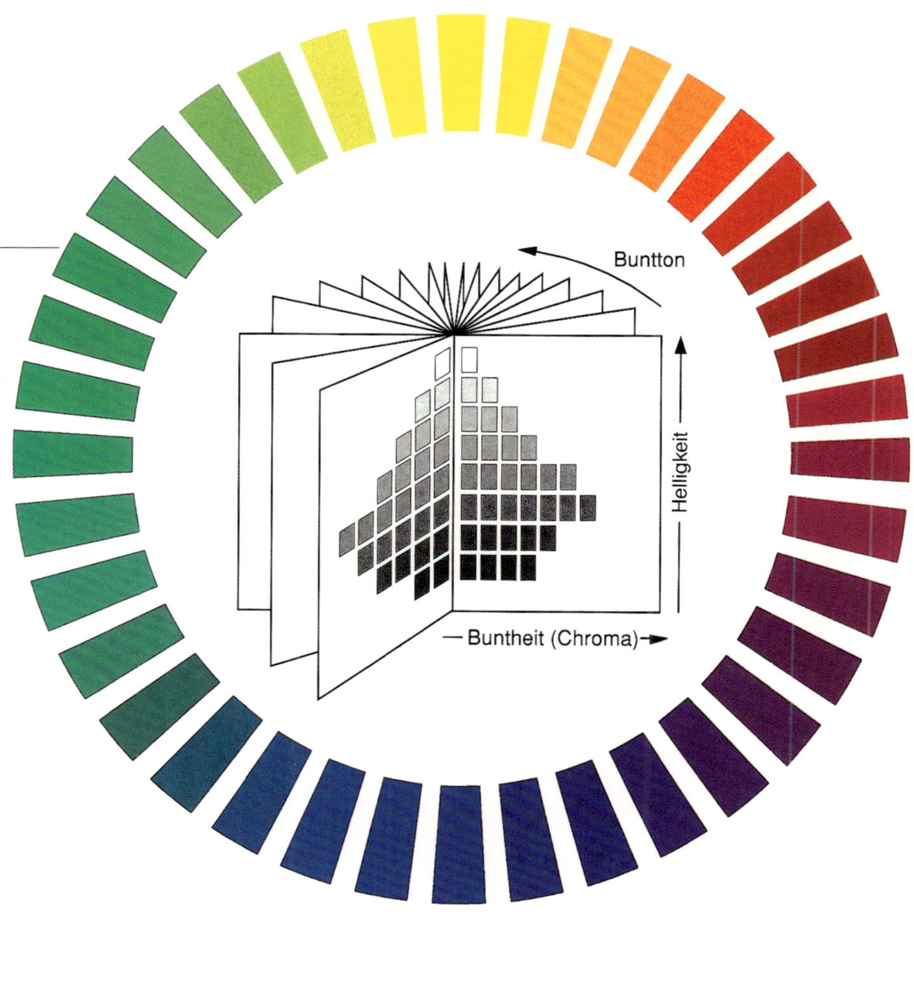

Der Nachteil der großen Sprünge bzw. der zu feinen Nuancierungen der chemischen oder additiven Farbordnungen wie HKS oder Pantone, wird dadurch vermieden. Bei den sogenannten physiologischen Systemen muß man nicht mehr befürchten, es würden Farbnuancen fehlen. Alles ist systematisch aufgebaut – meint man eine feinere Nuancierung wählen zu müssen, ist auch das möglich.
Also: Gründen Sie alle Managemententscheidungen zum Thema Farbe auf empirisch-systematisch angelegten Farbsystemen – lassen Sie sich nicht mit billigen drucktechnischen Farbflächen abspeisen. Verlangen Sie ein empirisch abgesichertes vollständiges Farbsystem. Sie können die für Sie wichtigen Farben in beliebiger Größe bestellen (bis DIN-A4-Proben; jedoch nicht bei Munsell), um die nötigen Entscheidungen an adäquaten Farbflächen durchführen zu können [vgl. dazu das Thema Farbe und Ausdehnung in Kapitel 15 Farbpragmatik].
Sollen farbige Prototypen erstellt werden, kann jedes Lackdepot die entsprechenden Nuancen normgerecht herstellen. Hierbei können auch noch unterschiedliche Glanzgrade eingestellt werden.

Zusammenfassung Die sogenannten geometrischen Farbordnungen in Form von Sternen, Kugeln, Zylindern, Kegeln, Doppelkegeln usw. sind immer mechanistisch und nicht physiologisch und daher abzulehnen. Nur empfindungsmäßig gestaffelte und daher unregelmäßige Farbsysteme sind verläßliche Arbeitsinstrumente.
Natürlich soll nicht verschwiegen werden, daß die hier propagierten erfahrungsmäßig gestaffelten Systeme Probleme bereiten, wenn bestimmte Farben drucktechnisch realisiert werden sollen. Das Nachstellen von NCS-Nuancen mit HKS-Farben z. B. ist eine aufwendige Vergleichsarbeit. Deshalb sollte man für grafische Belange besser gleich mit Pantone-Registern arbeiten. Im Produktbereich, wo es nuacenreiche Farbinnovation geht, sind jedoch diese Farbsysteme vorzuziehen.

Farbige Papiere, in allen NCS-Farben erhältlich, erlauben jede Art von Farbcollage.

Kapitel 7 **Farbästhetik**

Auf der Suche nach schönen Farbkompositionen

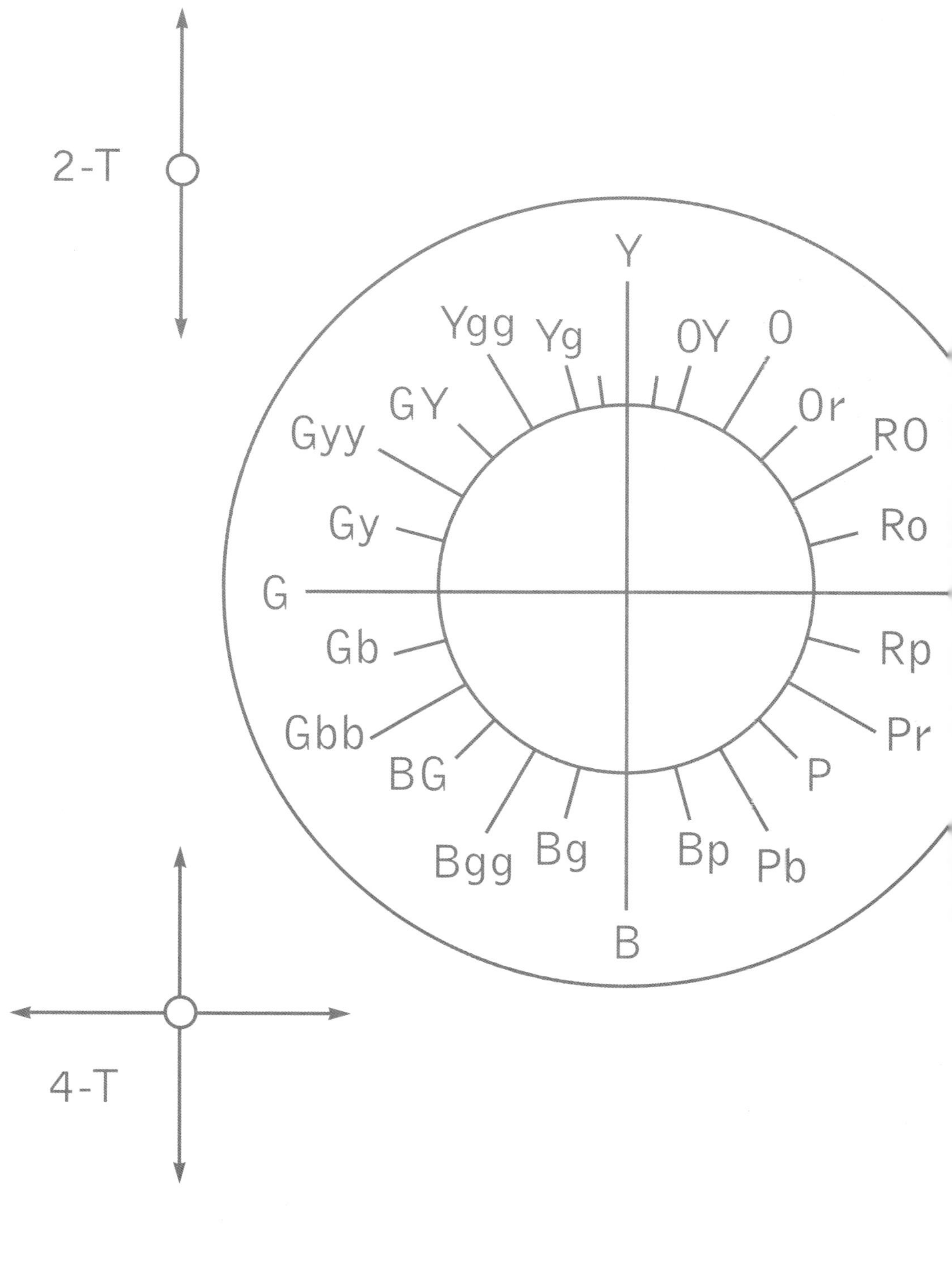

Die »Ästhetik« als Wissenschaft vom Schönen, die Lehre von der Gesetzmäßigkeit und Harmonie in Kunst und Kultur hat stets die höchsten Ansprüche vermittelt. Farbästhetik, die im vergangenen Jahrhundert sehr beliebt war, hat eine Anzahl von Regeln hervorgebracht. Küppers [HARMONIELEHRE, S. 145 ff.] hat die historische Entwicklung sehr umfassend dargestellt. Die Konsequenz für heute kann jedoch nur lauten: So mechanistisch lassen sich ästhetische Regeln inzwischen nicht mehr formulieren.

Für die Farbästhetik lautet die banale Frage: Wann passen Farben besonders gut zusammen?

Die Antwort aus Sicht des Ästhetikers G.T. Fechner heißt: wenn die Farbkomposition ganz bestimmten Prinzipien entspricht. In seiner VORSCHULE DER ÄSTHETIK von 1876 werden (neben anderen) folgende Prinzipien genannt:

— das Prinzip des Kontrastes
— das Prinzip der Versöhnung
— das Prinzip der Klarheit
— das Prinzip der Schwelle
— das Prinzip der Assoziation
— das Prinzip der Stimmung
— das Prinzip der ästhetischen Mitte

Das Prinzip der Versöhnung Farben, die sich im Farbkreis gegenüberstehen, haben, wie dargestellt, die größte Farbdifferenz; sie sind komplementär: Gelb ist am weitesten von Violett entfernt, Blau ist am weitesten von Rot entfernt, Magenta ist am weitesten von Grün entfernt. Nur von ihrer Position im Farbkreis her sind diese Farben konträr. Es scheint so, als hätten sie nichts Gemeinsames. Man könnte also meinen, daß sie den Gipfel der ästhetischen Disharmonie darstellen.

Physiologisch sieht das jedoch ganz anders aus. Diese Farbpaare ergänzen sich nämlich im Auge bei der Betrachtung zu einem neutralen chromatischen Ergebnis, sie stützen sich gegenseitig. Diese physiologische Erscheinung nennt man komplementär. Komplementärfarben sind also Farben, die sich empfindungsmäßig nicht gegenseitig zu neuer Chromatik aufschaukeln, sondern neutralisieren. Das ist das Prinzip der Versöhnung.

Ganze Generationen haben mit den Farbkreisen und der Farbpalette gearbeitet. Herausgekommen ist dabei immer das gleiche Versöhnungsprinzip des FARBKREISELTESTS (additive Komplementarität):

— Gelb und Violett vereinigen sich zu Grauweiß
— Blau und Rot vereinigen sich zu Grauweiß
— Magenta und Grün vereinigen sich zu Grauweiß

Eigentlich müßte als additives Komplement natürlich Weiß erstrahlen. Leider ist das aufgrund der Pigmente nicht zu erwarten – nur reine Farblichter (z. B. Farbstrahler) ergeben die überraschenden Effekte in »Reinweiß«.

Der FARBKREISELTEST: Unterschiedliche Farbsegmente mischen sich additiv zu neuen Farben (funktioniert nicht so eindeutig wie die subtraktive Farbmischung mit Euronorm-Farben).

— Grün + Gelb = sehr helles Grau
— Grün + Orange = Braun
— Weiß + Schwarz = Grau

Sehr viel deutlicher fallen die Farbmischtests aus, wenn man die Euronorm-Farben (z. B. Schmincke-Gouachen) benutzt.

FARBMISCHTEST: (subtraktive Komplementarität)

— Gelb und Violett vermischen sich zu Schwarz
— Blau und Rot vermischen sich zu Schwarz
— Magenta und Grün vermischen sich zu Schwarz

Folgerung: Farben, die sich im Farbkreis gegenüberstehen, haben empfindungsmäßig eine neutralisierende Tendenz – egal, ob sie additiv (Weiß als Versöhnung) oder subtraktiv (Schwarz als Versöhnung) ausgemischt werden.

Diese Idee wurde für das sog. Plochere-Farbsystem aufgegriffen. Zusätzlich zu den Zwei-Ton-Harmonien werden drei weitere vorgestellt. Die Vier-Ton-Harmonie ist eine Verdopplung des Versöhnungsprinzips. Die Drei-Ton- und die Split-Harmonie sollen dem Prinzip der Klarheit folgen.

Plochere-Farbsystem

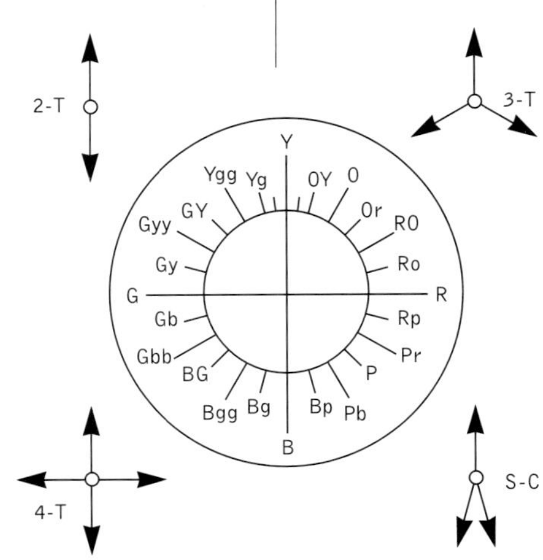

Mit Hilfe der Euronorm-Farben (Magenta, Gelb und Blau) lassen sich alle Farbarten ermischen (subtraktive Farbmischung)

Additive Farbmischungen mit dem Kreiseltest

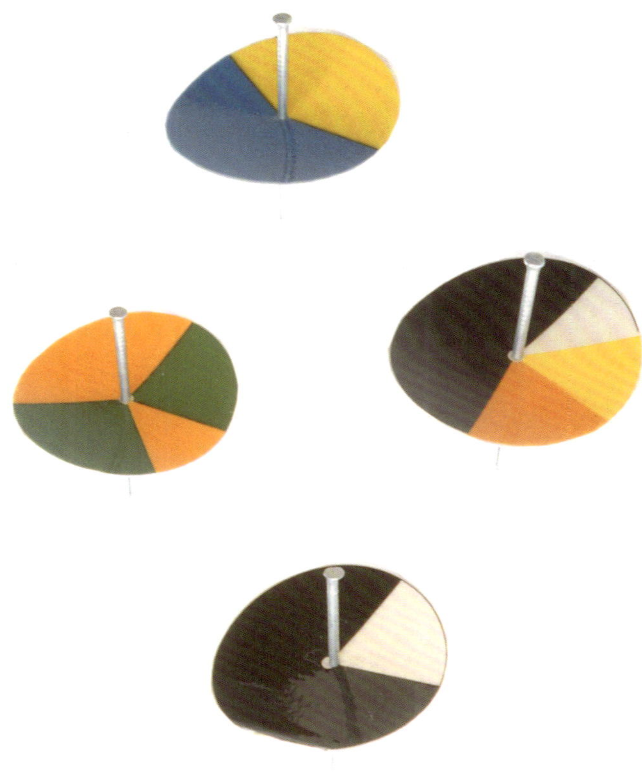

Indem man das gewünschte Pfeilsystem auf den Farbtonkreis setzt, so daß sich ihre Mittelpunkte decken, kann man auf dem Farbtonkreis korrespondierende Farbtöne ablesen, die eine dem Pfeilsystem entsprechende Farbenharmoniegruppe bilden.
Diese Idee hat Itten benutzt, um die auch heute noch gehandelten »Farbstern-Harmonien« zu postulieren. Die einzige Neuerung liegt darin, daß er auch Pastellfarben und verhüllte Farben in die Überlegungen einbezieht. Dadurch wird der Plochere-Farbkreis zum Farbstern.
Zur Harmoniekennung wird dann wie folgt argumentiert: Zuerst einmal werden als Komplement die gegenüberliegenden Farben für harmonisch erklärt (was schon eine heroische Annahme ist!). Darüber hinaus wird dann behauptet [Itten, DER FARBSTERN], »alle Dreiklänge, deren Farben im 12-teiligen Farbkreis, im gleichseitigen oder gleichschenkligen Dreieck oder Vierklänge, die in quadratischen oder rechteckigen Beziehungsverhältnissen zueinander stehen, sind harmonisch!« Beiliegende »Klangscheibe« (das sind schwarze Masken) erlauben eine entsprechende Demonstration der vorher postulierten Farbklänge.
Eine so mechanistische Harmoniekennung kann keine besonders schön wirkenden Farbkompositionen hervorbringen.
Nun wissen wir auch, warum die OP-Tücher heute blau sind: hier handelt es sich nämlich um Komplementärfarben. Das Auge des Chirurgen findet Ruhe im sich ergänzenden Rot der Wunde und dem umgebenden Blau.
Also: Komplementärfarben beruhigen das Auge, sind aber Valium für die Seele und damit oft hemmend für den Profit. Kommerziell nutzbar sind die Komplementärüberlegungen, um Farben »zu mildern«: das »Blutrot« wird durch ein blaues Tuch, die Protzigkeit des Goldes durch violetten Samt gemildert.

Das Prinzip der Schwelle Man findet Farben dann harmonisch, wenn sie im Hinblick auf den Farbton exakt gleiche Sättigungs- oder Helligkeitsabstufungen haben. Wir zeigen hier eine Farbharmonie in Grün-Nuancen, die nach diesem Prinzip aufgebaut ist. Die einzelnen Grüntöne sind untereinander in gleichen Stufen nuanciert.

Hell-Dunkel-Kontrast

In diesem Zusammenhang müssen wir kurz das Webersche Gesetz, eines der wenigen verläßlichen Instrumente der Betriebswirtschaftslehre, ansprechen.
Bei seinen Arbeiten über den Tastsinn fand Weber heraus, daß der eben noch merkliche Unterschied zwischen zwei Gewichten (ΔS; S = Stimulus) in einem immer konstanten Verhältnis zur Größe des Bezugsgewichts (S) steht:

$$\frac{\Delta S = \text{konstant}}{S}$$

Für Gewichte konnte dieser Quotient (K) als 1/40 (0,025) ermittelt werden. Für Farbe ist die Ermittlung einer vergleichbaren Konstante sehr schwierig, aber notwendig, wie wir bei der Erörterung der Farbsysteme gesehen haben. Heute werden diese mathematisch sehr schwer zu modellierenden Bezüge im sogenannten CIELAB-System angegeben. Das ist übrigens auch der Grund dafür, daß die Farben innerhalb der empfindungsmäßig erstellten Farbsysteme alle untereinander harmonisch sind.

Farbstern [nach Itten]

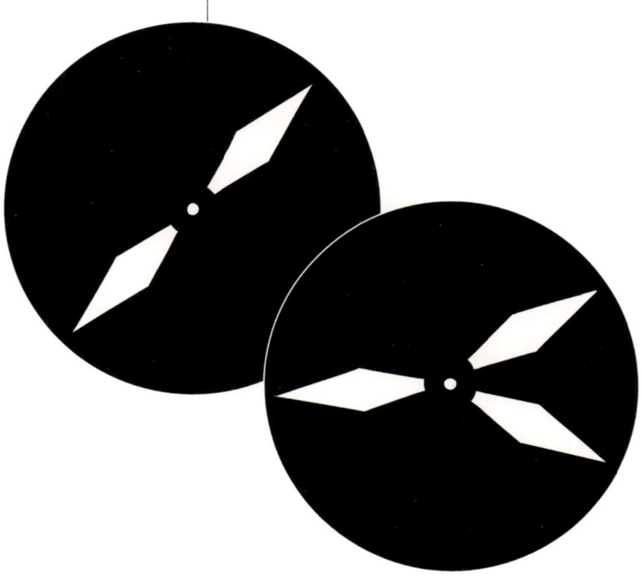

Klangscheiben [nach Itten]

Das Prinzip der ästhetischen Mitte

Hell versus dunkel, bunt versus unbunt, leicht versus schwer sind ästhetische Gegensätze. Auch Gegensätze können anziehend wirken – erheblich angenehmer (besonders auf den ersten Blick) sind jedoch Kompositionen, die eine mittlere »Farbtemperatur« haben, die eingängig sind. Küppers [HARMONIELEHRE, S. 94] beschreibt das so: »Je größer die Übereinstimmung von zwei ästhetischen Unterscheidungsmerkmalen in einem Farbklang ist, desto harmonischer ist die Wirkung.«

Alle Pastellfarben z. B. passen deshalb so gut zusammen, weil sie einen mittleren Buntheitsgrad haben. »Antike« Kolorationen sind so beliebt, weil sie den morbiden Charme vergangenen Erlebens aufweisen (sogenannte verhangene Koloration).

Die Prinzipien der ästhetischen Mitte spielen bei authentischen Regionalfarben eine große Rolle. Auch bei Restaurationen wird eine mittlere Farbintensität ohen Extreme bemüht. Im Rahmen der Erlebnisgastronomie wird dieses Prinzip ebenfalls häufig herangezogen.

Im Rahmen der Visualökologie [vgl. Kapitel 15] machen wir ausführlich vom Prinzip der ästhetischen Mitte Gebrauch.

Das Prinzip der Klarheit

Wenn man sofort erkennt, in welchem Zusammenhang die Farbkomposition steht, kommt es zu Einklang, Einheitlichkeit oder schlichtweg Harmonie [näheres bei Küthe, WARENVERKAUFSKUNDE, S. 14ff.]. Um einfache Regeln zu diesem Prinzip zu entwickeln, kann man konzentrische Farbkreise erstellen, um »eindeutige« Farbkompositionen sicherzustellen. Wir zeigen hier zwei Beispiele für anregende und beruhigende Farben, bei denen man die inneren Scheiben wunschgemäß einstellen kann, bis eine einheitliche, d. h. harmonische Position erreicht ist.

Das Prinzip des Kontrastes

Komplementärfarben sind Kontrastfarben der besonderen Art. Komplementärfarben stehen sich nicht unversöhnlich gegenüber, sie vermitteln nachträglich. Echte Kontraste aber fordern heraus, sie beleben den Gegensatz. Kontraste stellen Fragen, sie geben wenig Antwort. Kontraste müssen bewältigt werden – sie entlassen den Betrachter nicht in Wohlgefälligkeit. Kontraste »machen an« – Harmonien wiegen in ästhetischem Wohlgefallen.

Eine besondere Ausdeutung erfährt der Kontrast im Prinzip der »unmöglichen Farbgebung«.

Damit ist aus dem Kontrast ein Überraschungsmoment, ein gewisser Grad der Verwirrung geworden. Nichts wirkt nachhaltiger als »enttäuschte Erwartungen«. Genau dieses psychologische Moment wird hier benutzt.

Wenn alle anderen Hersteller ihre Heizkessel in warmen Farben anbieten, dann wählt man eben eine kalte. Wenn alle Autohersteller z. B. behaupten, Gelb habe einen kurzen Lebenszyklus, dann nutzen wir Gelb als Profilierungsfarbe (vgl. z. B. Saab-Turbo als Special Edition »Monte Carlo« 1992) usw.

Wir haben Ende der 80er Jahre für die Firma Ehrmann die Gestaltung eines Produkts namens »Monsterbacke« nach diesem Prinzip realisiert. Der Marktführer Danone mit seinen Fruchtzwergen arbeitete mit Synästhesien: Gelb = Zitrone, Rot = Erdbeere usw. Aus Wettbewerbsgründen war diese Gestaltungsrichtung aber nicht mehr einzuschlagen. Da Kinder kräftige Farben lieben, haben wir Farben ausgesucht, die sich im Lebensmittelbereich als gänzlich »unangebracht« erwiesen hatten. Wir haben ein giftiges Gelbgrün, von uns »slime« genannt, mit einem modrigen Rotpurpur kombiniert, von uns »purin« genannt. Jeder Erwachsene fand die Packung unüberbietbar häßlich, die Kinder haben »Monsterbacke« aber zu einem nicht nur kurzfristigen Erfolg gebracht.

Beispiel für verhangene Koloration

Alle Pastellfarben passen gut zusammen.

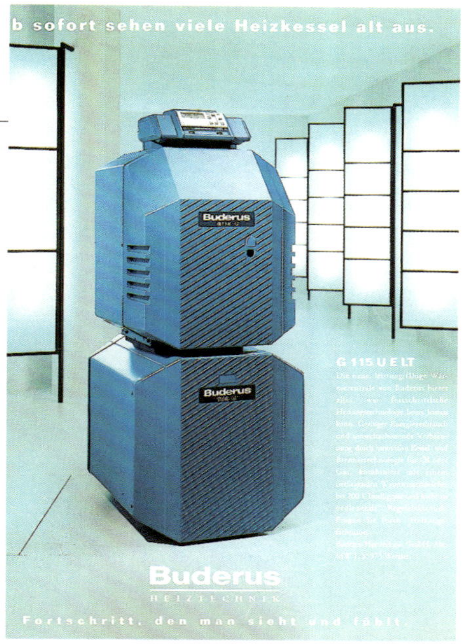

Die Konkurrenz bietet Rot-Grau, Fiessmann Gelb-Orange und hier wird auf cool gemacht. Vielleicht spielen auch noch andere zeitgeistige Anmutungen eine Rolle?

Anregende Farbkreise

Beruhigende Farbkreise

Das Prinzip der Stimmungen und der Assoziation Bei Fechner recht kurz beschrieben, handelt es sich um einen der heute wichtigsten Komplexe für Geschmacksmuster bei Farben. Im einzelnen müssen wir ansprechen:

— Gefühlswelten (emotionale Stimmungen)
  Beispiel: »getragene Wärme«
— Geschmackswelten (sinnliche Assoziationen)
  Beispiel: »Fantasy«
— Themenwelten (begriffliche Assoziationen)
— Erlebniswelten (angenehme und aktivierende Stimmungen und Assoziationen)

»Getragene Wärme«

In Kapitel 9 werden wir noch einmal näher auf diese Thematik eingehen.

Zusammenfassung Ästhetische, d. h. von bestimmten Zielgruppen als schön empfundene Farbkolorits lassen sich nicht durch Regelwerke finden. Wenn man sich jedoch an wenige – sehr allgemein gefaßte und damit flexible – Prinzipien hält [vgl. Kapitel 16], ist man schon auf der sicheren Seite. Versuchen Sie einmal zur Übung, mit Farbcollagen wirkliche Disharmonien zu erzeugen, es ist fast nicht möglich! Jedes Kolorit erzeugt eine eigenständige Welt, die – wenn man sie erkennt – augenblicklich reizvoll ist und damit als schön empfunden wird (Prinzip der »unmöglichen Farbgebung«).

»Fantasy«

Kapitel 8 **Farbharmonien**

Ästhetische Hinweise zu den Prinzipien der Klarheit und des Kontrastes

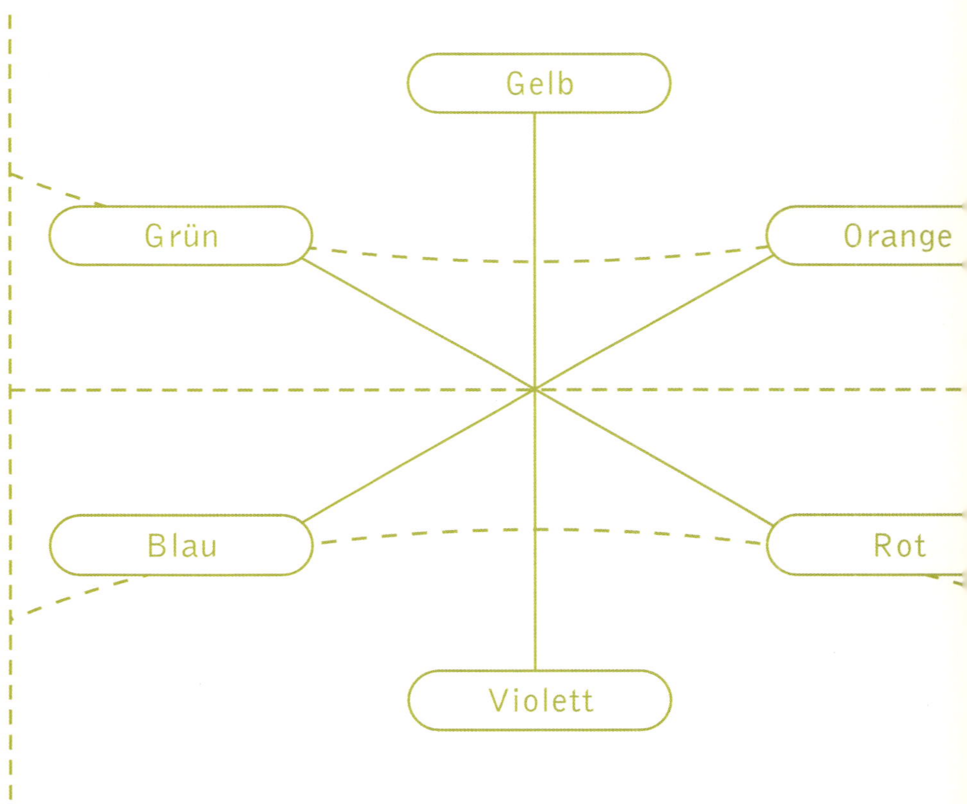

Farbharmonien werden in der Farbliteratur [vgl. Kapitel 3 Goethe; Kapitel 7 Itten] immer geometrisch aus Ordnungssystemen entwickelt. Farbkreise werden dann zu Farbräumen weiterentwickelt (Pyramiden, Kegel, Kugeln usw.), und Harmoniekennungen mechanisieren sich dann auf regelmäßige Buntartkombinationen, differente Helligkeitsveränderungen und fixierte Sättigungsstufen.
Auch eines der neueren Werke [Küppers, HARMONIE DER FARBEN] nimmt dieses Mal einen Würfel als Ordnungssystem und postuliert [S. 87] »Harmonie ist Ordnung«.
Dieser schwerwiegende Satz wird dann bei Küppers mit zwei Abbildungen eingelöst.
Dabei soll das linke Bild »optimal harmonisch« sein, weil der Betrachter drei farbige Würfel erkennt. Das rechte wirkt wie »Kraut und Rüben, unruhig und kunterbunt«. Das kann man jedoch auch ganz anders sehen!
Das Ordnungsprinzip als Harmoniekennung wird dann bei Küppers auf sein Würfelmodell angewendet. So entstehen zwölf Harmonieregeln der bekannt mechanistischen Art.
Im folgenden nehmen wir eine Zweiteilung vor und beschreiben Harmonieregeln der Klarheit und des Kontrastes. Harmonie ist für uns die Summe möglichst vieler Interdependenzverhältnisse von ursprünglich nicht Gleichem. Harmonie ist – einfach ausgedrückt – ein wohl ausbalancierter Schwebezustand unterschiedlichster Teile.
Die Harmonieregeln des Kontrastes sind also durch Differenz, durch offensichtlichen Unterschied gekennzeichnet. Kontrast ist das, was man früher oft negativ als Disharmonie beschrieben hat. Für uns sind Kontraste jedoch positiv und aktiv. Sie haben Aufforderungscharakter – sie »machen an«.

Harmonieregeln der Klarheit Harmonie ist Einklang, Übereinstimmung und Einigkeit. Harmonie regt nicht an, sie ist wohltuend. Bei der Harmonie der Klarheit erkennt man das, was Gekeler [S. 100] »Farbfamilie« nennt. Farbfamilien sind Zusammenstellungen von »Farben mit … einer gemeinsamen Komponente«. Das unbewußte Erkennen dieser Zusammengehörigkeit führt zu dem, was Weber mit »Klarheit«, d. h. mit Erkenntnis meint. Und nun zu den Harmonieprinzipien der Klarheit:

— Jede einzelne bunte Farbe harmoniert mit Schwarz oder Weiß. Diese als Bunt-Unbunt-Harmonie bezeichnete Konstellation wird in der Architektur (Eigenheime!) überaus gerne benutzt. Ein Hersteller (Hewi) hat sich mit dieser Harmonie sogar quasi ein Geschmacksmonopol errichtet. Wichtig hierbei jedoch der Hinweis: Es darf sich immer nur um eine bunte Grundfarbe handeln, niemals um zwei.
— Mehrere aufgehellte Farben (Pastellfarben) harmonieren gut mit Weiß.
— Mehrere abgedunkelte Farben (gedämpfte Farben) harmonieren gut mit Schwarz.
— Mehrere verhüllte Farben harmonieren gut mit Grau.

Bei diesen Zusammenstellungen kann man kaum Harmoniefehler machen – jedoch sind die Harmonieergebnisse auch weniger überzeugend. Die begrenzte Farbigkeit ist nur wenig aktivierend und von begrenzter Intellektualität.

Vor diesem Hintergrund hat man versucht, neue »Harmonieregeln« zu entwickeln. Die bekanntesten sind die sogenannten »Ton-in-Ton-Harmonien« und die sogenannten »Nachbarschaftspaletten«. [Birren]

Ton-in-Ton-Harmonien sind durch die Modulation einer bunten Basisfarbe mit Schwarz, Weiß oder Grau gekennzeichnet. Anders ausgedrückt: Es geht um die Kombination jeweils einer farbtongleichen Pastellfarbe, abgedunkelten Farbe oder verhüllten Farbe im Verhältnis zu einer Grundfarbe.

Beispiel für eine warme Ton-in-Ton-Harmonie

Sehr schön ist die Harmonieform bei Birren beschrieben, der zudem auch noch eine Mischanweisung liefert, damit die Unterschiedsschwellen des Farbtons auch harmonisch ausfallen.

Nachbarschaftsharmonien Harmonien aus kleinen Farbtonschritten sind der Natur abgelauscht. Die Lichter und Schatten einer Rose z. B. schimmern von Rotorange über Rot bis Rotviolett.

Nachbarschaftsharmonien von Rotviolett bis Rotorange

Wasser lasiert je nach Licht grünlich, bläulich oder blauviolett. Solche Beobachtungen macht man sich zunutze und formuliert die Harmoniekennung der Nachbarschaftsfarben.

Farbreihen Nach Gekeler [S. 112] sind Farben dann harmonisch, wenn man bei der Farbgebung eine klare, d. h. systematische Reihenfolge erkennt. Alle Spektren, Modulationsreihen von bunt zu unbunt usw. wären damit dem Prinzip der Klarheit gemäß. Ob das wirklich so ist, kann an den Beispielen gut überprüft werden.

Harmonien des Kontrastes

Wenn Gleichklang und Eindeutigkeit zu langweilig werden, dann wird man sich dem Widerpart, der Differenz, zuwenden. Auch hierfür wurden häufig Regeln formuliert, die hier nicht beurteilt, sondern lediglich vorgestellt werden sollen, Sie werden der Kommunikation mit kreativen Beratern damit besser folgen können [nach Lutz]:

Farbkontrast: Farbe zu Farbe (Qualitätskontrast) Grundsätzlich ist es möglich, jede Farbe mit jeder zu kombinieren: Also Braun + Orange, Violett + Grau, Grün + Blau, Rot + Schwarz, Magenta + Silber usw.

Unbegrenzte Kombinationsmöglichkeiten

Diese Kompositionen können durchaus gefallen. Voraussetzung ist jedoch, daß eine kleine Fläche (z. B. Krawatte) oder die Möglichkeit des schnellen Austausches (z. B. Auswechselbarkeit) vorliegt. Die sogenannten Qualitätskontraste (Farben untereinander) haben nie etwas ästhetisch Durables. Sie gefallen spontan, rufen jedoch nach einiger Zeit Überdruß hervor. Deshalb sollten Farben als Spannungsbogen immer maßvoll eingesetzt werden (z. B. als Listellis oder Bordüren bei Fliesenkompositionen).

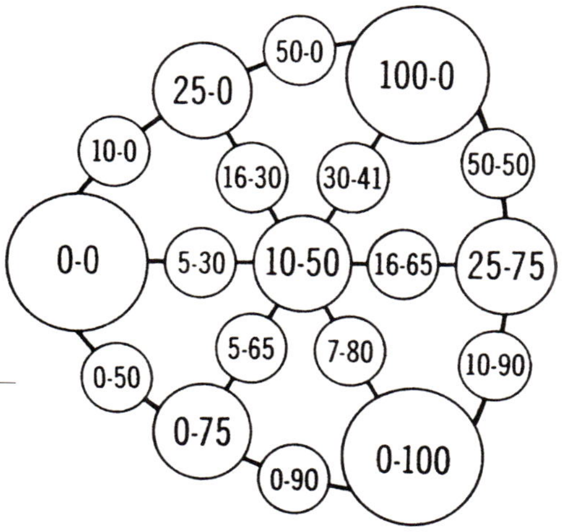

In der Birren-Farbgleichung bedeuten: 0-0 eine beliebige bunte Farbe, 0-100 schwarz, 100-0 weiß; im unteren Bogen 0-50, 0-75 usw. finden sich die abgedunkelten Farben; im oberen Bogen 10-0, 25-0 usw. die aufgehellten Farben; die verhüllten Farben 5-30, 10-50 usw. markieren die Mittelachse.

Typische Farbpaletten nach Birren: Diese Ton-in-Ton-Harmonien werden sehr gerne z. B. im Privatbad eingesetzt, weil man meint, damit ein hohes Maß an ästhetischer Durabilität zu erreichen.

Farbreihen

Farbkontrast: hell versus dunkel Die dunklen Farbnuancen sind Grünblau, Blau, Violett, Magenta (incl. ihrer Braunausmischungen). Die hellen Farben sind Gelbgrün, Gelb, Orange und Orangerot (incl. ihrer Pastellausmischungen). Die Kontrastierung ist nun dadurch möglich, daß man beliebige Farben des Hell-Horizonts mit denen der Dunkel-Palette kombiniert.

Farbkontrast: warm versus kalt Warme Farben sind Orange, Orangerot und Orangegelb. Kalte Farben sind Blau, Blaugrün und Blauviolett. Eine Kontrastierung dieser Farben ergibt also den eingangs zitierten Temperaturwiderspruch.

Warm versus kalt

Farbkontrast: aktiv versus passiv Aktive Farben sind Rot, Rotorange und Rotpurpur. Passive Farben sind Grün, Grüngelb und Grünblau. Aus der ruhenden Koloration und der dynamisch erfüllenden Palette ergeben sich die gewünschten Kontraste.

Farbkontrast: leicht versus schwer Leichte Farben sind Gelb, Gelborange und Gelbgrün. Schwere Farben sind Violett, Violettblau und Violettmagenta. Dieser Farbkontrast steht im Widerspruch mit dem der komplementären Farbgebung. Gelb und Violett gehorchen dem Prinzip der Versöhnung, lassen sich jedoch auch unter Graviditätsgesichtspunkten als Kontrast deuten.

Farbkontrast: leuchtend versus matt Durch spezielle Zusätze läßt sich jede Farbe als Tagesleuchtfarbe aufmischen. Mattierungspulver bewirkt genau das Gegenteil. Hier lassen sich interessante Kontraste erzielen, die besonders bei der Farbgebung von Sportprodukten (von Skiern bis hin zu Fahrrädern) zu interessanten Ergebnissen führen.

Kontrast: viel versus wenig Hier geht es darum, eine Farbe im Überfluß (als Dominante) mit einer beliebigen anderen Farbe zu akzentuieren. Man nennt diese Vorgehensweise Applikation bzw. Quantitätskontrast.
Man kann z. B. Weiß mit Rot applizieren und Schwarz mit Gold usw.

Hell versus dunkel

Leuchtend versus matt

Applikation mit Magenta

Kontrast: Komplementarität Komplementärfarben sind – wie dargestellt – diejenigen Töne, die sich im Farbkreis gegenüberstehen. Komplementärfarben zeichnen sich durch größtmögliche Distanzierung voneinander aus, ihr Verhältnis zueinander ist von heftiger ästhetischer (nicht physiologischer) Spannungsintensität gekennzeichnet. Über den Umgang mit ihnen haben wir in Kapitel 3 ausführlich berichtet.

Wir wollen dieses Kapitel mit einer Warnung von Gerritsen [S. 86] beschließen:
»Im Laufe der Zeit sind viele Versuche unternommen worden, eine Regel für die Zusammenstellung von Farbharmonien zu finden. Aber keine der in unserer visuellen Erlebniswelt als harmonisch oder nicht harmonisch empfundene Farbgruppe läßt sich in solche Vorschriften einordnen. Trotz seiner Bedeutung in der Farbenlehre ist der Komplementärkontrast keine Bedingung für eine visuell harmonische Farbkombination. Ebensowenig ist die Ton-in-Ton-Farbstellung eine glückliche Lösung. In der Harmonielehre wird von Zwei-, Drei- und Vierfarbklängen gesprochen. Sie zeigen auch keine endgültigen Wege. Es muß zumindest das Zusammenspiel zwischen den Flächengrößen der verschiedenen Farben untereinander beachtet werden. Schließlich ist der Gesamteindruck eines Bildes oder einer räumlichen Farbgebung eine wesentliche Forderung. Weiterhin spielt die Gesamtgröße des Objekts eine bestimmende Rolle bei der Wahl der Farben. Wichtig ist immer die Überlegung: Besteht eine Harmonie und eine Einheit im gewählten Gesamtkolorit, das die dem Objekt eigene Stimmung vermittelt und deutlich macht?«

Farbkontraste unter anderem Blickwinkel
Wer glaubt, mit diesen aus den 30er und 50er Jahren stammenden Harmonie- und Kontrastlehren heute im Marketing noch ästhetisch viel zu bewegen – der irrt. Heute sind viel intelligentere Kontraste gefragt, wie wir an einigen Beispielen zeigen wollen:

Diese einfachen Komplementärharmonien wirken dürftig, bekannt und ziemlich reizlos.

Ergonomie-Akzent-Kontrast Hierunter versteht man eine Farbigkeit, die eine Balance von Anregung und Erregung, physischem und psychischem Wohlbehagen und nachfarbenfreier Wirkung hervorruft. Bisher gibt es solche Normen nur für Helligkeitssprünge, Glanz- und Blendwerte.

Funktions-Emotions-Kontrast Jede Farbe hat ihren autonomen Funktionswert. Häufig steht er im Gegensatz zum gewünschten Emotionswert. – Eigentlich wäre der graubraune schmutzverbergende Belag in der Hotelhalle einer eleganten crêmerosa patinierten Farbigkeit aus funktionalen Gründen vorzuziehen, doch der Sympathie- und Anspruchswert des farbigen Belags ist ungleich höher.

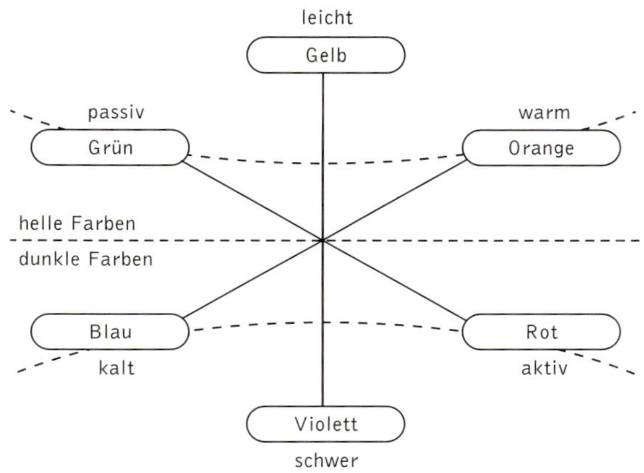

Die »Kontrastrose« der Grundfarben läßt wichtige Farbeigenschaften transparent werden.

Komplementärkontrast am Beispiel Gelb-Violett

Anregende und beruhigende Paletten

Der Apollinisch-Dionysische-Kontrast
Zartheit und Wildheit, Ebenmaß und Mißklang bilden ewige Gegensätze, die an Intensität härteste Schwarz-Weiß-Kontraste zu überbieten vermögen. Wir lernen, die Gegensätze zu lieben. Nicht immer sind wir auf Harmonie disponiert, auch Schrillheit und grelle Dramatik haben ihren chaotischen Reiz.

Öko-Prunk-Kontrast Naturhafte, ökologiebetonte Farbigkeit steht im Meinungskontrast zu farbenprächtigem, wertversprechendem Pomp. – Beide Farbideologien werden die letzten Jahre dieses Jahrzehnts begleiten, und sicher werden sie sich ergänzen und vereinen. – Denn Natur und Farbe bedeuten nicht Verzicht und Reduktion. Im Gegenteil: Sie können eine Farbwelt, füllig, satt und reich, hervorbringen.

Farbmaterial-Kontrast Der Gehalt, die Intensität, der Ausdruck von Farbtönen wird verstärkt durch die Verschiedenartigkeit des Farbmaterials. – Polychrome, mikrostrukturierte oder porige Oberflächen suggerieren andere Farbimpressionen als solche auf glatten metallischen oder glasigen Flächen. Ein tiefes Schwarz auf Samt oder Metall vermittelt ein völlig anderes Farberlebnis. – Eine fast spürbare Körperlichkeit der Farbe wird erkennbar. Wir sprechen von haptischen Synästhesien.

Monostrukturale versus polystrukturale Oberfläche

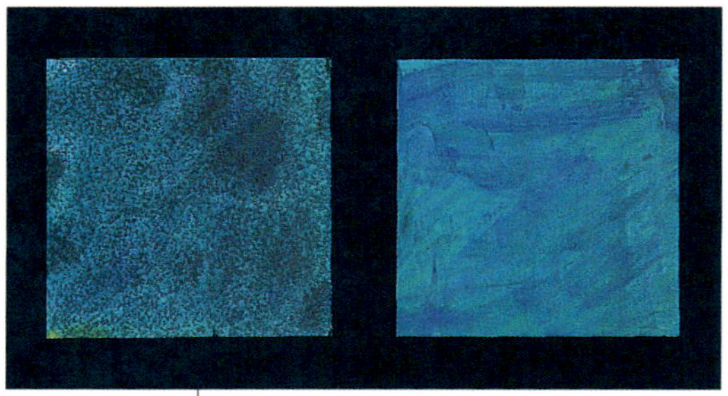

Öko-Prunk-Farbwelten

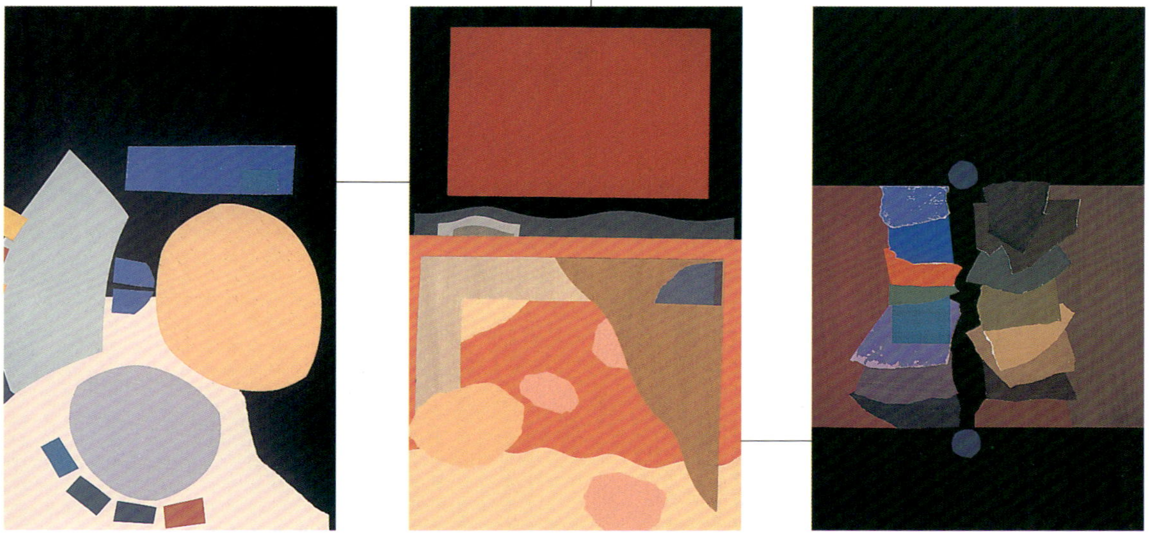

Kapitel 9 **Farbwelten**
Ästhetische Hinweise zu den Prinzipien der Stimmung und der Assoziation

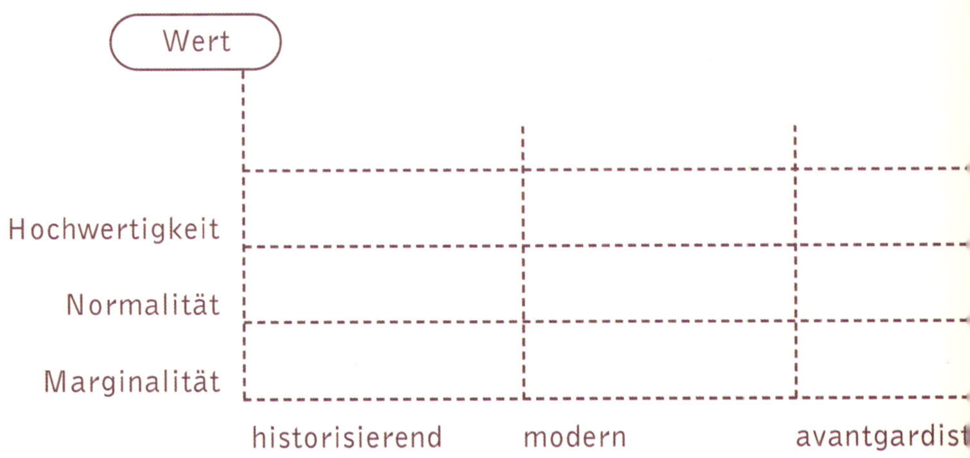

Trotz neuer Ansprüche und gewandelter Ästhetik: Die Überlegungen von Fechner und sein ästhetisches Prinzip aus dem vorigen Jahrhundert sind so aktuell wie nie zuvor.
Wir versuchen heute ständig, Erlebniskauf, Erlebnismarketing usw. zu initiieren. Das ist nichts anderes als der Versuch, angenehme und aktivierende Assoziationen zu erzeugen, um den Verkaufsdruck merkantiler Situationen zu verschleiern. Das Ergebnis: der Käufer kann nicht mehr zwischen Kauf- und Freizeitsituation unterscheiden und wird so empfänglicher für direkte und indirekte Kaufreize.
Farbassoziationen sind ähnlich zu erklären. Es sind durch Kolorits ausgelöste aktivierende Bewußtseinsinhalte. Die Farbe hat eine imperative Wirkung.
Dazu ein Beispiel: Blau ist nichts anderes als eine Farbempfindung zwischen Grün auf der einen und Violett auf der anderen Seite. Gleichzeitig »wirkt« diese Koloration jedoch auch auf die gespeicherten Erfahrungen ein. Blau ruft Erinnerungen an Ferne, Weite und Unendlichkeit hervor. Auch an Kälte und Kühle. Das sind Assoziationen! Assoziationen sind die durch eine Farbe stimulierten Bewußtseinsinhalte.
Meist wird, ähnlich wie gerade beschrieben, zwischen allgemeinen und sinnesbezogenen Assoziationen unterschieden. Diese Gliederung erweist sich in der Regel als sehr brauchbar, wenn sie auch bisweilen etwas schwer nachzuvollziehen ist.
Die Unterscheidung zwischen Assoziation und Stimmung dagegen ist einfacher zu treffen.
Wenn Sie einmal ein Rockkonzert oder eine Theateraufführung besucht haben, erkennen Sie sofort den Unterschied. Mit den sechs bunten Farben – und ihrer Kombination – werden unmittelbare Gefühlsregungen angestoßen, die von ausgelassener Freude bis zur tiefen Trauer reichen. Das sind Stimmungen.
Im Gegensatz zu den Assoziationen sind Stimmungen suggestiv. Da wir jedoch beim Farbmarketing von unmittelbarer Beeinflussung zu wenig partizipieren (Flüchtigkeit der Stimmungen!), wollen wir uns stabileren Farbwelten zuwenden. Diese Farbwelten sind geistige Farbcollagen, die als Richtschnur für Nachfrage, Bedürfnisse und Wünsche der Verbraucher stehen und sich artikulieren lassen in:

- Gefühlswelten --- endothyme Stimmungen
- Geschmackswelten --- sinnliche Assoziationen
- Themenwelten --- begriffliche Assoziationen
- Erlebniswelten --- angenehme und aktivierende Stimmungen/Assoziationen

Gefühlswelten

Wir versuchen zuerst einmal die Merkmale zu beschreiben, die an der Entstehung von Gefühlen beteiligt sind. Nur so gelingt es, diesen Begriff gegenüber Anmutungen abzugrenzen.
Damit ein »Gefühl« zustande kommt, muß zuerst einmal ein Gefühlshorizont als Substrat vorhanden sein (bei Anmutungen sind es Empfindungen wie hell, dunkel usw.). Bei Farbgefühlen handelt es sich um eine Einzelfarbe oder eine Farbkomposition. Neben dem Bemerken eines visuellen Kolorits wird nach Lersch, auch noch ein sog. »endothymer Gehalt« wirksam (bei Anmutungen sind es Erfahrungen).
Es handelt sich bei Gefühlen um aktuelle Stimmungslagen sowie um den »Grad der Berührung«. Damit ist die »Durchdringungskraft« gemeint, d. h. die Stärke der Erlebnisfähgkeit. Es ergibt sich damit für die Entstehung von Gefühlen die abgebildete Struktur.
Gefühle besitzen also keine mentalen Bezüge. Anmutungen können dagegen aufgrund des Erfahrungspotentials begründet werden; Gefühle sind stimmig oder wirksam, ein Begründungsbezug besteht nicht – sonst würde aus dem Gefühl wiederum eine Anmutung.

Allgemeine und sinnesbezogene Assoziationen

	Auslösung von allgemeinen Assoziationen	Beeinflussung von sinnesbezüglichen Assoziationen
Rot	aktiv, erregend, herausfordernd, herrisch, fröhlich	heiß, laut, voll, stark, süß, fest
Orange	herzhaft, leuchtend, lebendig, freudig, heiter	warm, satt, nah, glimmend, trocken, mürbe
Gelb	hell, klar, frei, bewegt	sehr leicht, glatt, sauer
Grün	beruhigend, gelassen friedlich, knospend, erfrischend, passiv	saftig, feucht, sauer, giftig, jung, voll
Blau	sicher, friedlich, fern, weit	kühl, naß, glatt, fern, leise, stark, groß
Violett	würdevoll, düster, zwielichtig, unglücklich	Moll-Klang, faulig-süß, narkotischer Duft

Gefühle

Gefühlshorizont — endothymer Gehalt

Welt des Bemerkens

aktuelle Gestimmtheit — Stärke der Erlebnisfähigkeit

Blau als Assoziationsmuster [aus: JETZT – JUGENDMAGAZIN DER SÜDDEUTSCHEN ZEITUNG, Nr. 23/95]

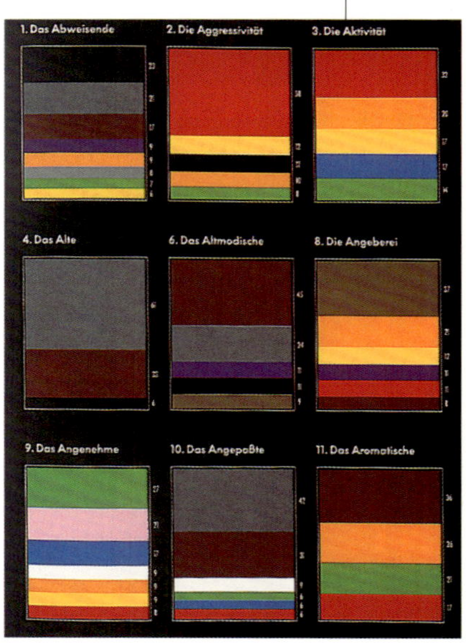

Farbassoziationen nach Heller

Wir müssen diese Gefühlswelten nicht alle selbst kreieren, können sie aber farblich collagieren, weil solche Gemütszustände schon empirisch ermittelt wurden [Heller, S. 185ff.].
Viele der Hellerschen Gefühlswelten sind im Bereich der Produkte wenig hilfreich – sie sind zu esoterisch. Deshalb schlagen wir hier eine Übersicht von ausgesuchten produktorientierten Gefühlswelten vor. Diese sind so gewählt, daß man differenzierten Basisfarben unterstützende Akzentfarben zuordnen kann.
Man kann übrigens die Gefühlswelten auch als Polaritäten formulieren, um damit die Übersichtlichkeit zu erhöhen:

beruhigend	versus	aktivierend
einfach	versus	luxuriös
lustig	versus	ernst
männlich	versus	weiblich
romantisch	versus	funktional
kühl	versus	warm
fröhlich	versus	ernst
prachtvoll	versus	sachlich
gemütlich	versus	technisch
extravagant	versus	spartanisch
dynamisch	versus	still

Man kann diese Polaritäten wiederum nutzen, um Gefühlswelten zu differenzieren. Eine aktivierende Gefühlswelt (mit Rot, Orange und Gelb als Basisfarbe) kann beruhigt werden, indem man mit Grün oder vor allem Blau vermittelt; androgyne Farben z. B. inkorporieren männliche und weibliche Gefühlswelten usw.

Geschmackswelten Von den Gefühlswelten unterscheiden sich die Geschmackswelten durch ihre »mentale Tönung«. Gefühle haben ihren Ursprung im emotionalen Tiefenbereich. Geschmack ist an die aktivierende Motivstruktur gekoppelt, die ihre Entsprechung immer in der Warenwelt hat.
Geschmackswelten kann man thematisieren, man kann (man muß geradezu) Begriffe dafür finden und vor allem: Geschmackswelten lassen sich positionieren und damit gegen Nachbarwelten abgrenzen.
Es gibt zwei unterschiedliche Möglichkeiten, Geschmackswelten zu positionieren:
— lineare Konfiguration
— zweidimensionale Konfiguration (Portfolios)

Lineare Konfiguration Man kann z. B. die Dimension »Zeit« benutzen, um Geschmackswelten zu kreieren. Dann ist man im Bereich der sogenannten Stile bzw. der Designrichtungen, die chronologisch von historisierenden Geschmackswelten über moderne Geschmackswelten zu avantgardistischen Geschmackswelten aufeinander folgen.

Beispiele für historisierende Geschmackswelten sind:
— Klassizismus
— Biedermeier
— Stil der Gründerzeit
— Jugendstil (Art Deco)
— Stil der 50er usw.

Beispiele für moderne Geschmackswelten sind:
— Rustikalität
— Bürgerliche Tradition
— Klassische Modernität
— Nostalgie
— Legere Gemütlichkeit
— Repräsentative Individualität
— Konventionelle Gemütlichkeit
— Antikonventionalismus

Beispiele für avantgardistische Geschmackswelten sind:
— Memphis-Design
— Ethno-Design
— Minimalismus
— High-tech
— Öko-tech
— Archetyp-Design usw.

Das Technische

Gefühlswelten [nach Heller]

Gefühlswelt	Basisfarbe	Akzentfarbe
das Angenehme	Grün, Pink	Blau, Weiß, Orange, Gelb
das Beruhigende	Grün, Blau	Pink, Weiß
das Charmante	Pink, Weiß	Violett, Rot, Blau
das Einfache	Weiß	Rot, Grün, Blau
das Ehrliche	Weiß, Blau	Grün, Beige
das Elegante	Schwarz, Weiß, Silber	Violett, Grau, Blau
das Festliche	Gold, Weiß, Silber	Schwarz, Blau
das Freundliche	Blau, Pink, Gelb, Weiß	alle warmen Farben
das Funktionale	Weiß, Grau	Schwarz, Blau, Silber
das Gemütliche	Blau, Beige, Pink	Grün, Gelb, Blau
das Harmonische	Blau, Pink, Weiß	Grün, Violett, Rot
das Technische	Silber, Grau	Magenta, Violett, Gelb
das Jugendliche	Grün, Pink, Gelb	Blau, Weiß
das Fröhliche	Rot, Gelb, Orange	Grün, Blau, Pink
das Neutrale	Weiß, Grau	—
das Luxurierte	Gold, Gelb, Violett	Silber, Schwarz, Rot
das Lustige	Rot, Orange, Gelb	Pink, Weiß, Blau
das Extravagante	Purpur, Violett	Gold, Silber, Schwarz
das Männliche	Blau, Schwarz	Braun, Rot, Silber
das Weibliche	Pink, Rot, Weiß	Blau, Orange, Gelb
das Romantische	Pink, Weiß	Grün, Orange
das Originelle	Violett, Orange, Silber	alle Akzentfarben
das Phantastische	Violett, Blau, Gelb	alle bunten Farben
das Prachtvolle	Gold, Rot, Magenta	Violett, Grau
das Sachliche	Weiß, Grau, Blau	Schwarz, Silber
das Sanfte	Pink, Blau, Weiß	alle warmen Farben
das Reine	Weiß, Blau	—
das Spartanische	Weiß	—
das Stille	Grün, Weiß, Blau	Grau, Schwarz, Silber
das Warme	Rot, Orange, Braun	Gelb, Gold
das Aktivierende	Rot, Orange, Gelb	Grau, Blau
das Dynamische	Rot, Blau	Orange, Silber, Gelb
das Kühle	Blau, Silber, Weiß	Grau
das Tradierte	Beige, Braun, Gold	Grün, Orange

Das Aktivierende

Das Tradierte

Das Gemütliche

Das Jugendliche

Für jeden Stil bzw. für jede Designrichtung sind ausgewählte Farbmuster typisch [vgl. dazu die ausführliche Behandlung der Geschmackswelten im Wohnbereich, Kapitel 17]. Wir zeigen hier einige Beispiele aus einer umfangreichen, noch nicht veröffentlichten Dokumentation [A. Venn, 100 JAHRE INDUSTRIELLES WOHNDESIGN 1900-2000], auf die wir uns auch im folgenden beziehen.

Für moderne Geschmacksrichtungen (Designs) ergeben sich heute einige klar benennbare Farbschwerpunkte.

Es ist darüber hinaus möglich, auch den »Wert« als Ausgangspunkt für Geschmackswelten zu benutzen:

Marginalität	– – –	Normalität	– – –	Hochwertigkeit
(minimal)	– – –	(basic)	– – –	(Luxus)

Hochwertige Farben sind z. B. expressiver als solche, die einer großen Menge von Käufern (Mittigkeit) gefallen müssen. Minimalistische Konzepte negieren jede künstlerische Koloration und verwenden – wenn überhaupt – überwiegend Materialfarben.

Portfolios Führt man beide Ansätze zusammen und bildet Geschmacksfelder auf zweidimensionaler Ebene, ergeben sich sogenannte Matrizen.

Man kann sich nun »vergewissern«, auf welchem Niveau die einzelnen Geschmacksfelder angesiedelt sind. Sehr wahrscheinlich sind historisierende Geschmacksfelder hochwertiger angesiedelt als moderne usw. Hat man, durch welche Methode der Positionierung auch immer, Geschmacksfelder entwickelt, kann man mit geeigneten Methoden [vgl. Kapitel 16) diese farbadäquat ausgestalten.

Themenwelten Geschmackswelten schmeicheln durch ihre stimmige Komposition den Sinnen; sie erzeugen ohne weiteres Zutun Emotionen.

Themenwelten verlangen eine mentale Leistung: die Verbindung von Begriff und Deutung.

Dazu ein Beispiel: Espressomaschinen sind üblicherweise schwarz (Kunststoffteile) und silbermetallic bzw. chromfarbig (die Metallteile). Ein Hersteller (Krups) entschließt sich nun, die Hausgeräte farbig zu gestalten. Hierzu wurde eine thematische Leitlinie mit dem Namen »Toscana« entwickelt. Man wählte Farben aus (Braunnuancen, Fliedertönungen, Zypressengrün usw.), die in entsprechender Abmischung dem Begriff »Toscana« entsprechen. So entstanden Farbpaletten, die das Thema nachstellen und für begriffliche Assoziation sorgten.

Um die Vielfalt der möglichenThemenwelten auch nur halbwegs zu illustrieren, hier eine ungeordnete Beispielsammlung.

Erlebniswelten Erlebnisse unterscheiden sich von Emotionen (Gefühlen) durch ihren motivationalen Charakter. Erlebnisse haben – wie dargestellt – Antriebscharakter in Form

Der Jugendstil 1880- 1914
Antirational, multikulturell
Farbstimmung: pastellig bis hell

Die Werkbundbewegung 1907-1930
Bürgerlich, ornamental, regional
Farbstimmung: mitteltonig, kontrastreicher

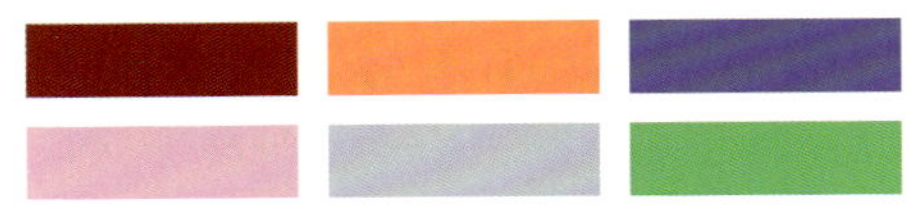

Art Deco 1918-1935
International, großstädtisch, elegant
Farbstimmung: farbkräftiger, spannungsreicher

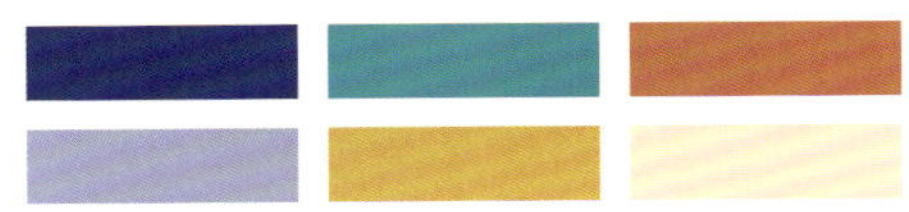

Bauhaus 1919-1933
Vereinheitlichung von Kunst und Technik
Farbstimmung: neue Frische, Farbakzente

Geschmacksrichtungen und Farbschwerpunkte

	Farbstimmung	Hauptfarben	Akzente
Rustikalität	Tiefe Naturtöne und kräftige Farben	Rötliches Braun Blau Rot	Lila Orange Schwarz
Nostalgie	Natur und Berber und Blütentöne	Beige Hellbraun Grün	Hellfraise Bleu Dunkelbraun
Memphis	Neue Farbigkeit, Farbakzente	Orangegelb Grüntürkis Hellgrau	Rot Weißbeige Blauschwarz
High-tech	No-Colour und Buntstift	Schwarz Grau Beige	Blau Gelborange Rot

Geschmacksfelder

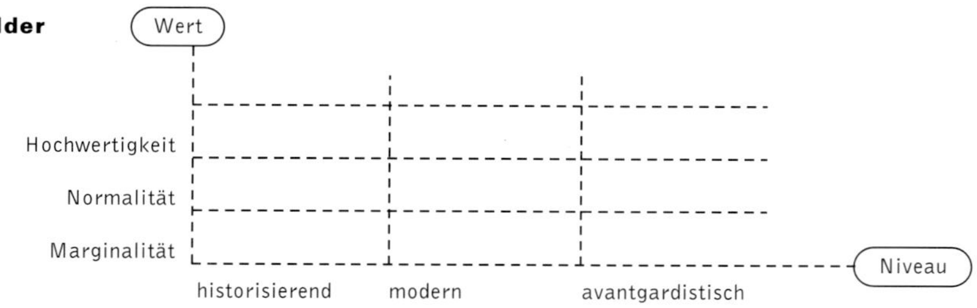

Themenwelten

Thema	Farben	Assoziationen
Rasta	Gelb-Schwarz-Grün	Südamerika-Folklore
Mayflower	Rot-Weiß-Grau	Südamerika-Folklore
Plantation	Beige-Natur	Südamerika-Folklore
Loukoum	Türkis-Bleu-Rosé-Pastells	Südamerika-Folklore
Regenwald	natürliche Grüntöne, Moos, Flechte, Tanne	Öko/Natur
Arktischer Gletscher	klare Eistöne, Blau, Silbergrau, Weiß	Öko/Natur
Gesteinsformation	Prächtiges Steingrau, Erdfarbene Lehme, Sand, Ziegel	Öko/Natur
Beerenfrüchte	Pflanzliche Farbstoffe (klar), Rottöne, Erd-, Him-, Blau-, Preiselbeere	Viktorianisch
Manhattan	Rot, Grün, Gelb, Schwarz	Sachlichkeit
Toscana	Warme, erdige Töne, Holz	Rückbesinnung zur Natur
Versailles	Blau, Weiß, Rot	Royal Colours (majestätische Farben, Romantik)
Cultural comfort	Tiefe, prächtige Töne, Weinrot, Rostrot, Tintenblau	Sehnsucht nach Tradition und Luxus
Modern vibrations	Knallig wilde Farben	See, Sonne, Lebensgenuß
Secret Garden	Herbstfarben, abgeerntete Äcker etc.	Behagliche, edle Hauswärme
Transparent Daybreak	Opal, wasserklar, transparent	Ländliches Leben
Country Side	Rote Brauntöne, Maisgelb, Pistazie	Rustikale Romantik
Ironical	Petrol, Tiefviolett, Schwarz, Signalgelb, Orange	Comic-Art und Kunst
Classical	Schwarz, Königsblau, Smaragd,	Luxus und Tradition
Warmth	Burgunder, Moos, Purpur	
Essential	Bordeaux, Aubergine, Salbei, Anthrazit	High-Tech, Ästhetik, naturbelassene Materialien
Lyrical	Vanille, Apricot, Himmelblau, Flieder	Hollywood der 20er Jahre
Weekend	dezente Eleganz, kühle Pastells, Licht- und Schattenwirkung	signalisiert Lebensstil
Kaleidoscope	skurrile Farbigkeit, Glas-, Mineral-multicolors, konstrastreich kombiniert	Einfluß des spanischen Architekten Gaudí
Romance	monochrom, bicolor, mild gedämpft, Rot-Braun-Skala, Blau-Grüne-Reihe	Gefühle
El Dorado	Schwarz, Ocker, Orange, Blau-Weiß, Mauve, Rost, Grün, Aubergine, große Farbintensität	Südamerika/Siebdruckdessins
Balance	zarte Farbigkeit aus der Natur, transparente Rötlich-Braun-, Grün-, Beige-Töne	schlichte Einfachheit
zärtliche Poesie	Weiß, Grün, Flieder, Rot, Beige, gedämpfte warme Töne	Romantik, Natur, Geborgenheit
Splendid Harmony	Kontrastreiche Farben, prächtig Schwarz, Braun, Gold, Rot	Luxus, Komfort, Sehnsucht nach Vergangenheit
Multimedia	spannungsreich, leuchtende, fast aggressive Farben, Pink, Rot, Rosé, Hellblau, Blau, Schwarz, Weiß, Flieder	signalgebende Progressivität
Gelbe Heiterkeit	prächtige Farben	exotische Welt
Arabeschi e	kräftiges Rot, Schwarz, Türkis,	Orient, Renaissance, Klimt etc.
Ornamenti	Nachtblau, Blau, Orange, Violett	
Regency	ausdrucksvolle, warme Kolorits	elegante Raumatmosphäre
Naturalisme	kräftige Gewürztöne	neue Natürlichkeit
Retro	pastellige Nuancen	30er bis 60er Jahre
Uptown	gedeckte Grau-Blau-Farben	Urbanität, zurück zur Stadt
Masquerade	tiefere Primär-Töne	Material-Mix
Media Mix	bunte, klare Farben	Medien und Show-Buntheit
Afrikanische Impressionen	naturfarbige, prächtige Erd- und Burnustöne	Flechtwerk, Gewürze, Keramik
Japanisches Licht	zarte, diffuse Sonnenauf- und -untergangstöne	Seidenmalerei , Kalligraphie
Kalifornischer Pop	Grelltöne, laut und bunt, Rot, Gelb, Blau, Grün	Mexikanische Folklore
Wiener Charme	offensive Töne, Rot und Blau, Gold	Historismus, Werkbund bis Hundertwasser
New Yorker Üppigkeit	Marmor, Palisander, Gold, Silber, Lapislazuli	Jugendstil, Art Deco, neuer Kubismus
Pariser Plüsch	imposante schwülstige Farben, Violett, Purpur, Rot, Schwarz	Historismus, la belle epoque, Seide, Damast, Satin

von Teilhabe und Teilnahme. Darüber hinaus sind sie angenehm, man gibt sich ihnen gerne hin. Die Wechselwirkung zwischen dynamisch und statisch macht den besonderen Charakter von Erlebnissen aus.

Im Gegensatz zu den Themenwelten bestehen die Erlebniswelten immer aus zwei Polen, die auch widersprüchlich sein können. Die Farben der Erlebniswelten spiegeln auf der einen Seite z. B. die Ängste und Befürchtungen der Zeit, besitzen aber auf der anderen Seite auch das Potential der Freude und Hoffnung. Sie erfreuen durch Verzicht und Prunk und sind gleichzeitig intelligent angelegt. Kurzum: Erlebniswelten sind faszinativ. Sie leben vom gewollten Appetenz-Aversions-Konflikt. Im folgenden beschreiben wir einige Erlebniswelten und dokumentieren diese in Form von abstrakten gemalten Farbwelten.

GLAMOUR BIS ERHABENHEIT: »Pomp, Prunk und Luxus streben fort vom elitären Glanz und erscheinen als glitzernder Glamour. Gleichzeitig entwickelt sich aus der ehemals noblen Einfachheit eine vergeistigte, distanzierte, prätentiöse Erhabenheit. Die Farbtöne sind teilweise edel patiniert bis kräftig, berauschend und bunt.«

Glamour bis Erhabenheit

SCHLICHTHEIT BIS VERZICHT: »Die Gruppe der Menschen, die Luxus genossen haben, sehnt sich nach originärer, entmaterialisierter Schlichtheit zurück. Das Heimweh nach Ursprünglichkeit mündet in beinahe mönchischer Design- und Ornament-Askese. Die Farben sind karg, aber edel und von teilweise raffinierter Flächigkeit. Sie sind Synthese aus Anspruch und Reduktion.«

IRONIE BIS GEZIERTHEIT: »Die Zeit bis weit ins 21. Jahrhundert wird von vielfältigen Manierismen geprägt sein. Im Gegensatz zur Gründerzeit werden sie von Ironie und nicht von Hyperprotz bestimmt werden. Architektur und Innenarchitektur, Design und Mode werden ironisch verfremdet. Die Palette reicht von klaren Intensivfarben über naive Farbbilder bis zu künstlich patinierten Klängen.«

Ironie bis Geziertheit

INTELLEKTUALISMUS BIS KULTURFETISCHISMUS: »Nicht der Sportfan oder der klassische Gesellschaftslöwe steht im Mittelpunkt des allgemeinen Interesses, sondern der feinsinnige Intellektuelle und der umtriebige Kulturschaffende. Museen, Konzerthäuser, Vortragsäle sind die Plätze, wo das multikulturelle Entertainment stattfindet. Die Farb- und Formwelt wird klar und eindeutig gegliedert sein. Die Farbtöne sind wie Filztöne verstaubt, häufig neutral gehalten, aber auch ein wenig dekadent, wie abgetragen und häufig unschuldig grell akzentuiert.«

GEMÜTLICHKEIT BIS VERTRAUTHEIT: »Wohnen und Arbeiten finden in refugionalen Räumen statt. Rückzug statt Fortschritt lautet das Credo. Im Mittelpunkt stehen Freunde und Familie. Die Außenwelt wird eher mißtrauisch beäugt. Ökologische Nostalgie kennzeichnet die Bewußtseinshaltung. Die Farben sind erdig, naturhaft, frisch, blumig und warmtonig gehalten. Selten taucht ein Rosé-, Bleu- oder Pfirsichton auf.«

Schlichtheit bis Verzicht

Intellektualismus bis Kulturfetischismus

Gemütlichkeit bis Vertrautheit

Tradition bis Folklore: »Traditionelle und folklorehafte Grundströmungen bleiben für eine konstant große Bevölkerungsschicht wesentlich. Der Lebensgehalt beruht auf Erfahrungen und nicht auf immer neuen Experimenten. Folklorehafte Elemente sind sozusagen das Salz in der Suppe ihres ansonsten geliebten Einheitsambientes. Die Lieblingsfarben sind: Solidfarben, Romantiktöne, Herbstwaldtöne und Altdeutschfarben.«

Zusammenfassung Beim Wohnen werden Kaufentscheidungen einmal von sogenannten singulären Einzelfarben abhängig gemacht [vgl. Kapitel 14]. Bei Problemkäufen und Entscheidungen von großer Tragweite wird die Kaufsicherheit entscheidend gesteigert, wenn es gelingt, ganze Farbwelten zu definieren und die Produktfarben daraus abzuleiten oder darin einzubetten.

Tradition bis Folklore

Kapitel 10 **Farbsemiotik**

Die Farbe als Zeichen für etwas

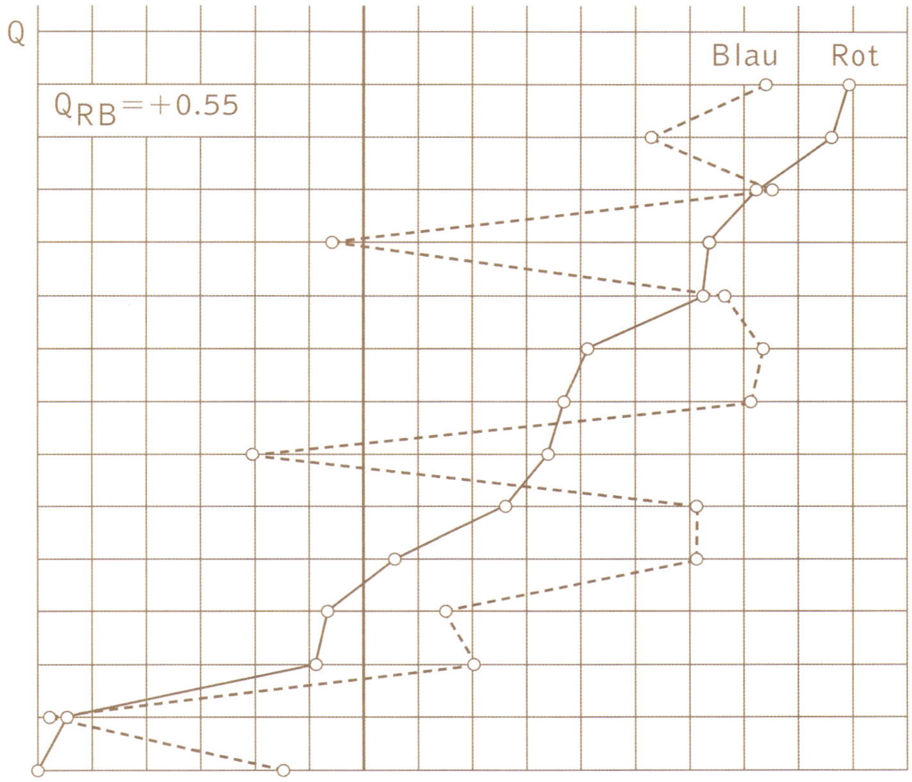

Es gibt eine spezielle Gattung von Farbbüchern, die sich ausschließlich mit den überlieferten (Knuf z. B.) oder empirisch aktuellen (Heller z. B.) Farbsymbolen auseinandersetzen.
Der Begriff der Symbolik wird nicht einmal in der Zeichentheorie (Semiotik) eindeutig verwendet [vgl. z. B. Morris, S. 24, Nöth, S. 47, Morris, Zeichen, S. 324]. Fuchs [S. 38] hat ein schönes Beispiel parat:
Man geht durch den Wald und sieht einen abgeknickten Zweig. Die Knickstelle ist etwas unnatürlich nach rechts gerichtet. Der Betrachter schätzt das ab: Zufall oder ein Hinweis? Erkennt man in der Knickstelle ein Zeichen, also »rechts abbiegen«, befindet man sich zeichentheoretisch auf der Ebene der Syntaktik (etwas im Zusammenhang als Zeichen erkennen). Überlegungen, die dazu führen, das Zeichen zu entschlüsseln, sind dann der Ebene der Symbolik (oft auch als Semantik bezeichnet) zuzuordnen.
Ist der Aufforderungscharakter des Entschlüsselten und übertragenen Zeichens so groß, daß man den Weg, den dieses Zeichen weist, einschlägt, befindet man sich auf der pragmatischen Ebene der Zeichentheorie (den Zeichen Folge leisten).
Beim Farbdesign ist also zuerst einmal zu entscheiden, ob eine Semantik gewollt wird. Man muß definieren, ob der Käufer »mehr« als nur eine visuelle Farbkennung erleben soll. Entscheidet man sich für mehr, muß die gewünschte Symbolik abgeschätzt werden. Nur wenn die Symbolik richtig eingeordnet wird, kann es zu einem positiven Effekt (Pragmatik) kommen.

In dieser Abfolge kommt der Frage »Wofür steht die Farbe?« eine zentrale Stellung zu. Diese Symbolik der Farbe war im Mittelalter »genormt«. Es gibt eine ganze Reihe von Beispielen für sogenannte Farbensprache. Als Ausdrucksmittel bediente man sich der Kleidung oder auch der Blume. Knuf [S. 16] führt dazu aus:
»So kennen wir ein deutsches Fastnachtsspiel aus dem 15. Jahrhundert, in dem Grün die Freiheit von der Minne bedeutet, Rot die brennende Liebe, Blau die Treue, Schwarz die Trauer über Liebesleid, Weiß die hoffnungsvolle Liebe und Braun die Gebundenheit in der Minne. Die Kleidung konnte solche Botschaften aufgrund ihrer Konventionalität dann leicht transportieren.«
Ähnliches konnte man natürlich auch durch die Blume sagen:
»Rose (gelbe): Dieser Blume Farbe gemahnt mich an den neid'schen Blick Deiner Augen.
Rose (rothe): Sie ist das Pfand der Liebe und Treue.
Rose (weiße): Ihre bleichen Blätter deuten Dir auf ew'ger reiner Liebe Glück, denn es mangelt ihr an ird'scher Gluth.
Rosenblatt (rotes): Ja!
Rosenblatt (weißes): Nein!«

Leider ist die Farbsymbolik heute nicht mehr so eindeutig. Obwohl es z. B. immer noch Berufskleidung gibt, die einem Farbkodex folgt: Ärzte tragen Weiß, werden sogar gelegentlich als »Götter in Weiß« bezeichnet, wenn sie nicht farbige OP-Kleidung tragen. Handwerker den »Blaumann«, Priester und Richter Schwarz, die Professoren, besonders an angelsächsischen Hochschulen Talare, deren Farbe ihre Zugehörigkeit zu den verschiedenen Fakultäten angibt. Besonders auffällig die Bhagwanjünger, die Sannyasin, die nach indischem Vorbild rote Kleidung und damit ihre Überzeugung auf dem Leib tragen.

Für die Farbpolitik der Produkte sind jedoch andere Farbsymbole bedeutsam. Heute verbinden wir beispielsweise mit:
— Purpurrot --- Hoheit, Würde, Macht
— Orangerot --- Leidenschaft, Umsturz
— Blau --- Vernunft, Ordnung,Treue
— Grün --- Lebensfreude, Achtung, Umwelt
— Gold --- Sonnenkraft, Herz
— Violett --- Buße, Magie, Modernität
— Braun --- Mächtiges, Erdhaftes
— Grau --- Schatten, Überwindung, Coolness

Man kann die Farbsemantik empirisch mit Hilfe von Polaritätenprofilen erheben. Wir zeigen hier ein Beispiel, das die semiotischen Unterschiede zwischen Blau und Rot [Hofstätter, S. 31] sehr deutlich macht.

Unsere vergleichenden Untersuchungen haben ergeben, daß man von drei verschiedenen Symbolkategorien ausgehen kann:
— physiologische Symbole
— psychologische Symbole
— metaphorische Symbole

PHYSIOLOGISCHE SYMBOLE sind zeichenhafte Wirkungen der Farben, die sich auf die Sinne beziehen. Man unterscheidet:
— Temperatursymbole der Farbe (kalt, warm usw.)
— Gehörsymbole der Farbe (laut, leise usw.)
— Geschmackssymbole der Farbe (süß, bitter usw.)
— Tastsymbole der Farbe (eckig, hart usw.)
— Geruchssymbole der Farbe (aromatisch, frisch usw.)
— Flavorsymbole der Farbe (knusprig, trocken usw.)
— Gravitationssymbole der Farbe (leicht, schwer usw.)

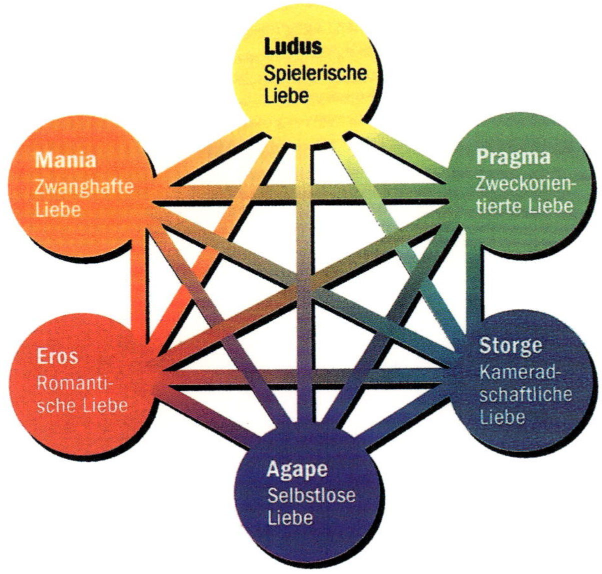

Die Farben der Liebe, geordnet nach dem Modell des Farbkreises. Sie entsprechen den Primär- und Sekundärfarben. Ihre Kombinationen sind so reichhaltig wie die Farbtöne.

Polaritätenprofil [nach Hofstätter]

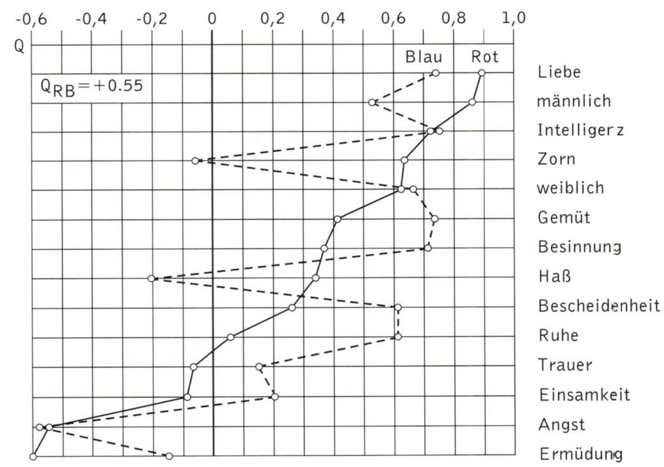

Die Bundesbahn signalisiert durch Farben der Waggons, wie schnell und komfortabel der Zug ist: Orientrot/Pastellviolett für InterCity, EuroCity und ICE …

… Mittelblau/Hellblau für Interregio und Hotelzüge …

… Pastelltürkis/Minttürkis für CityBahn und Regionalexpreß. [aus: DESIGN REPORT 2/94]

Es ist immer wieder versucht worden, Listen für die physiologische Wirkung von Farben aufzustellen.
Hier eine der umfangreichsten Ordnungen, wobei jedoch eine Trennung zwischen Geruch, Geschmack und Flavor noch nicht vollzogen wird.

PSYCHOLOGISCHE SYMBOLE entstehen aus Erfahrungen, die verinnerlicht wurden. Das Blau des Himmels (Himmelblau) führt z. B. zu der Assoziation von Ferne, Weite und Unendlichkeit. Die Zahl der psychologischen Symbole ist nahezu unbegrenzt. Eine Systematik kaum möglich. Hier einige Beispiele [nach Frieling, GESETZ, S. 91]:

— Purpurrot --- Hoheit, Würde, Macht
— Rot + Orange --- Liebe, Freude
— Grau + Braun --- Hunger
— Schwarz + Lila --- Trauer
— Gelb + Rot --- Haß
— Grün + Hellblau --- Ruhe

— Blau --- Osten/Frühling
— Rot --- Süden/Sommer
— Weiß --- Westen/Herbst
— Schwarz --- Norden/Winter
— Gelb --- Farbe der Mitte, der Sonne, des Kaisers

DIE METAPHORISCHEN SYMBOLE entstehen dadurch, daß man mit augenfälliger Farbigkeit vergleichend auf Ähnlichkeiten verweist. Aus solchen Gedankengängen entstehen z. B. Ausdrücke wie »ins Blaue hinein« oder »Schwarz sehen«. Metaphorische Symbole von Blau sind also dann Begriffe wie Phantasie, Sehnsucht, Spontaneität usw.
»Schwarz sehen« verheißt eine Zukunft, die dunkel wie die Nacht ist. Bedrängnis, Schuld, Ängste sind die metaphorischen Symbole.
Wir haben aus der zur Verfügung stehenden Literatur [Heller, Knuf, Frieling, Küppers] nun für die vier bunten Grundfarben sowie Braun, Schwarz und Weiß jeweils die drei Symbolwelten herausgearbeitet. Im Gegensatz zu singulären Veröffentlichungen haben wir auf Widerspruchsfreiheit Wert gelegt. Die zugeordneten Begriffswelten sind terminologisch relativ homogen und sprachlich niveaugleich.

Wir haben die Metallfarben schon in Kapitel 2 als etwas besonderes gewürdigt. Auch ihre Symbolik ist eine herausgehobene. Leider ist eine Trennung in die drei Symbolkategorien hier nicht möglich.
Zuerst einmal geht es um das zentrale Edelmetall Gold. Gold ist ein generelles Symbol für Reichtum, Pracht, Überfluß und Luxus. Gold wird mit einem hohen Preis, aber auch mit Beständigkeit assoziiert. Gold ist unverzichtbar für Festlichkeit und »Leistung«. Heller [S. 197ff.] bringt es auf den Punkt:

»Wie gestaltet man einen Luxusartikel? Das einfachste Prinzip: Irgendein Alltagsgegenstand, der üblicherweise aus einem billigen Material ist, wird aus Gold gefertigt.
So wird aus jedem beliebig gestaltete Feuerzeug, aus jeder Uhr ein Luxusmodell. So werden Kugelschreiber, Puderdosen, Zahnstocher, Nagelfeilen, Kämme zu Statussymbolen. Ein goldenes Gehäuse macht aus einem schlichten Radio ein Modell der Luxusklasse. Für den anspruchsvollen Schreibtischbesitzer gibt es goldene Brieföffner, goldene Locher, goldene Taschenrechner, goldene Scheren, goldene Bleistiftspitzer, goldene Lineale. Was nicht aus Metall ist, nicht direkt in Gold umzusetzen ist, wird in eine goldene Hülle gesteckt. So können sogar Radiergummis vergoldet werden.«

Physiologische Wirkung der Farben

	Ohr Gehörsymbole	Tastsinn Tastsymbole	Hautsinn Temperatursymbole	Muskelsinn Graviditationssymbole	Geruch Geschmack/Flavor
Rot	laut, Trompete	fest	warm, heiß	schwer	süß, kräftig
Rosa	zart, leise	fein	–	leicht	süßlich, mild
Orange	laut, Dur	trocken, flammig	warm	–	herzhaft
Braun	dunkel, Moll	trocken-brockig bis schlammig	–	schwer	modrig, muffig, bratig
Ockergelb	–	sandig, bröckelig	warm	–	säuerlich bis neutral
Goldgelb	Fanfare, Dur	glatt, seidig	warm	–	–
Gelb	gellend, Dur	glatt, lichthaft	–	leicht	sauer
Gelbgrün	hell, Dur	trocken	–	leicht	sauer-herb
Grün	gedämpft (wenn stumpf) schrill (wenn satt)	glatt bis feucht	kühl	–	sauer-saftig
Grünblau	»weich«	weich-glatt, wäßrig	kalt	–	frisch bis salzig
Blau	fern, Flöte bis Violine	glatt bis untastbar	kalt	relativ leicht	geruchlos
Ultramarin	»dunkel«, tiefer, mehr Moll	samtig	–	schwer	herb-bitter (ohne Geruch)
Violett	traurig, Moll, tief	samtig	–	schwer	narkotisch, schwer-süß
Hell Lila	schwach, verhalten	–	–	relativ leicht	süßlich-herb
Purpur	kraftvoll-getragen	samtig	–	schwer	–

Symbolik der Grundfarben

		physiologische Ebene	psychologische Ebene	metaphorische Ebene
Blau	die kühle Sehnsucht	kalt, kühl, feucht	Ferne, Weite, Stille, Unendlichkeit	Sympathie, Sehnsucht, Harmonie, Spontaneität, Freundlichkeit
Rot	die warme Lebens-freude	Hitze, Wärme, Trockenheit	Dynamik, Aktivität, Gefahr, Kraft	Lebensfreude, Begierde, Sexualität, Exotik, Phantasie
Grün	die herbe Natür-lichkeit	herb, frisch, sauer, bitter	Natürlichkeit, Lebendig keit, Angenehmheit, beruhigend	Hoffnung, Entspannung, Zuversicht, Toleranz, Sicherheit
Gelb	der leichte Neid	leicht, sauer, giftig bitter	Sommer Überfluß (Gold)	Verlogenheit, Eifersucht Neid, Geiz
Weiß	der milde Schein der Wahrhaftigkeit	salzig, mild, sauber, rein/fein	vollkommen, ideal/gut, unschuldig, einfach, funktional	Ewigkeit/Anfang Frömmigkeit/Glaube Wahrhaftigkeit Genauigkeit
Schwarz	Stärke zwischen Schuld und Macht	eng, eckig, hart	Ende, Leere, Stärke, Eleganz	Magisch, Trauer, Egoismus, Schuld, Bedrängnis, Macht
Violett	zwischen Eitelkeit und Buße	Extravaganz	Originalität, Eitelkeit, unsachlich, künstlich	Frömmigkeit, Buße, Glaube, Phantasie
Braun	knackige Spießigkeit	knusprig, aromatisch	unerotisch, gemütlich, geborgen	Faulheit, Unmäßigkeit Spießigkeit/Biederkeit
Grau	wohlanständig und bescheiden	Neutralität	Alter, Heimlichkeit, angepaßt	Nachdenklichkeit, Pünkt-lichkeit, Gefühllosig-keit, Gleichgültigkeit, Bescheidenheit

Die silbernen Metalloberflächen (also Chrom, Nickel usw.) sind in der Vergangenheit die ewig zweitplazierten gewesen. Bei allen vorher genannten Kriterien landet Silber auf den Nachfolgerängen. Silber ist kühl und distanziert, Silber ist aber auch funktional und vor allem schnell (Silberpfeil!). Was Gold für Luxusdesign ist Silber für Funktionaldesign (High-Tech). Interessante Neukolorationen (Bi-color) lassen sich erzielen, wenn man die Metallfarben miteinander mischt. Im Bereich der Armaturen hat die Firma Dornbracht gezeigt, wie man ein intelligentes Geschmackstuning mit Metallfarben erreicht.
Wir möchten zum Schluß darauf verweisen, daß die Farbsymbolik immer nur spezifisch für den jeweiligen Kulturkreis ist. Eine oft zitierte Übersicht zeigt – leider nicht entsprechend unserer Gliederung – einige Unterschiede auf [Bitsch, S. 8].
»Angesichts der heute beinahe universell vorherrschenden Trauerfarbe Schwarz, sollte man sich vergegenwärtigen, daß in Deutschland (...) Weiß bei den Totengebräuchen ebenfalls eine wichtige Rolle spielt.«
»Weiß als Trauerfarbe ist direkt ikonischer, nachbildender Art, liegt also wesentlich in der blaßweißen Hautfarbe des Toten begründet.« [Knuf]
Durch die weltumspannenden elektronischen Medien kommt es jedochzu einer zunehmenden Angleichung. Die symbolischen Differenzen verlieren immer mehr an Bedeutung. Und auch die Symbole selbst verlieren ihre endothyme Basis. Immer stärker dringen die Zeitgeistbezüge ins Farbgeschehen.
Der vor 25 Jahren evtl. noch richtige Hinweis von Frieling [GESETZ, S. 12] »Für eine Schokoladenpackung kann ein zartes Violett äußerst vornehm wirken, dagegen würde die Anpreisung eines Sportartikels in dieser Farbe sicher wenig Erfolg versprechen« ist vom Zeitgeist lange überrollt. Die Mehrzahl der heutigen Fahrräder z. B. ist violett, orchideefarbig, rot, magenta usw. Grund genug, sich dem Thema Zeitgeist und Farbtrends einmal näher zu widmen.

Wenn Frau Nicolson-Smith sich »weiß« zur Trauer gewandet, ist das ein großes Bildzeitungsfoto allemal wert ...

Farbsymbole

	Schwarz	Weiß	Rot	Grün	Blau	Gelb
Österreich	Trauer	Unschuld	Ärger, Liebe, Leidenschaft, Feuer	Hoffnung	Treue	Eifersucht
Brasilien	Trauer, Tod, Geheimnis	Friede, Sauberkeit, Reinheit	Wärme, Leidenschaft, Haß, Feuer, Ärger, Gewalt	Hoffnung, Freiheit, unreif, Krankheit	Ruhe, Kälte Gleichgültigkeit	Freude, Sonne, Glück, Neid, Krankheit
Dänemark	Trauer, Sorge	Unschuld, Reinheit	Liebe, Gefahr, Feuer	Hoffnung, Langeweile, Gesundheit	Qualität	Gefahr, Falschheit, Neid
Finnland	Sorge, Eifersucht	Unschuld, Sauberkeit	Ärger, Liebe, Leidenschaft, Feuer	Hoffnung, Neid	Kälte, ohne Geld, unschuldig	kein besonderer Ausdruck
Frankreich	Sorge, Trunkenheit, Eifersucht, Pessimismus	Reinheit, jung	Ärger, Hitze, Vergnügen, Schüchternheit	jugendlich Furcht	Ärger, Furcht	Krankheit
Italien	Depression	Unschuld, Furcht, erfolglos, Liebesaffäre	Ärger, Gefahr, Feuer	Neid, Jugend, Geldknappheit, depressiver Ärger	Furcht	Ärger
Pakistan	Trauer, Hilflosigkeit	Trauer, Nüchternheit, Eleganz	Ärger, Heiratszusage (Frauen)	Glück, Frömmigkeit ewiges Leben		Jungfräulichkeit, Schwäche, Ärger
Portugal	Trauer, Sorge, Hunger	Friede, Unschuld, Reinheit	Krieg, Blut, Leidenschaft, Feuer	Hoffnung, Neid	Eifersucht, Schwierigkeit, Probleme zu lösen	Verzweiflung, Plage
Schweden	Depression, Sorge	Güte	Ärger, Wut, Feuer	Neid, unerfahren, Güte	blauäugig, leichtgläubig, gefroren, kalt	Wut, Ärger Romanze
Schweiz	Pessimismus, illegal	Reinheit, Unschuld	Ärger, Feuer	unwohl, unreif	Wut, Ärger, Romanze	Neid

... da Frau Nicolson-Smith die Farbe Schwarz für gewöhnlich in anderen Zusammenhängen interpretiert. (Werbung für die Firma Hennes und Mauritz)

Kapitel 11 **Farbtrends**

Scouting für den Zeitgeist

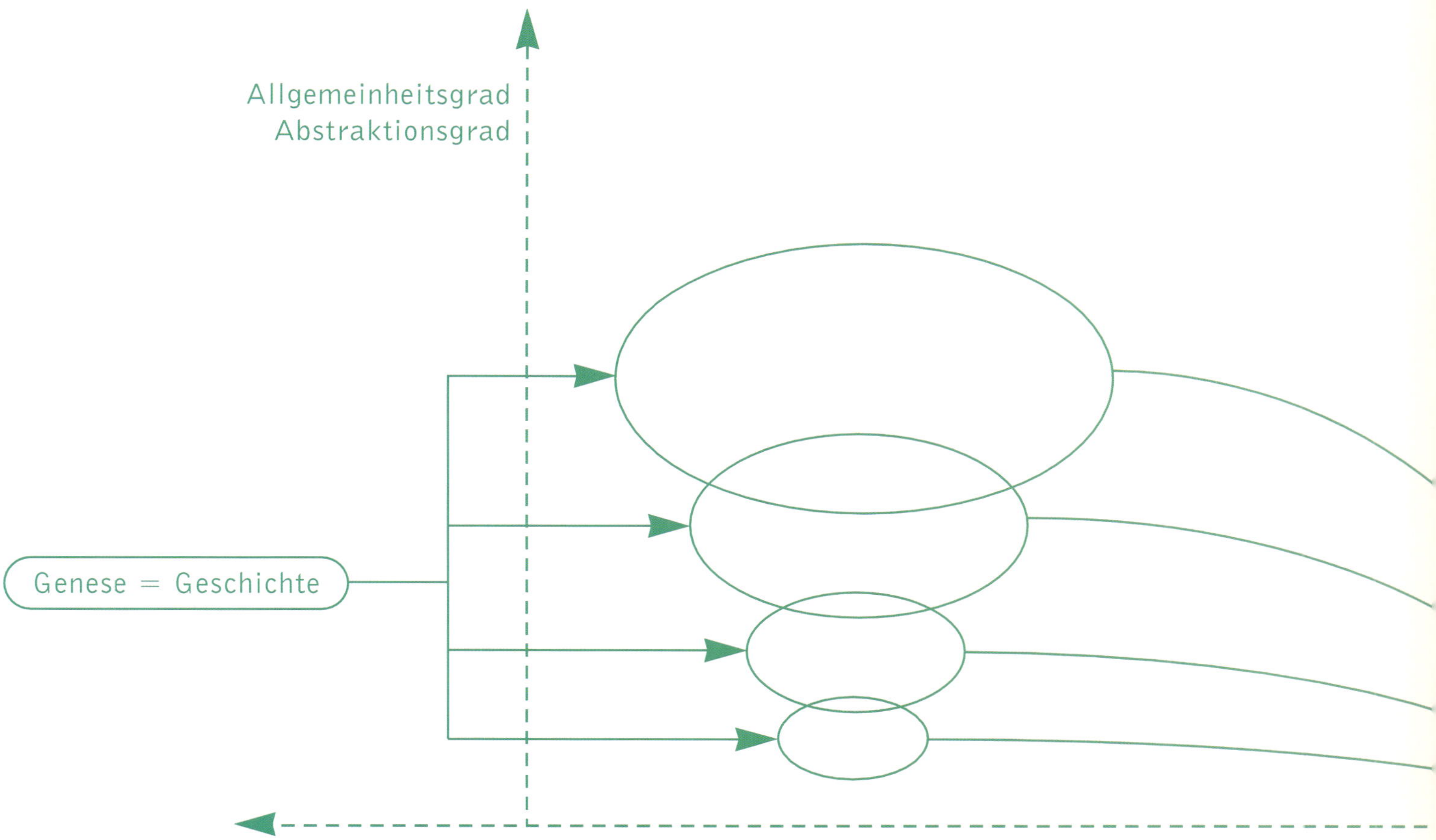

Wie entstehen Trends und die dazugehörigen Farben? Aufgrund von Beobachtungen läßt sich zumindest sagen: Trends bauen immer auf vorhandenen Ursprüngen auf. Oft kommen die Impulse aus unvermuteten Bereichen wie Straße, Film, Literatur, Show-Business. In ihren zartesten Anfängen sind sie stets Improvisation und Protest, immer jedoch von innovativem Charakter.

Aus einer oft lokal oder milieubegrenzten Tendenz entwickelt sich ein Hit, vielleicht ein Zeitgeschmack, und wenn dieser stark genug ist, ein Stil. Eine Tendenz benötigt stets die Vervielfältigungsmöglichkeit der Medien, um ein Trend zu werden. Ein typischer Trend-Werdegang ist die historische Entwicklung der Farben Grau-Anthrazit-Schwarz zum Megatrend:

Zu Beginn der 80er Jahre erkoren die Yuppies Lofts, also ausgediente Fabriketagen und Lagerhallen, zu ihren Wohnstätten. Die Metallstrukturen und ein Großteil der ursprünglichen Rohbaumaterialien blieben unangetastet. Die Behausungen wurden mit Hilfe ausgedienter Cadillac-Fauteuls, Zahnarztstühle, Metallregale mit Sieblochböden wohnbar gestaltet. Die Metall- und Grautöne der Wohnfarben fanden ihren Niederschlag in der Bekleidung und den Autofarben (1990 waren rund 50% der Neufahrzeuge silber, grau und schwarz) und dem uniformen Schwarz von TV-Geräten und Musikanlagen.

So werden wir die 80er Jahre, aus der Retrospektive betrachtet, vielleicht als das »Schwarze Jahrzehnt« bezeichnen. Das uralte drohende Schwarz verjüngte sich innerhalb kürzester Zeit zum ausgeflippten »Black« der Heranwachsenden.

Die Trendfarbe Schwarz entwickelte sich Ende der 80er Jahre zum Megatrend. Der Begriff Trend ist facettenreich. Darum muß zur Nutzung von Trends erst einmal ein gemeinsames Verständnis geschaffen werden für die unterschiedlichen Aspekte, die mit Trends gemeint sein können. Diese Aspekte werden nun mit Hilfe des Kriteriums zeitlicher Dauer systematisiert.

Die zeitliche Dauer von Trends soll mit einigen Beispielen belegt werden:

— Teppichbodenkollektionen haben einen Lebenszyklus von zwei bis drei Jahren.
— Dekostoffe verlieren ihren Reiz nach etwa 24 Monaten.
— Reiseziele sind nach zwei Jahren out!
— Schlafzimmertöne halten nicht länger als 18 Monate.
— Modefarben und Schminktöne verlieren schon nach sechs Monaten ihre Akzeptanz.

Kristallisationspunkte und Megatrends Da ist zunächst einmal »Angesagtes«. Vereinzelt werden Gegenstände der Woche proklamiert. Von der Panzerweste zum »Big-Headphone«, das 200 bis 300 Gramm schwere 70er-Jahre-Relikt setzt dem Grunge-Look die Krone auf. Das frisurenunfreundliche Teil kann getrost über strähnigen Haaren getragen werden.

Ein Bonbon für die Damen

Ganz New York sieht rosa! Auf den berühmten Trend-Schauen ist die Bonbon-Farbe der absolute Knüller. Superchic für den Abend: Ein taillierter, zweireihiger Satin-Blazer kombiniert mit einer schmalen Hose. Das Modell hat sich Star-Designer Isaac Mizrahi ausgedacht. Think pink 1995...

Reuters

Farbsymbolik auf intelligente Art: So werden ab '95 Trendfarben gemacht. Erst prescht BILD mit New York vor – dann kommt Franziska nach! Glückwunsch an ARENA für vernünftige Farbpolitik. Übrigens liebe BILD-Redakteure: Die propagierte Modefarbe ist eben nicht Rosa (also ein Rotabkömmling), auch nicht Pink (also Magentapastell), sondern Purpurpastell, eine Magentaviolett-Kombination (völlig andere Farbempfindung!!).

Ihre tägliche Sportschau

Franzi & das Sexy-Dreieck

Franzi in ihrer neuen „zweiten Haut". Der Anzug kommt im Sommer 1996 auf den Markt, kostet 119 Mark. Es gibt ihn in den Größen 36 – 44.
Foto: Bongeni Media Masters

Wunder-Badeanzug für die EM
Wieviel Gold bringt er ihr?

Von JOCHEN BÜHLER

Berlin – **Das Ding ist federleicht. Sie trägt es auf nackter Haut und spürt es kaum. Wenn es naß wird, zeigt es erst, was in ihm steckt. Es macht schön. Es macht schnell. Das Wahnsinns-Ding heißt „Mably" und ist ein superschneller Badeanzug.**

Franzi van Almsick trägt ihn – und er kann Gold wert sein. Gleich siebenmal: Viermal im Einzel, dazu in drei Staffeln geht Franzi bei der Schwimm-EM in Wien ab Dienstag an den Start. Zum „Unternehmen Gold" kommt Franzi in „Hot Pink". Wirklich ein heißes Ding, was sich die „arena"-Designer da ausgedacht haben.

Vor allem das Sexy-Dreieck: Direkt unterm Busen gibt es ein Stück nackte Haut frei. Man(n) guckt hin. Macht das Dreieck aber auch schneller?

Das Dreieck zwar nicht, aber...

...das Material des Anzugs (77% Polyamid, 23 % Elastan) und der Schnitt. Eine hauchdünne Lackschicht unterstützt die Gleitfähigkeit im Wasser optimal. Der Anzug ist mit doppelten „Wiener" Nähten geschneidert: dadurch ist er so enganliegend wie eine zweite Haut.

Für 119 Mark können auch Sie (im Sommer '96) den Super-Anzug kaufen (gibt's neben Hot Pink auch in Geranien-Grün). Schnell wie Franzi werden Sie aber auch mit „Mably" wohl kaum...

Die Weltmeisterin ist in Wien über 50, 100 und 200 m absolute Favoritin. Über 400 m hat Franzi aber eine starke Konkurrentin – aus eigenem Lager. Julia Jung (15) hatte ihr schon überraschend den Deutschen Meister-Titel weggeschnappt.

Glänzt für uns noch mehr Gold?

Vielleicht schon heute. Claudia Bockner (Leipzig) bekam im Halbfinale vom 3 m-Brett die besten Noten, Silke Krüger (Rostock) Fünfte.

Freuen wir uns auf Franzi – und eine glänzende EM.

Schwarz, die Trendfarbe der 80er Jahre

In nahezu allen Medien werden zu fast allen Themen In-Out-Listen veröffentlicht. Diese geben einen Überblick über das, was »cool« ist und was »sucks«. Hier können so verschiedene Dinge, wie »Lotto boykottieren«, »traurig sein«, »Erdbeeren« und »Innenarchitektur« nebeneinander in »Lebenswert-Listen« genannt werden. Und in der nächsten Ausgabe der Magazine gibt es dann auch wieder neue »outgeschriebene« und »ingesagte« Meinungsgegenstände. Von »out« bei Ausländerfeindlichkeit bis zu »in« bei Negerküssen.

Unter Farbgesichtspunkten ist es interessanter zu analysieren, in welchen Fond- und Akzentfarben das »Angesagte« daherkommt. Oft lassen sich hieraus sogenannte Farbfacetten schon als Minitrend entnehmen.

Zeitlich langfristiger angelegt sind Neuerungen, die beispielsweise auf technischen Innovationen beruhen. Gleiches gilt für die »Reprise«, die Wiederaufnahme bekannter Lösungen in anderen Problembereichen. Ein Hit solcher Art ist die Übertragung der Scheibenbremse vom Automobilsektor als Disk-Stopper auf den boomenden Bereich der Mountain-Bikes. Die Tendenz zur Ausrüstungsverbesserung der Biker kann den Disk-Stoppern durchaus zu einer verlängerten Blüte verhelfen. Problematisch ist hier allerdings die Konkretisierung auf einen eng begrenzten Bereich.

Alle sogenannten Hits haben eine spezielle Farbgebung. Die Mountain-Bike-Farbmode ist z. B. ein sensibles Instrument, um Farbinhalte, d. h. Zyklen mit größerer Zeitdauer zu beobachten. Langfristiger ausgerichtet sind im Gegensatz hierzu die »Wandlungen des Zeitgeschmacks«. Der unmittelbare Produktbezug ist nicht gegeben. Zeitgeschmack bezieht sich auf die generelle Stimmung und die Vorlieben in einer Periode. Prototypisches Beispiel manifestierten Zeitgeschmacks sind die Wohnstile. Während in den 60er Jahren die »Konventionelle Gemütlichkeit« und »Bürgerliche Tradition« (Stil-Einrichtung) die Majorität der Bevölkerung begeisterte, waren die beiden begehrtesten Einrichtungen in den 80er Jahren »Rustikalität« (mit 40%) und »Bürgerliche Tradition«. »Rustikalität« war noch in den 60er Jahren einer der weniger beliebten Einrichtungsstile. Interessant ist auch der Wandel bezüglich der »Klassischen Moderne«, die noch in den 60er Jahren zu gewöhnungsbedürftig erschien, aber die in den 80er Jahren zu hoher Verbreitung avancierte. Antikonventionalismus und Avantgarde sind auch in den 80er Jahren per definitionem die extravaganten Wohnstile.

Der Zeitgeschmack nun ergibt überaus standfeste Trendfaktoren. Es handelt sich um eindeutige Farbgebungen, die sich über mehrere Jahre hinweg nicht verändern.

Wir zeigen beispielhaft einige Trendfaktoren für die 90er Jahre als »Signal«. Bitte achten Sie einmal darauf, ob diese Prognosen eintreffen. Hierbei haben wir auf eine eindeutige Begrifflichkeit und aussagefähige Kolorits geachtet:

Signal A: Kultivierte Ironie Ein wenig verfremdend, versteckend, ein bißchen schief sind Design und Farbgebung in Zukunft immer häufiger. Anstelle von warmer Gemütlichkeit tritt zugige Korridoratmosphäre; intellektuelle Kühle und Überheblichkeit werden durch angekitschte Volkskunst und kaltes Formaldesign durch angesüßte Jungmädchen-Romantik ersetzt. Nie wirklich, nie ernsthaft, nie umfassend – aber immer wieder andeutungsweise erscheinen schräge Farben und Formen als ulkiger Sinnesschock dort, wo man sie nicht erwartet.

Auf die Kombination kommt es an: Getragene Braun- und Siena-Töne verlieren ihre träge Erdigkeit, wenn sie mit Lila und Viola dekoriert werden, oder venezianische Prachttöne aus Tiefblau, Purpur, Rot und Tiefgrün müssen um ihre Erhabenheit bangen, wenn sie zitronengelbe Tupfer erhalten. Allürenhafte Farb-Symmetrien bekommen so leicht einen tragischkomischen Silberblick, der ihnen jegliche dramatische Wirkung nimmt und ihnen zugleich Distanz und Erhabenheit entzieht, so daß sie wieder erträglich werden.

Ohne Zweifel werden wir solche Produkt- und Farbideen häufiger antreffen; sie werden als augenzwinkerndes, dessinatorisches Mittel eingesetzt von jenen, die es besser wissen und denen geschmackliche Supervision als erster Schritt in die Geschmacklosigkeit erscheint.

Signal B: Plausible Authentizität Wie Farben und Formen erst im Zusammenspiel ihre gemeinsame Identität beweisen, so sind auch Material, Struktur und Farbe voneinander abhängig. Gegenstände oder Räume sollen nicht komisch sein, sie müssen eine schlüssige Identität besitzen. Sie müssen in ihren sensuellen und funktionalen Wirkungen eindeutig sein. Schrecklich ungemütlich sind Wohnungen oder geschäftlich genutzte Räume, die es an Authentizität missen lassen.

Rosa allein vermag keine prickelnde erotische Atmosphäre zu schaffen,Grüne Wände weisen die Bewohner nicht sogleich als Öko-Freaks aus.

Die Voraussetzung, um Wohlbefinden zu erzeugen, heißt, echte Gefühle zu vermitteln. Wie sieht das Rezept für Wohlbefinden aus?

Die Antwort ist eine Summe von Übereinkunftsmerkmalen, also Parallelitäten zu erzeugen. Farben, Formen, Materialien müssen zueinander passen; ihre Verknüpfungssegmente und Bezüge sind gleichen Ursprungs.

Die präsentierten Farben zeigen ein Beispiel einer plausiblen und authentischen Farbkomposition. Es sind immer wichtiger werdende Tonfolgen und Kombinationen, die ihre ethnischen, geographischen Ursprünge offenbaren.

In unseren Breiten sind das Farben mit viel mehr funktionalem Hintergrund als heute. Es sind Töne voll sensibler Klarheit, Eindeutigkeit und Mittelwertigkeit. Rotbraun, Stahlblau, Mittelgelb, Beige, Grau, Braun; aber auch deren hellere Varia-

Lebens wert

Die Hitliste der Gründe, warum es sich diese Woche zu leben lohnt. Sie ist zusammengestellt aus Statements, Kommentaren und Listen von Leserinnen und Lesern.

Das Stichwort
Diese Woche wurden Zuschriften zum Thema „Hausaufgabenhefte" ausgewählt:

„Das Hausaufgabenheft ist eine Philosophie für sich. Wenn man es hegt und pflegt und ab und zu mit Zeichnungen und vielen bunten Schnörkeln versieht, bringt es einen wach durch eine der vielen langweiligen Unterrichtsstunden. Außerdem ist es dann auch eine Augenweide und ein sehr brauchbarer Terminkalender. Einfach unverzichtbar!"
Susanne Herbst, 15, München

„In meinem Hausaufgabenheft gibt es viele Geheimschriften, die nur ich und meine Tischnachbarin verstehen."
Karin M., 16, Köln

„Meine Mutter sagt immer, mein Hausaufgabenheft ist ein richtiger Misthaufen. Seitdem male ich immer kleine Fliegen auf die Seiten. Das ist banal, aber sieht gut aus."
Florian Strauß, 17, Innsbruck

1. meine beste Freundin
2. Lotto boykottieren
3. Opern
4. die Schaukeln in der Münchner Stadtranderholung „Fasangarten"
5. fairer Wahlkampf satt Schlammschlachten
6. der Schottenrock
7. keine Blondinenwitze erzählen
8. „Wir lieben La La La"
9. Regenbogen
10. Zimmerpflanzen
11. das Idealalter 16 erreicht zu haben
12. selbstgestrickte rote Socken
13. Innenarchitektur
14. Johnny Cash
15. gelbe Telephonzellen statt der häßlichen weiß-rosafarbenen
16. Karotten
17. Hausaufgabenhefte
18. Plastikfische in der Badewanne
19. traurig sein
20. Erdbeeren
21. Perry Rhodan-Hörspielsession mit „Laser Power Gun"
22. Pschyrembel – das medizinische Wörterbuch
23. Außerirdische
24. mein schiefhängendes Bild
25. an die guten alten Tage zurückdenken, wo wir noch auf der Straße mit den Nachbarskindern Völkerball gespielt haben

Der Trend
„Im Dorfbrunnen baden", „Gespensterschrecken und andere Viechereien", „Zündeln in der Früh", „Zimmerumräumen", „Kopfstand"... Wie immer war die Liste viel zu kurz, um die vielen schönen, kleinen, tiefsinnigen, verrückten Dinge, die das Leben lebenswert machen, unterzubringen. Auf den ersten Plätzen zählt die Häufigkeit der Zuschriften, besonders originelle Gründe können aber trotzdem auf die hinteren Plätze der Liste kommen.
Gefreut haben wir uns über die Erdbeerteebeutel mit Bedienungsanleitung, die uns ein Leser aus Buch am Ammersee schickte, weil sie ihm momentan den Liebeskummer lindern. Die Karten für „ein starkes La La La" drücken wohl ein Berliner Lebensgefühl aus. Die Liste gibt immer neue Rätsel auf. Eine Leserin meinte, sie sei „superkalefragelistigesbialigetisch" Stimmt!
Übrigens: Wer die Preise zu den „2. Ameranger Gulpturtagen" gewinnen will, muß bis zum 27. September schreiben oder kann uns seine Gründe ganz schnell faxen: 089/21 83 84 15.

Was ist Ihnen diese Woche besonders wichtig? Schreiben Sie uns ein Stichwort, eine Liste, einen kurzen Kommentar, einen ganzen Brief (Alter nicht vergessen) an: Süddeutsche Zeitung, Redaktion **jetzt**, Sendlinger Straße 8, 80331 München. **Diese Woche zu gewinnen:** 2 x 2 Karten für eine Ballonfahrt am 3. Oktober anläßlich der „2. Ameranger Gulpturtage". Und 5 x 2 Karten für die Veranstaltung „Drogenfrei und trotzdem high" (28. September, 20 Uhr, Zirkuszelt Amerang bei Wasserburg/Inn) mit Eisi Gulp und seinem Kabarettprogramm „Hackedicht oder was?".

In- und Out-Listen sind momentan noch in. (Hier ein Beispiel aus JETZT – DAS JUGENDMAGAZIN DER SÜDDEUTSCHEN ZEITUNG)

»Mini-Farbtrends« entstehen heute oft in den jugendlichen Subkulturen, wie etwa der Techno-Szene.

tionen sind bedeutsam. Es sind Farben einer großen Mehrheit, die ihre Farbwünsche mehr nach Traditionen als Experimenten und Innovationen ausgerichtet hat.

Signal C: Restaurierte Dekomposition Der Glanz des Funkel-Nagel-Neuen verblaßt vor den angerauhten, angestoßenen und mit Patina überzogenen Materialflächen. Verblassende, oft angeschmutzte Kalktöne, zarte Grüns, Beigevariationen und gebleichte Blumentöne, aber auch abgewaschene Blau- und Braunfarben entwickeln in dichtem Zusammenspiel ganz besondere Reize, – solche einer morbiden Ästhetik und hinfälligen und verwelkten Reinheit.
Die feinen Nuancen berühren uns in ihrem scheinbar zerbrechlichen Ausdruck. Sie sind Zeichen eines empfindungsreichen Umgangs mit ihnen, mit Strukturen und Mustern. Sie drücken zugleich eine Sehnsucht nach Vergänglichem aus, auch wenn es sich nur um den künstlichen Schein von Zerbröckelndem und Zerbröselndem, Abgeplatztem und Angeecktem handelt.
Nicht das wahrhaftig Zerbrechliche findet so großes Interesse wie dessen künstliche Adaption. Produkte werden in Zukunft mehr auf »alt« getrimmt. Künstliche Patina und Veralterung ist Teil kommender Designbewegungen. Ab sofort haftet ihnen nicht mehr der Geschmack von Plagiatoren und Fälschern an. Abgestoßene Ecken und Kanten, Farbreste, Stoffetzen und entschönte Oberflächen sind Teil eines anderen Designempfindens, das mit dem Fetisch »steriler Unberührtheit« aufräumt und anstelle dessen »Gebrauchsspuren-Artefakte« bevorzugt.

Signal D: Große Retrospektive Die 70er Jahre kommen zurück. Vielleicht ein bißchen zu früh. Viel Beige, viel Braun und Greige, dazu kräftige Portionen von Orange, Grün und Blau. Florale und abstrahierte dickbäuchige, großvolumige Wirbeltypen und Zwiebelmuster finden eine große, speziell jugendliche Anhängerschaft.
Die 70er Jahre stellen die letzte große Retrospektive in diesem Jahrhundert dar.
Sicher waren sie kein großes Vorbild. Sie waren eher langweilig und durch Konformität gekennzeichnet. Einrichtungen und Designs waren immer ein wenig zu sauber, zu formal, zu seelenlos. Mühelos abwaschbar, pflegeleicht und nützlich waren Möbel, Teppiche und Gardinen. Die Lieblingsbeschäftigung der Menschen bestand im Rasenmähen, Autowaschen und Rauhfasertapetenkleben.
Nur in der Rückerinnerung erhalten die Farben und Formen eine nostalgische Erhöhung. Aber die Zeitsegmente der 70er Jahre wieder aufzunehmen, umzuformen und ihre grobe Liebenswürdigkeit wieder neu zu entdecken, endet sicher nicht im wollüstigen Sinnestaumel, vielleicht aber in häufig überraschenden, ansprechenden, schöpferischen und besseren Einfällen.

Signal E: Gewaltiges Gefühl Kaum etwas kann man mit Farben intensiver darstellen als das weite Feld der Empfindungen. Gefühle werden zu Schauobjekten. In allen Medien gehört die große Gefühlsdarstellung zum Mega-Showdown. Auch die nächste Umgebung eignet sich fantastisch für die szenische Aufarbeitung unserer seelischen Befindungen. Wagnerianische Gefühlswallungen, Pomp und Pop, Purpur und Pose, Proszenium und Potemkinsche Dörfer sind transformiert in Farbe voll Tiefe, Sattheit und Prächtigkeit.
Töne, die aussehen wie Samt und Seide, wie Brokate, edle Hölzer und barocke Rosenblüten, wie Geschmeide und funkelnde Pokale geraten in die Wohnungen und Häuser der prachtliebenden Exzentriker und barocken Typen.
Das große Gefühl lebt man ungeniert aus, es wird zelebriert und demonstriert. Das Leben, die Freizeit, das Wohnen vollziehen sich wie der Auftritt auf einer großen Schautreppe. Alle haben Teil und sind zugleich Figuren im großen Spiel der Emotionen.

Signal F: Lebhafte Provokation
Kleider und Behausungen sind so etwas wie Verpackung und Umverpackung für die Menschen. Mit Hilfe der Hülle auffallen – um fast jeden Preis – lautet die Devise der Konsum-Provokateure.
Die Farben, die sie dafür nutzen, sind eindeutig, lebhaft, aufregend und durch außerordentlich prägnante Signalwirkung gekennzeichnet. Ihr Outfit brilliert nicht durch Gegensätze vom übrigen Umfeld. Die Farben und verwendeten Muster sind nur um einiges geräuschvoller und greller kombiniert.
Befindet man sich in ihrer Nähe oder in ihrer häuslichen Umgebung, fühlt man sich wie betäubt, wie nach markerschütternden, ohrenbetäubenden Klangabenteuern.
Schon heute schleichen sich immer häufiger Farbprovokateure in unsere alltäglichen Seherlebnisse ein. In der Architektur – jede Tankstelle stellt eine ästhetische Umweltverschmutzung dar, in der Mode und in der Einrichtung. Denken wir da nur an die Formen und Silhouetten so manchen Wohnzimmerschrankes oder dickbauchigen Wulst-Sofas und dessen rosa-orange-rot und violett gemusterten, voluminösen Polsterstoff-Verhüllungen.

Signal G: Chaotischer Gag
Jede Zeit hat ihre Spaß-, Lust- und Libido-Farbigkeiten. Das Chaos-Design der nächsten Jahre lebt von den lustbetonten Vorlagen einer kleinen, aber quirligen Gesellschaftsgruppe, die das Chaotische als Ordnungsprinzip auserkoren hat.
Die Dekonstruktivisten der 80er Jahre gaben ihnen formale Vorbilder. Farben und Formen laufen wie wild durcheinander. Material und Funktion ist Nebensache. Der Ausdruck, die Indefinition, das Tohuwabohu von Gegensätzlichkeiten machen den Witz der Gestaltungen aus. Farbe ist Knallcharge, Form ist

Deformation: Alles zusammen gibt ein unwiederholbares, wildes Durcheinander. Wesentlich ist, daß Augenfreude und Erstaunen vermittelt werden.
Der Effekt ist die Hauptsache, der kurze, heftige, seeligmachende Blick in den Kosmos des Anarchischen: Die Farben spielen verrückt und taumeln schwankend über klipprige Horizonte.

Soweit unsere sieben Signale zur Einlösung visual-ökologischer Farbgestaltung.
Welche Evolution unterlegt die eher raschen Wandlungen, die bislang beschrieben wurden, mit Sinn? Von zeitlicher und fundamentaler Bedeutungsbreite sind die Veränderungen des Zeitgeistes.
Kein anderer Begriff ist im Marketing so mißbraucht worden, wie der des »Zeitgeistes«. Flops werden so erklärt: »leider gegen den Zeitgeist geplant«, Lieferengpässe relativiert »der Zeitgeist hat uns leider eingeholt« usw.
Die Literatur bietet zum Begriff Zeitgeist vielfältige Hilfestellung. Die Begriffe »Volksgeist«, »Zeitgeist« sind als »konkrete Wirkungsgrößen des kulturellen Gepräges« [Brockhaus] beschrieben wurden. Der Gegenstand des Zeitgeistes ist die »Kultur«, die sich als Gesamtheit der erlernten Verhaltensweisen, der Werte, des Wissens, der Einstellungen, Meinungen usw. einer Großgruppe dargestellt [zitiert nach König, S. 162]. Zeitgeist steht also für die typischen Auffassungen und Ideen einer Periode. Die geistige Haltung, der Stil und die Lebensform eines Zeitalters sind geprägt durch den Zeitgeist.
Wir dokumentieren im folgenden einige Aussagen zu diesem Thema, um zu demonstrieren, wie sich Formaltrends auf die Farbgebungen auswirken können:
Die Formaltrends nach Horx sollen hier als Grundlage dienen, da sie sich auf die Situation in Deutschland beziehen. Horx identifiziert zwölf Haupttrends, die sich z.T. auf die Vorarbeiten anderer beziehen lassen. Zu den Trends und ihren Interpretationen: Rezessionskultur bezieht sich auf die verwirrende Feststellung, daß nach permanentem Wachstum, das – nur durch die Ölkrisen unterbrochen – seit Kriegsende anhielt, nun Wohlstandseinbußen möglich werden. Die hohe Sockelarbeitslosigkeit, trotz des fünfweisgesagten fortgesetzten »leichten Aufschwungs« in 1995, läßt die materialisierte Stimmung bröckelnden Wohlstandes in weiten Teilen der Bevölkerung weiterhin anhalten. Die Konsequenzen sind unter anderem die Reduktion des Konsums auf Basics. Hierzu paßt der urdeutsche Katzenjammer, der die Neigung zu pessimistischem Fatalismus umreißen soll. Nicht umsonst hat Hamlet in Deutschland studiert. Gerade deshalb hat in Deutschland Ökologizismus schon Tradition. Die in anderen europäischen Ländern oft belächelte Angst der Deutschen um ihren Wald ist letztlich als Bewußtsein für die Umweltproblematik im Bundestag m.E. grün repräsentiert. In einem fanatischen Reflex auf die wahrgenommene Ohn-

Hoffentlich hat sich die Telekom richtig entschieden! Magenta ist eine Trendfarbe, auch wenn sie eine Grundfarbe ist. Sehr viele Unternehmen haben ab 1993 sich für Magenta als CI-Farbe entschieden (z. B. WMF: ein Quadrat in Magenta, Compac: Magenta als Namenszug usw.).

macht durch eine ökologische Bedrohung, überschwemmen die Deutschen die Altpapiermärkte und mit Grünem-Punkt-Müll z.T. die Nachbarländer. Zur ›Multikulturellen Gesellschaft‹ Worte zu verlieren, ist in Köln bei ca. 10% Ausländeranteil kaum mehr angebracht. Bunte Vielfalt ist Teil der ›Art Cologne‹ – 1994 auch mit der vieldiskutierten Aborigines-Kunst. Der Import neuer liebgewonnener Gewohnheiten bei der Rückkehr aus Urlaubsreisen sollte ebenfalls nicht vergessen werden, auch wenn es sich ›nur‹ um Trinkgewohnheiten handelt (Ouzo wird Usus).

Nachdem Frauen in leitenden Positionen Brückenköpfe und Seilschaften gebildet und eine 28jährige Diplom-Ingenieurin Bundesministerin geworden ist, scheint die Zeit der Postemanzipation endgültig angebrochen. Die Reaktion der Männer auf Frauen, die die verschiedenen Rollenklischees virtuos beherrschen [›Der heilige Geist war weiblich‹, 18.11.1994], steht aus. ›Wie kann in der Postemanzipation Zusammenleben zwischen Mann und Frau noch möglich sein?‹ ist eine Frage, die man/frau sich zunehmend stellt.

Teddybärenwelt wie auch ›Mein kleines Universum‹ unterstreichen die Prägnanz des Begriffes COCOONING der Faith Popcorn. Die Vorliebe des Putzigen, Kuschligen in der kleinen, überschaubaren Welt können als biedermeierlicher Reflex auf die wahrgenommene Zunahme der Kriminalität und Gewalt auf den Straßen interpretiert werden. Hier läßt sich die Rückkehr der Spießer anfügen, die auf die Bewertungsmaßstäbe in Wandlung abzielt. Dann, wenn alles erlaubt ist, beginnt erneut die Tyrannei der Konvention, definiert durch die Spießer (nach Madonnas »Erotica« wird in »Bedtime Stories« kaum ein Wort über die Zeit im Bett verloren). Wenn auch Spießer das ›Nicht Konventionell-Kleinliche‹ verurteilen, inspizieren sie dies ausgiebig. Voyeurismus, als visuelles Ersatzerleben, ist ein starker Trend in die multi-mediale Gesellschaft des Baby-Phones oder des Baby-Videos, das Babies überwachen hilft. Neben dem unendlichen Medien-Strip der Kronprinzen, Gattinen und Reitlehrer wird letztlich auch das eigene Leben erst als Zuschauer so richtig interessant. Kameras und Handycams heben das Handicap des unmittelbaren Erlebens auf und schaffen die ersehnte Distanz. Visuelles Ersatzerleben in virtuellen Realitäten bedingt u. a. die Bildhaftigkeit der Stimuli. Gegen SPIEGEL und ZEIT fressen sich FOCUS und die WOCHE in den Marktanteilskuchen des Deutschen Zeitungen/-schriften Marktes. Beide charakterisiert die schwerpunktmäßige Nutzung von Farbbildern und -graphiken. CD-Rom als ein neuer Schwerpunkt auf der Frankfurter Buchmesse soll die multimediale Welt besonders durch die Unterstützung oder Substitution der Texte durch Bilder ermöglichen. Ein langsamer Abschied von der Schriftkultur ist allenthalben erkennbar. Noch macht der deutsche Medienriese Bertelsmann den Großteil des Umsatzes mit Büchern – das NOCH wird in den Pressemitteilungen betont. Frank Ogden, alias Dr. Tomorrow, hat THE LAST BOOK YOU'LL EVER READ schon geschrieben. Einer seiner Fans, Vizepräsident Al Gore, ist der Vater der Vision des Information Super Highway. Dessen kommerzielle Nutzung schließt u.a. »video on demand« ein. Globale VerBILDung aus Hollywood – jetzt nicht nur auf Video, sondern »on demand«.

Die Generation X, Alter: twentysomething, gebildet, ohne Vision. Mit den Schlichen des modernen Marketings vertraut, versucht sie sich mißtrauisch dem Glanz der Werbung und dem Zugriff der Marktforschung zu entziehen. Ohne Traute weicht sie der Verantwortung für Karriere und Familie. ›I feel stupid and contagious, here we are, now entertain us‹ [Kurt Cobain, Selbstmord 1994]. In Cobains Fußstapfen: Beck mit dem Refrain ›I'm a lose baby, so why don't you kill me?‹ [Beck, Luxor Köln 1994]. Die Musik-Szene Seattle ›sets the trend‹ mit Grunge, den Film zum Trend gab es schon 1989 von Richard Linklater (SLACKER, Ort: Austin, Texas, Inhalt: Leben der Slackers, Handlung: keine), das Buch des Trends gibt's in den USA schon 1991 von Douglas Coupland, in Deutschland macht Horx die Generation X zum Formaltrend. Dabei ist die Generation X nun zum Teil schon über dreißig und der Trend? Zu alt?

Soweit unsere lockere Zusammenfassung.

Wie der Zeitgeist einer Einzelfarbe zum Durchbruch verhilft, hat Frau Cepielik im KÖLNER STADT-ANZEIGER vom 25./26. Februar 1995 meisterlich erklärt.

»Sie haben gerade ein Parfüm geschenkt bekommen? War es ›Horizon‹ oder ›Experiences‹ oder ›Sun Moon Stars‹ oder ›Heaven‹, ›Nightfight‹, ›Sculpture‹, ›Chapeau Blue‹, eines von Montana oder MCM? Egal. Es war blau verpackt. Sie gucken gerade ›Viva‹ oder die Tagesthemen? Der Hintergrund ist blau. Wodka-Reklame oder Pralinen-Werbung: blau. Katzenfutterverpackung oder Weinflasche: blau. Sie steigen in ihr neues Auto? Vermutlich ist auch das blau. Schließlich hat das Kraftfahrtbundesamt in Flensburg erst vor kurzem verkündet, daß erstmals seit dem Zweiten Weltkrieg mehr blaue als rote Autos angemeldet wurden. Und warum das alles? Ist Blau die Farbe der Ferne und der Weite? Oder die der Treue? Oder die der Ratio? Oder gehört Blau zur Romantik? Oder zum blauen Brief, zum blauen Engel, zum blauen Blut, zum blauen Reiter, zum blauen Müllsack?«

Blausucht allenthalben. Man könnte das Blaue vom Himmel herunterschwatzen, um den Trend zu erklären, man könnte aber auch den Damen und Herren Trendsettern ihre Maske (in Blau) abreißen – und dann stünden sie da, blaß und bleich. Vielleicht wird ihnen auch blümerant (was von ›bleu mourant‹ kommt und im Französischen soviel heißt wie ›sterbendes Blau‹).

Jedenfalls muß man, um der Farbe mit der Lichtwellenlänge zwischen 440 und 495 Nanometern auf die Spur zu kommen, wissen, ja was muß man wissen? Zuerst einmal geht es eigentlich gar nicht um Blau (wie die Frequenzangabe zeigt) sondern um Violett. Die Frage bleibt: Wieso ist Violett die Zeitgeistfarbe 95?

»Beim Licht der neuen blauen Glaslampe betrachtet, geht einem auf, wie kalkulierbar der Mensch ist.« Ach ja, und der neue Bestseller von Rosamunde Pilcher heißt schließlich auch DAS BLAUE ZIMMER, und Lutz Görner zitiert in seinem Else Lasker-Schüler-Programm natürlich aus dem BLAUEN KLAVIER der Dichterin.

Das Virus wirkt. Die Macht des Marktes hat zugeschlagen, mit Blau schreibt man im Moment schwarze Zahlen. Obwohl die meisten Deutschen schon seit Jahrzehnten Blau als Lieblingsfarbe nennen, dauerte es lange, bis der Durchbruch kam. Trotz oder wegen preußischer Uniformen fragt man sich, trotz oder wegen des Enzians, trotz oder wegen blauer Flecken, trotz oder wegen Blaulichts, Blausäure, Blaukrauts, Blaustrümpfen, blauer Bohnen?

Aber das ist ja eigentlich auch keine Erklärung. Frau Cepielik hat Expertenrat eingeholt:

»Erich Küthe, Akademischer Rat im Produktseminar der Uni Köln und den Trends haarscharf auf den Fersen (oder doch voraus?), psychologisiert: Es sei die Endzeitstimmung kurz vor der Jahrtausendwende, die uns vom Hellblau-Grau der frühen 80er Jahre langsam zur allgegenwärtigen knalligen Variante dieser Tage geführt hat und die uns – man ahnt es schon und denkt an den Tanz auf dem Vulkan – zu sündigem Rot als nächster Trendfarbe weiterleiten wird. Woher Küthe das so sicher weiß? Der derzeit favorisierte Blauton enthält schon einen Tropfen Rot.«

Das ist eine sehr abgehobene Erklärung. Endzeitstimmung? Und wie kam es, daß 1994 Türkis und 1993 Aubergine die Republik überfluteten?

[aus: KÖLNER STADT-ANZEIGER 25./26. 1995]

Kurzum: Es ist sehr schwer, Substantielles zum Zeitgeist auszusagen; einfacher und genauer wird es, wenn man die Trends differenziert betrachtet, wie wir das soeben beschrieben haben. Wir wollen nun trotzdem einige Trendpfade für Farben beschreiben. Wohlgemerkt keine Einzelfarben sondern Farbthemen, die sich aus dem Zeitgeist ablesen lassen.

[aus: REMSCHEIDER GENERAL-ANZEIGER vom 19.11.1995]

Frauen und Männer sind Feuer und Flamme

Rot erglüht als Trendfarbe dieses Winters. Die tristen Schlammfarben der vergangenen Jahre sind passé.

Düsseldorf (dpa). „Rot, Rot, Rot", nannte der Künstler Emil Nolde ein wunderschönes Mohnblumen-Gemälde und ehrte so die Königin aller Farben. Rot steht für Feuer und Verführung, Liebe und Sinnlichkeit, aber auch Aggression und Macht. In diesem Winter sticht Rot als leuchtendste Trendfarbe leisere Töne aus. Nach Jahren der tristen Schlammfarben entfachen die Designer auch wieder Feuriges und setzen Rot in ihren Kollektionen für diese Saison ein.

Ob karminroter Lack bei Iceberg, orangerote Kostüme bei Emporio Armani, Tweedjacken in Rosa und Violett oder Cardigans in Fuchsia bei Chanel — alle Varianten sind vertreten. Hermes zeigt in einer sehr ästhetischen Kollektion Kaschmir, Seide und Leder in Kirsch- und Tomatenrot. Und die deutsche Firma Comma eröffnete ihre Herbst/Winterschau in Düsseldorf mit einer fulminanten Rot-Orgie.

Bei soviel Modefeuer titelte die Zeitschrift „Madame Figaro" kürzlich „Passez au rouge" (Wechseln Sie zu Rot) und zeigte Kleider und Accessoires, aber auch Tische oder gar Badewannen in Tiefrot. „Die anderen Trendfarben dieses Winters konnten wir lange voraussehen, doch die rote Welle hat vor einem Jahr niemand prophezeit", kommentierte bei den Pariser Pret-a-porter-Schauen die Expertin eines Mailänder Trendbüros, die sonst modisch die Nase ganz weit vorn hat. Ebenfalls „angesagt" sind in dieser Saison Beige und Schokoladenbraun, Schwarz, Grau und Weiß — und immer noch Silber. Doch nichts fällt so auf wie die Farbe der Glut und der Rosen.

Beim Make-up dieses Winters rücken dementsprechend die Lippen in den Vordergrund. Bei Chanel lockt ein purpurfarbener Mund. Einen wirbelnden Reigen zaubert Kreateur Serge Lutens mit seinem Make-up „Red Madness" für Shiseido: kirsch- oder signalrote Lippenstifte in Mattnuancen, roter und violetter Lidschatten — das Gesicht dieser Saison gleicht dem einer Tänzerin des russischen Balletts

Sieben Megaströmungen für Farbkolorits werden sich als Trendpfade der Zukunft herauskristallisieren:

— KRÄFTIGER NATURALISMUS

Gewürztöne sind in: Von Curry über Zimt bis tief Rotbraun. Helle Naturtöne gehören der Vergangenheit an – sie waren zu wenig kostbar. Die neuen Naturtöne werden häufig mit Schwarz und tiefem Blau kombiniert.

— KÜHLE DISTANZIERTHEIT

Grau und Gelb, bläuliches Grau und Lichtorange; Weiß mit Licht-Grau-Braun, dazu Khaki oder gebrochene Hellbraun-Töne sind seltener, aber richtungsweisender.

— RENAISSANCE DER ELEGANZ

Schon Mitte der 90er Jahre wird es eine Renaissance der Eleganz geben. Elitär und zurückhaltend wird sie den »verfeinerten Geschmack« demonstrieren. Die Farben sind ausgesucht diskret, voll verhaltener Farbigkeit, ein wenig lasziv und leben aus dem Kontrast von Reinheit zu Gedecktheit. (Übrigens: Wirkliche Eleganz existiert in den frühen 90ern noch nicht, sie ist immer von Eklektizismus (Einfallslosigkeit) geprägt.)

— WIEDERENTDECKUNG DER FOLKLORE

Nach den Einflüssen orientalischer, mexikanischer, südamerikanischer, teilweise afrikanischer Volkskunst wird eine wirkliche Wiederentdeckung nördlicher Folkloreelemente stattfinden. Speziell russische, polnische und Elemente vom Balkan werden die Designszene beeinflussen. Die Farben sind meist kräftig und offensiv, häufig bunt kombiniert. Die wesentlichsten Töne sind: Tiefrot, Russisch-Grün, Weiß, Violett, Bleu und Rosé. Die Zeichnungen sind häufig floral-ornamental.

— KONTRASTREICHE DISSONANZEN

Harmonie war das Schlüsselwort der 80er Jahre. Der Mut zur Dissonanz, zu neuer, anderer Harmonie wird in den nächsten Jahren zum Teil völlig neue Kombinationen hervorbringen. Dies äußert sich in ungewöhnlichen Kolorationen, die kontrastreich zueinander stehen:

- Violett gegen Grau
- Weiß neben Ultramarin
- Zartgelb neben Türkis
- Rosé neben Khaki
- Rost neben Lila
- Mauve gegen Lichtblau

— ERHABENE SACHLICHKEIT – FRUGALER PROTZ

Beide Begriffe meinen an dieser Stelle das Gleiche. Teuer sein und teuer (für den Kenner) aussehen sollen Produkte. Designs und Farben passen gleichsam unter die Tarnkappe verdeckten Anspruchs. Wertvolle Materialien werden durch weniger wertvolle kaschiert, der Kaschmir-Mantel bekommt ein Woll-Etikett, das Luxusgefährt ein paar Beulen und Kratzer verpaßt. Die Töne sind schlammig-grau, neblig-trüb, erdig-matt, teilweise auch angestaubt-grün, man findet Brombeer, Off-White und ruhige Abendfarben.

— STROTZENDE PRACHENTFALTUNG

Nach dem »Prunk und Luxus«-Stil der beginnenden 90er Jahre, der sich allmählich zum Volksluxus als Allgemeingut weiter entwickelt, entsteht ein anderer Luxustrend, der sich auf Luxusdarstellung fast byzantinischer Prachtentfaltung kapriziert. Die Materialien sind edel, vornehme Mattheit, weicher Lüster, samtenes Finish, wohltuende Haptik, genußvolle Farbenpracht bestimmen diesen Stil des Super-Prunks. Die Töne sind wie Gold, wie Silber, Königsblau, Rubin, Purpur, Tiefviolett, Achatgrün, Lapislazuli und Perlweiß.

Soweit die Trendpfade für Farben aus dem Zeitgeist abgeleitet. Als Zusammenfassung bieten wir folgendes System der Trendbegriffe.

kontrastreiche Dissonanzen

kräftiger Naturalismus

System der Trendbegriffe

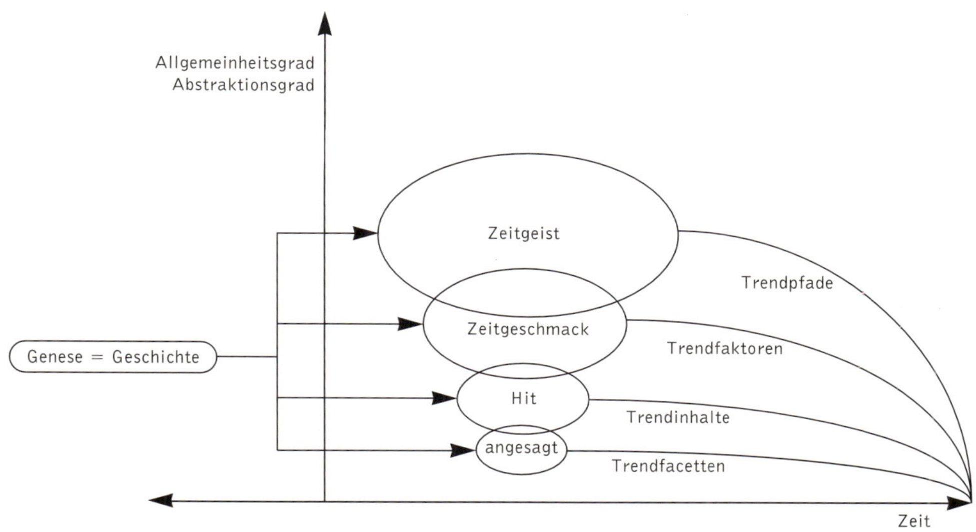

Renaissance der Eleganz

Farbscouting Beim Thema Farbe heißt es, sich von den gängigen Methoden der Marktforschung (z. B. Käuferbefragung) zu verabschieden. Auch sogenannte theoriegeleitete Farbprognosen [vgl. nächstes Kapitel] läßt man besser aus der Entscheidungsfindung heraus. Was aber dann?
SYSTEMATISCHE FARBBEOBACHTUNG ist das einzige Konzept, dem Zeitgeist auf die Spur zu kommen [vgl. unser Eingangsbeispiel der 80er Jahre]. Diese Art des Vorgehens nennt man Scouting. Scouts sind speziell ausgebildete Beobachter, die Veränderungen im Feld kurzfristig registrieren.
Scouts werden eingesetzt, um Modevarianten, Designvorlieben, Stylingambitionen usw. auf die Spur zu kommen. Scouts kennen immer die zurückliegende »Geschichte«, sie haben einen geschulten Blick für Nuancen und ein bewährtes Instrumentarium, um Veränderungen zu registrieren und für eine Zentrale reproduzierbar zu machen.
Scouting ist ein Prozeß. Scouting verlangt die permanente Auseinandersetzung mit dem Metier. Scouting ist nicht allgemein, sondern an immer speziellere Szenen und Milieus usw. gebunden. Dazu ein Beispiel:
Die Jugendszene ist zerfallen in eine Ansammlung unüberschaubarer Gruppierungen. Als Einheit sind die Jugendlichen nicht mehr zu betrachten; es gibt quasi nur noch Minderheiten unter ihnen: Punks, Neonazis, Raver, Computerhacker, Autonome – die Reihe ließe sich fortsetzen – endlos, wenn man es genau nimmt. Denn selbst in jeder Gruppe gibt es mittlerweile eine große Anzahl von Subgruppen. Und Scouting funktioniert nur in den einzelnen Szenen.
Farbscouts sind abhängig tätig. Sie arbeiten in der Regel für Farbbüros oder Trendagenturen (z. B. Domus, Mailand; Edelcoort, Paris usw.). Sie kennen die vergangenen Farbphasen, sie haben ein trainiertes Auge für Einzelfarben und Kolorits (Kompositionen), und sie arbeiten mit einem Farbsystem (NCS, Munsell, RDS usw.).
Ihre Aufgaben können sehr unterschiedlich sein. Sie suchen z. B. nach:
KELLER-FARBEN: Im ständigen Strom des Entstehen und Vergehens von Farben gibt es Kolorationen, die nicht mehr auftauchen (z. B. waren die pastelligen Vespa-Farben der 60er wegen ihrer Süße nicht mehr zu sehen gewesen – nun nutzt sie Alessi-Philips für Elektrogeräte). Scouts analysieren allgemein oder für Produktgruppen Farben, die momentan nicht benutzt werden oder einmal eine große Bedeutung hatten: Farben, die im Keller verschwunden sind. Das Ziel: Farbinnovationen.
KEY-COLOURS: Farben, deren Verbreitungsgrad plötzlich rasant zunimmt, sind Schlüsselfarben. Man muß unterscheiden zwischen intrakategorialer Ausbreitung einer Schlüsselfarbe (z. B. vom Bereich der Mode und Luxusprodukte auf alltägliche Produkte) und interkategorialer Verwendung (z. B. aus dem Sportbereich in den Bereich der Küchenaccessoires). Besonders interessant wird es, wenn aus Key-Colours Mainstream-Colours zu werden beginnen. Das Ziel: die Farbadaption.

NEW-KOLORITS: Häufig ändern sich nicht die Leitfarben (die Zentralfarben), sondern die Nuancen. Dadurch ergeben sich völlig neue Farbwirkungen. Auch hier gibt es Handlungsbedarf für den Produktmanager. Ziel: der Farbrelaunch.

FARBSCOUTING ist also kein einmaliger Vorgang, sondern ein ständiger Prozeß und eine Methode, die auch firmenspezifisch initiiert werden kann. Wichtig ist das Recruting von sensiblen Beobachtern, die Aufarbeitung der Historie und die Verständigung auf ein brauchbares Instrumentarium.

Es hat sich bewährt, z. B. die Einrichtungszeitschriften im Hinblick auf Farbbegriffe durchzuarbeiten. Diese Farbrichtungen werden in ein Grundfarbenraster eingeordnet. Allein aus der Zahl der gesammelten Begriffe und ihrer Ausdrucksbreite lassen sich dann Farbschwerpunkte erkennen. Wir zeigen hier für das Jahr 1992 Farbtrends aus der Zeitschrift SCHÖNER WOHNEN (Jan. 92):

Trendscout Maneri (M.), Forschungsobjekte: Was ist top, was trendy?

12

VILLA KUNTERBUNT

Die Mexikaner tun's schon länger. Die Amerikaner immer öfter, und nun sieht man es auch vereinzelt in Europa: Architekten, kreative Malermeister und mutige Hausbesitzer setzen mit kräftigen Farben in und an ihren Häusern Akzente. Der Trend geht sogar dahin, Künstler damit zu beauftragen, die Farbverteilung nach optischen und architektonischen Gesichtspunkten festzulegen. Und natürlich danach, wie man sich am besten von den Nachbarhäusern abhebt

SW 1/92 33 ▸

Designrichtungen als Farbbeispiel [aus: SCHÖNER WOHNEN 1/92]
1 – Dynamisch
2 – Verträumte Räume
3 – Kroko & Co.
4 – High-Light
5 – Farb-Salat
6 – Paradies-Pforte
7 – Schrille Töne
8 – Bitte nicht füttern
9 – Eisenzart
10 – Fabelwesen
11 – Eigenbau
12 – Villa Kunterbunt
13 – Out of Africa
14 – Schön verrückt
15 – Weichspüler
16 – Samt-Haut
17 – Leuchtenlust
18 – Fiesta Mexicana
19 – Gezähmte Gärten
20 – Design à la Carte
21 – Auf dem Holzweg
22 – Teppich-Beet
23 – Schutzengel
24 – Musterhaft
25 – Tisch-Lampe
26 – Glas-Zauber
27 – Kannen-Kunst
28 – Kletterbaum
29 – Bankgeheimnis
30 – Aus deutschen Landen
31 – Wasser-Fall
32 – Streifzug
33 – Junge Liebe
34 – Memories
35 – Edel-Öko
36 – Snoopys Traum

Scouting funktioniert nur in ausgewählten Szenen. Die Medien beobachten die verschiedenen Gruppen mit ständigem Interesse. [Beispiele der Jugendszenen aus SPIEGEL Nr. 33, 1995]

Neben dem Farbscouting wird auch mit sogenannten Trend-Tableaus gearbeitet. Insbesondere Faserhersteller (Bayer, Ciba-Geigy, DuPont usw.) geben Mood-Charts und auch Trend-Collagen heraus, die zukünftige Farbentwicklungen vorwegnehmen; wie diese entstanden sind, wird jedoch oft schamvoll verschwiegen.
Diese Trend-Tableaus haben ein hohes Unsicherheitspotential, können aber auch treffende Ergebnisse liefern – wenn alle Pipeline-Stufen (z. B. im Textilbereich) an den Prognosewert glauben.

Zusammenfassung Alle sogenannten Trendfarben haben eines gemeinsam: den kurzen Produktlebenszyklus. Man muß also ständig wach sein und wirklich nur die Farben auswählen, die ein Trendpotential haben und sich nicht als One-hit-wonder entpuppen. Hilfe bei diesen Entscheidungen liefern Farbportfolios, die man mit Hilfe eines Farbatlasses anlegt.

12. Kapitel **Farbforschung**
Feldanalyse mit System

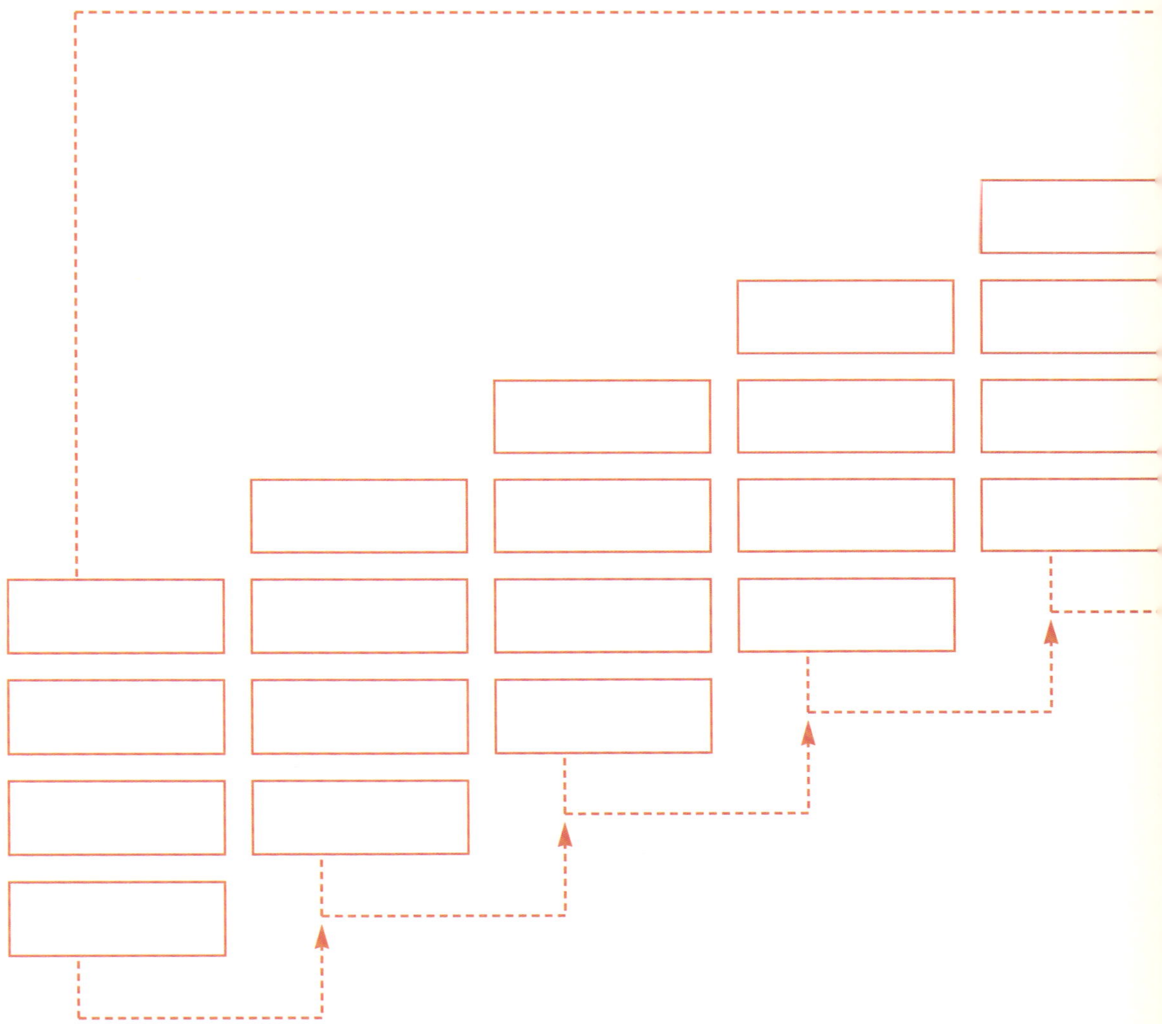

Farbforschung (methoden- und theoriegeleitet) wird insbesondere in vier Bereichen betrieben:

- Farbprognose
- Farbarchäologie
- Farbergonomie
- Farbdynamik

Farbprognose Das Scouting ist – wie im vorigen Kapitel dargestellt – eines der verläßlichsten Verfahren, um zukünftige Farbkolorits zu bestimmen. Trotzdem wird von Farbforschern häufig immer noch versucht, »theoriegeleitete Farbprognosen« zu betreiben. Momentan haben Konjunktur:

- Zyklustheorie
- Evolutionstheorie
- Pendelthese
- Stimulationsthese
- Individualisierungsthese

Zyklustheorie »Farbzyklustheorien« gehen von der mechanistischen Grundüberlegung aus, daß es regelmäßige Farbabfolgen gibt. Jeder Farbzyklus (ähnlich wie in der Volkswirtschaftslehre der Kondratieff-Zyklus z. B.) hat eine bestimmte Dauer und innerhalb der Periode einen genormten Ablauf der Farbspektren.

Christel Darmstadt, die historische Farbkonzepte von Gebäuden untersuchte, bemerkte, daß Farbveränderungen regelhaft stattfanden und sich zyklisch wiederholten. Zwischen 1860 und heute konnte sie vier ausgeprägte Farbzyklen nachweisen, die ähnlich verliefen und jeweils ca. 15 bis 25 Jahre dauerten.

Zu Beginn jedes Zyklus' dominierten starkbunte Farben und Vielfarbigkeit. Diese wurden durch schwachbunte (gedämpfte) Farben verdrängt. Dann setzten sich erdige Farben (Brauntöne) durch, die schließlich durch unbunte Farben (Weiß, Grau, Schwarz) abgelöst wurden. Nach der Phase der unbunten Farben wurde wiederum starkbunten Farben der Vorzug gegeben, womit ein neuer Zyklus begann.

Noch weiter geht Oberascher, der sich auf Darmstadt beruft und eine »allgemeine« Farbfolge feststellt:

BUNTPHASE: Ausgeprägte Polychromie (Vielfarbigkeit) und starke Bunttonkontraste (kontrastierende Bunttöne werden gegeneinander gestellt, z. B. Orange-Grün) sind charakteristisch für diese Phase.

ABDUNKELUNGSPHASE: Die Polychromie bleibt vorerst erhalten, die Bunttonkontraste werden jedoch durch Abdunkelung zusehends gemildert. Das gemeinsame Merkmal der Farben ist ein gleicher oder ähnlicher Schwarzempfindungsanteil (Schwarzverhüllung, Schwarzverwandtschaft).

BRAUNPHASE: Die abgedunkelte Farbpalette wird auf wenige Bunttöne (zwischen Gelb und Rot) eingeengt. Die Farben zeichnen sich durch Bunttonverwandtschaft (Ton-in-Ton-Harmonien) aus.

AUFHELLUNGSPHASE: Die Braunpalette erfährt eine Aufhellung in Richtung Beige und gebrochenes Weiß und wird durch Pastellfarben ergänzt. Insgesamt wird die Farbpalette dadurch wieder vielfarbiger, jedoch sind die Farben bestimmt durch einen gleichen oder ähnlichen Weißempfindungsanteil (Weißverhüllung, Weißverwandtschaft) und häufig auch durch Nuanceverwandtschaft (gleiche Wertigkeit).

UNBUNTPHASE: Die Farben »bleichen« immer stärker aus. Neutrales Weiß dominiert und wird zusehends durch lichtes Grau, dann Mittel-, Dunkelgrau, Anthrazit und Schwarz ergänzt.

Die Farben zeichnen sich durch einen fehlenden oder geringen Buntanteil (schwachbunt) aus. Die Gestaltung beschränkt sich weitgehend auf Helligkeitskontraste.

UNBUNT-BUNTPHASE: Unbuntfarben werden mit starkbunten (und auch mittelbunten) Farben kombiniert. Vielfältige, subtile Farbkombinationen sind dadurch möglich. Dominantes Gestaltungsprinzip ist der Buntanteilkontrast (unbunte und mehr oder weniger bunte Farben werden gegeneinander ausgespielt).

VIOLETTPHASE: Die Farbpalette beschränkt sich auf einen sehr begrenzten Bunttonbereich (zwischen Violett und Magenta). Violett kann alleine stehen oder mit anderen Farben kombiniert werden. Sowohl Ton-in-Ton-Kombinationen (Rotviolett und Blauviolett) als auch kontrastreiche Kombinationen (Violett und Türkis) sind möglich. Wir zeigen hier das Modell als Farbspektrum.

Die Analysebasis bei Oberascher bezieht sich auf die Titelblattgestaltung von Wohnzeitschriften.

»Hierbei gingen sie von der Annahme aus, daß Farbtrends für den Wohnbereich von den großen Publikumszeitschriften sensibel erfaßt und in der Titelblattgestaltung zum Ausdruck gebracht werden«. [Oberascher]

Wie problematisch diese Annahme ist, weiß jeder, der mit Titeln befaßt ist. Die Chromatik der Aufmachung wird nach Auflagenhöhe entschieden. Bei der Zeitschrift ZUHAUSE WOHNEN z. B. ist seit Jahren bekannt, daß sich weiche Pastelltöne besser verkaufen als starkbunte Kompositionen. Also werden alle Titelseiten in weiche zarte Nuancen verpackt. Daraus zu schließen, daß seit Jahren eine Pastell-Welle über unser Land liefe, ist wohl zu vermessen!

Diese Zyklusmodelle werden nun dadurch genutzt, daß man branchenspezifisch eine Zyklusphase (z. B. derzeit Violettbevorzugung) definiert und dann prognostiziert, es stünde die nächste Phase (in unserem Fall also die Buntphase) ins Haus.

Der Autor bekennt, dieses Modell für die Farbberatung in der Sanitärkeramik angewandt zu haben. Nach der Unbuntphase im Sanitärbereich ab 1985 haben wir bunte Farben für 1990 (Aloa, Mento, Luxor) entwickelt. Die Unbunt-Buntphase ist im Badbereich nie eingetreten – ein Flop erster Güte!

Farbzyklen

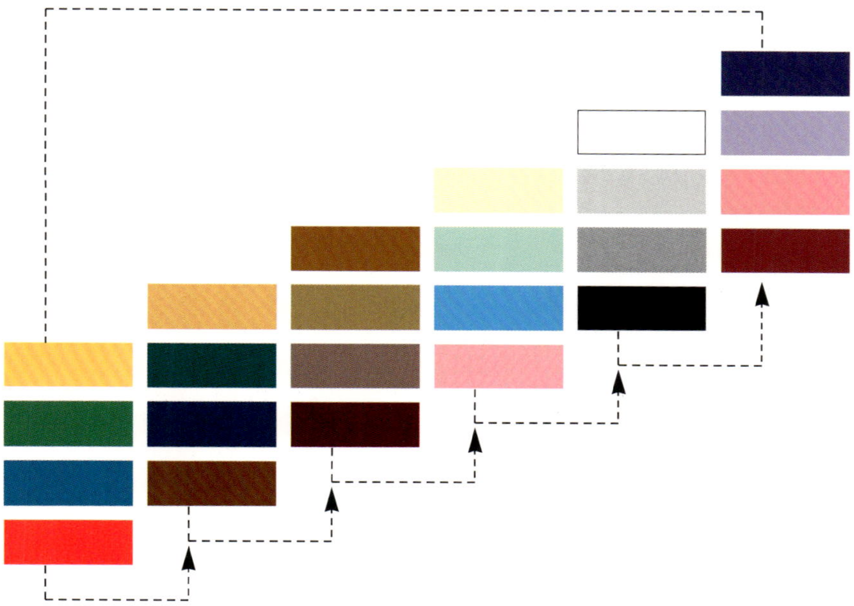

Es wäre natürlich bequem, wenn diese Zyklusmodelle so verläßlich wären – leider ist die Realität unberechenbar. Deshalb heißt die Devise: Scouting!

Evolutionstheorie Diese auf Darwin zurückgehende Theorie lebt aus der Abfolge von Konfiguration (Population), Mutation und Selektion. Die Techniker haben diese Theorie zuerst in ihr strategisches Konzept übernommen. Rechenberg beschreibt sehr eindrucksvoll Optimierungsexperimente, die z. B. für die strömungsgünstigste Führung von Leitungen [S. 32] herangezogen werden.
In der Farbforschung (besonders bei Kollektionen) ist man (in der Vergangenheit!) ähnlich vorgegangen.
Im Rahmen einer ABC-Analyse werden z. B. die fünf meistverkauften Kolorits/Muster herausgefiltert. Diese »Top-five« werden nun mutiert, d. h. farblich nach dem Prinzip der Feinnuancierung verändert. Ausgetauscht mit den schwerverkäuflichsten Produkten (den angeblichen Flops) werden diese neuen Farben/Muster kollektioniert und in den Markt entlassen.
Das Ergebnis: nach wenigen Mutations-Selektionsrunden hat man eine Kollektion, die angeblich nur noch aus A-Produkten besteht, aber so langweilig ist, daß sie in keiner Weise mehr attraktiv ist. Die Evolutionstheorie führt eben nicht in die farbaktiven Kolorits, sondern in den »Mitten-Matsch«, der immer unverkäuflicher, da innovationsloser wird.

Pendelthese Diese Überlegung ist einfach erklärt. Unterstellt wird die physiologische These der »Reizminimalisierung«. Hierbei geht es darum, Reize stufenweise zu erhöhen und wieder abzubauen.
»Die Art des vorherrschenden Stils hat sich in der abendländischen Kultur periodisch verändert. Das Ordnungssystem entwickelte sich jeweils vom Einfachen zum Komplexen, um nach einer Übersättigung wieder zur Einfachheit zurückzukehren«, schreibt Grütter über den Stilwandel abendländischer Architektur. [Grütter, 1987, S. 37]
Die Farbgebung – als Bestandteil des visuellen Ordnungssystems der Architektur – unterliegt einem vergleichbaren Wandel.
In dem 1981 veröffentlichten Artikel »Architektur zwischen grau und superbunt« zeigt Spillmann auf, wie die Farbgebung in der Architektur des Abendlandes zwischen den beiden Extremen bunt – unbunt hin und her pendelte.
Analysiert man die Farben in ihrer Wirkung, fällt auf, daß in den letzten 70 bis 80 Jahren ein »buntes« Jahrzehnt jeweils von einem »unbunten« abgelöst wurde.
Die 30er Jahre mit Bauhaus und Art Deco waren relativ farbenfreudig, die 40er Jahre dagegen eher traurig-grau. Die 50er Jahre präsentierten sich wieder farbenfreudiger; die 60er Jahre tiefer und zumindest in den Akzentfarben eher verhalten. Die 70er Jahre kamen ohne Grau und Schwarz aus, während die 80er das »Schwarze Jahrzehnt« darstellten – allerdings mit kräftigen buntstiftfarbenen Akzenten.
Jede Farbepoche hat ihre multikulturellen, wirtschaftlichen und politischen Ursachen und hinterläßt ihren farbtypischen Fingerabdruck. Es gibt nur zwei Farben, die immer wieder auftauchen: Rot- und Blautöne. Auch bei ihnen ist ein häufiges Pendeln zwischen Akzent- und Hauptfarben festzustellen. Aber beide Farben bleiben sehr vertraute Töne mit starken Signalwirkungen.
Es ist erstaunlich, wie selten Pastelltöne und leichte, schwingende Farbstellungen im Vordergrund stehen. Stärker verbreitet waren sie nur im Jugendstil und im Art Deco. Später wurden die Farbharmonien eher laut und vordergründig. In diesem Jahrzehnt werden sie sicherlich eleganter auftreten als in den Jahrzehnten zuvor.

Stimulationsthese Reizüberflutung, Reizvermehrung, visual-overflow sind die Zentralvokabeln in dieser Methode. Erklärung hierzu gibt das Fechnersche Gesetz, welches ein logarhythmisches Verhältnis zwischen Reiz und Wirkung (Reaktion) beweist.
Auf die Farbwelt angewandt heißt das, daß Farbkontraste immer stärker werden müssen, um überhaupt noch als Kontrast wahrgenommen zu werden. Wenn man die Bühnengestaltung der bekannten TV-Shows ansieht (z. B. ZACK) kann man der Stimulationsthese nur zustimmen. Farbpolitik – nach dieser Theorie – ist also die dauernde Suche nach lauteren und provokanteren Kolorationen.

Individualisierungsthese Ausgangspunkt dieser These ist die Überfluß- bzw. Überdrußgesellschaft. Da man sich nicht mehr mit der Zahl gekaufter Produkte profilieren kann, benötigt man Einzigartigkeit als Unterscheidungsmerkmal.
Diese Einzigartigkeit kann durch Manufakturprodukte, Luxuserzeugnisse usw. dargestellt werden. Die Inszenierung mit einzigartigen Produkten verlangt jedoch ein neutrales Substrat.
Diese Folie der generellen Unauffälligkeit wird dann genutzt, um Individualität zu zelebrieren.
Übrigens: Die Individualisierungsthese ist in der Küche und im Bad voll gültig. Mehr als 75% dieser Räume werden »reinweiß« angelegt. Die persönliche Unverwechselbarkeit wird dann mit farbigen Accessoires hergestellt. Wo die Individualisierungsthese gilt, ist jede »Strategie der bunten Farbe« zum Scheitern verurteilt [vgl. dazu Kapitel 18].

Farbarchäologie Immer mehr Menschen sind auf der Suche nach Farbhinweisen, um Häuser oder Interieur authentisch zu renovieren.

Als eigene Forschungsrichtung hat sich die Farbarchäologie entwickelt. Wir zitieren hier Nemcsics [S. 128], der über folgende Farbgebung der Geschichte berichtet (gilt insbesondere für Sakralbauten):

Mittelalter	---	kräftige, gesättigte Farben
Renaissance	---	kräftige, gebrochene Farben
Barock	---	alle bunten (kräftige und leichte) Farben und Weiß
Klassizismus	---	milde, bunte Farben und Weiß
Romantik	---	schwach bunte Farben
20. Jahrhundert	---	vollständige Entfärbung (sogenannte weiße Revolution)

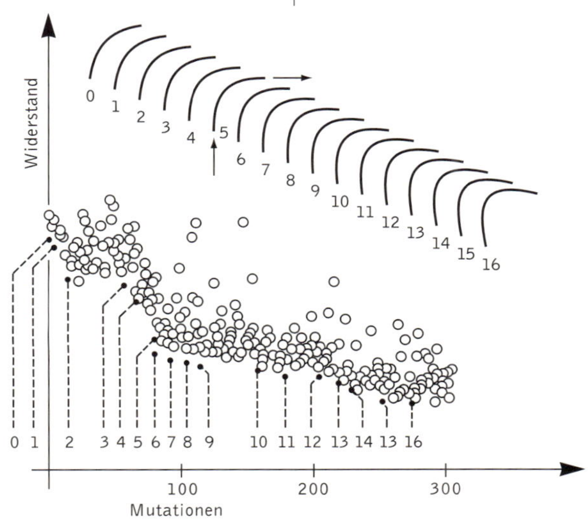

Die Farbarchäologie versucht aber darüber hinaus die generationsbezogenen Farbströmungen nach einheitlichen Kriterien zu dokumentieren. Hier als Beispiel dafür ein Ausschnitt der letzten 50 Jahre Wohnfarben.

Es gab Zeiten der Farblosigkeit. So in den 60er Jahren, als die Form das allein gültige Gestaltungsmittel war. »Form follows function« war das Schlagwort dieser Epoche eines strikten Formalismus. Die einzige Trendfarbe, die akzeptabel war, war Schwarz; ansonsten bestand die Farbgebung einzig aus der »natürlichen« Materialfarbe.

Die 40er Jahre – das farbarme Jahrzehnt
Farbstimmung: wenig Farbe, geringe Kontraste

Die 70er Jahre – das beige Jahrzehnt
Farbstimmung: Natur/Berber/Blütentöne

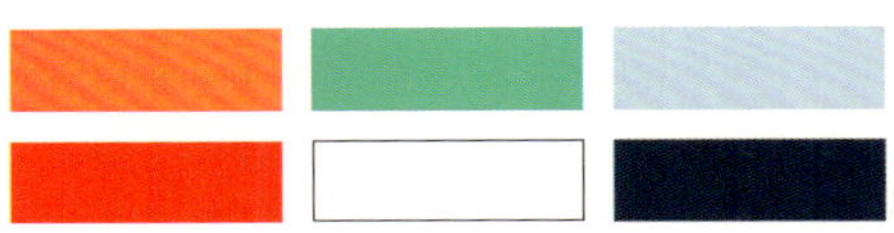

Die 50er Jahre – im Zeichen des skandinavischen Stils
Farbstimmung: neue Frische, Farbakzente

Die 80er Jahre – das schwarze Jahrzehnt
Farbstimmung: No-Colour und Buntstift

Die 60er Jahre – der internationale Stil
Farbstimmung: tiefe Naturtöne und kräftige Farben

Die 90er Jahre – die neue Prächtigkeit
Farbstimmung: repräsentativ bis erhaben

In den frühen 70er Jahren herrschte dann eine vielfach chaotische Buntheit. Die Dessins bestanden aus großflächigen verballhornten floralen Ornamentiken. Oliv, Orange, Rot, Preußisch Blau waren die wichtigsten Farben.
Daraufhin folgten Ende der 70er Jahre bis hinein in die frühen 80er Beige, Beige-Varianten und Brauntöne. Ganze Farbpaletten hinterließen Eindrücke von Sand und Wüste, Wüste und Sand.
Bis zu 60% der Verkaufstöne für den Wohnbereich bestanden aus beige-farbigen Nuancen.
In den 80er Jahren entstand die große »Schwarze Welle«. Ihre Ursprünge zog sie aus High-tech-Trends. Diese wiederum hatten ihre Wurzeln in den städtischen Subkulturen. Wohnungen entstanden in Lofts und ausgedienten Farbrikanlagen.
Hieraus entwickelte sich eine chic gewordene Wohn- und Lebensphilosophie, zu deren Lieblingstönen Schwarz, Metall- und Grau-Varianten gekürt wurden.
Die kräftige Farbigkeit der frühen 90er Jahre ist eine Reaktion auf das schwarze »Teiljahrzehnt«. Schwarz avancierte zur »Komplementärfarbe« der vielen lauten, heiteren und pastelligen Töne. Einmal zeigten sich die Farben in frischem jugendlichen Glanz von teilweise knalliger Buntheit, das andere Mal zeichneten sie sich eher durch venezianische Pracht und luxuriösen Glamour aus.
Zur Farbarchäologie gehört natürlich auch die Kulturgeschichte der Farbe. Die Fragestellungen sind einfach, die Antworten oft schwierig, wie unser Beispiel zeigt.

Farbergonomie Ergonomie ist die Wissenschaft von der Anpassung der Arbeitsbedingungen an den Menschen.
Beim Stichwort Ergonomie dachte man bisher an die neigbare Arbeitsplatte oder die optimale Einstellbarkeit von Sehdistanzen. Doch wenn z. B. der Schreibtisch die richtige Höhe hat, ist er noch lange nicht ergonomisch. Er ist erst dann perfekt, wenn die richtige Farbe und eine blendfreie Oberflächenstrukturierung ein ermüdungsfreies und kreatives Arbeiten ermöglichen.
Neben der ergonomischen Form gehören Struktur und Farbe zu den humanfunktionalen Faktoren, die die Arbeitsbedingungen entscheidend prägen. Während die Form eine rationale Information vermittelt, spricht die Farbe unsere emotionale Ebene an.
Farbe wurde bisher als wichtiges ergonomisches Gestaltungselement weitgehend ignoriert. Das »Schattendasein« der Farbe steht im Zusammenhang mit der lange propagierten Unterordnung der Emotionalität eines Produktes unter die Funktion.
Auch die Unkenntnis im Umgang mit Farben spielt eine Rolle.
Die positive Wirkung auf den Menschen blieb unbeachtet. Doch es gilt der Merksatz:
— Form vergeistigt – Farbe beseelt. —

Die Form spricht den Intellekt an, die Farbe dringt bis zur Seele vor. Bisher fehlten jedoch Farbkonzepte, die die Humanfaktoren und natürlichen Bedürfnisse und Verhaltensweisen des Menschen berücksichtigten. Die Farbergonomie schließt die Lücke zwischen perfekter technischer, formaler Funktion und notwendiger humaner Emotion. Sie wurde auf Basis farbphysiologischer, farbpsychologischer und farbästhetischer Gesichtspunkte entwickelt.

Welche Bedingungen müssen nun ergonomische Farben erfüllen?
An zwei Voraussetzungen orientieren sich die Ansprüche an diese Farben:

A) FUNKTIONSBESTIMMTE KRITERIEN
— keine Blendungsreflexe
— keine Helligkeitssprünge
— große Nachfarbenneutralität
— eher mittelwertige Farben
— bedeutende Strukturdifferenzierungen

B) EMOTIONSBESTIMMTE KRITERIEN
— große Individualakzeptanz
— große Kollektivakzeptanz
— eher trendgerechte Töne
— mit Lebensdauer-Staffelung
— Geschmacksaffinitäten zu bestehenden Tönen
— haptische Übereinstimmungen mit Materialien
— Farben mit Befreundungspotential
 – auch teuer wirkende Töne

Wir wissen heute, daß Grundfarben in großen Flächen aufregend wirken und eine ermüdende Wirkung haben.
Gedämpfte (d. h. verhüllte und abgedunkelte, mitteltönige) Farben wirken dagegen anregend und stimulierend.
Damit dennoch eine gewisse Spannung in das gewählte Kolorit kommt, benötigt man zusätzliche kräftigere Akzentfarben.
Ergonomische Farben sollten großflächig, Akzentfarben kleinflächig eingesetzt werden. Die ergonomischen Forschungen im Zusammenhang mit Arbeitsplätzen haben zur Formulierung eines sogenannten ergonomischen Farbkreises geführt. Dieser besteht aus drei Ringen. Der innere Ring wird von den Akzentfarben gebildet – der mittlere kennzeichnet die ergonomischen Farben.
Zusätzlich werden noch »Begleittöne« in einem Außenring dargestellt. Die Begleittöne eignen sich für die Koloration von Wänden und Decken. Wir zeigen, wie mit diesem ergonomischen Farbkreis zu arbeiten ist.

Gelb der Sennenhosen
[aus: SÜDDEUTSCHE ZEITUNG MAGAZIN, Nr. 38/1995]

Die zwölf Akzenttöne zum Ergonomischen Farbkreis (innerer Ring). Farben für Raumbetonungen und Accessoires

Dieser Farbkreis ist eine Gestaltungsempfehlung nach farbergonomischen Gesichtspunkten.
Innerer Ring: Akzenttöne
Mittlerer Ring: ergonomische Farbtöne
Äußerer Ring: Begleittöne
Jeder Farbring läßt sich drehen und neue Kombinationen entstehen.

Die zwölf ergonomischen Farbtöne (mittlerer Ring) des Ergonomischen Farbkreises. Farben für Arbeitsflächen und großflächige Fronten

Farbdynamik Die Einführung des Begriffes Farbdynamik begann in den 40er Jahren dieses Jahrhunderts. Drei Verfasser sind später zu nennen, die dieses Wort nahezu gleichzeitig zu benutzen begannen: Frieling [1968], Birren [1961] und Déribéré [1968].

Heute wird unter dem Begriff Farbdynamik eine zweifache Tätigkeit verstanden: einerseits die Klärung der elementaren Beziehung des Menschen zur Farbe sowie der komplexen Beziehung des Menschen zur farbigen Umwelt und die Ausarbeitung der methodologischen Fragen der farbigen Umweltplanung, andererseits die Nutzung der Ergebnisse bei der praktischen Umweltplanung. Im Laufe der ersteren Tätigkeit wurde es notwendig, die im Rahmen verschiedener Wissenschaften über die Beziehung des Menschen zur Farbe und zum architektonischen Raum gewonnenen Ergebnisse zu sammeln und zu systematisieren und weitere Forschungen nach noch fehlenden Kenntnissen zu betreiben. Diese Aktivität ist in der ganzen Welt im Aufschwung begriffen und hat die Farbdynamik zu einer eigenen Wissenschaft werden lassen.

Die neue Wissenschaft Farbdynamik verfolgt also das Ziel, Erkenntnisse über die objektiven Zusammenhänge zwischen dem Menschen und der farbigen Umwelt zu erlangen, um diese in allen theoretischen und praktischen Bereichen für die bewußte farbige Umweltgestaltung anzuwenden.

Die Farbdynamik ist nicht eine bloße Sammlung alltäglicher Erfahrungen, sondern eine Wissenschaft. Sie erforscht und verarbeitet zwar auch die spontane, instinktive Umweltgestaltung des einzelnen Menschen, erschließt jedoch ihre Forschungsergebnisse in der Umweltgestaltung mit Hilfe wissenschaftlicher Methoden. Diese Tätigkeiten lassen sich tatsächlich mit Hilfe von exakten, wissenschaftlichen Methoden durchführen, was heute bereits theoretisch und praktisch nachgewiesen ist.

Farbdynamik ist keine »lineare« Wissenschaft. Es wird vielmehr versucht, vernetzend vorzugehen und die Interdependenzen aufzuzeigen.

Die nebenstehende Abbildung zeigt [nach Nemcsics S. 14] die Inhalte dieser neuen Wissenschaft auf.

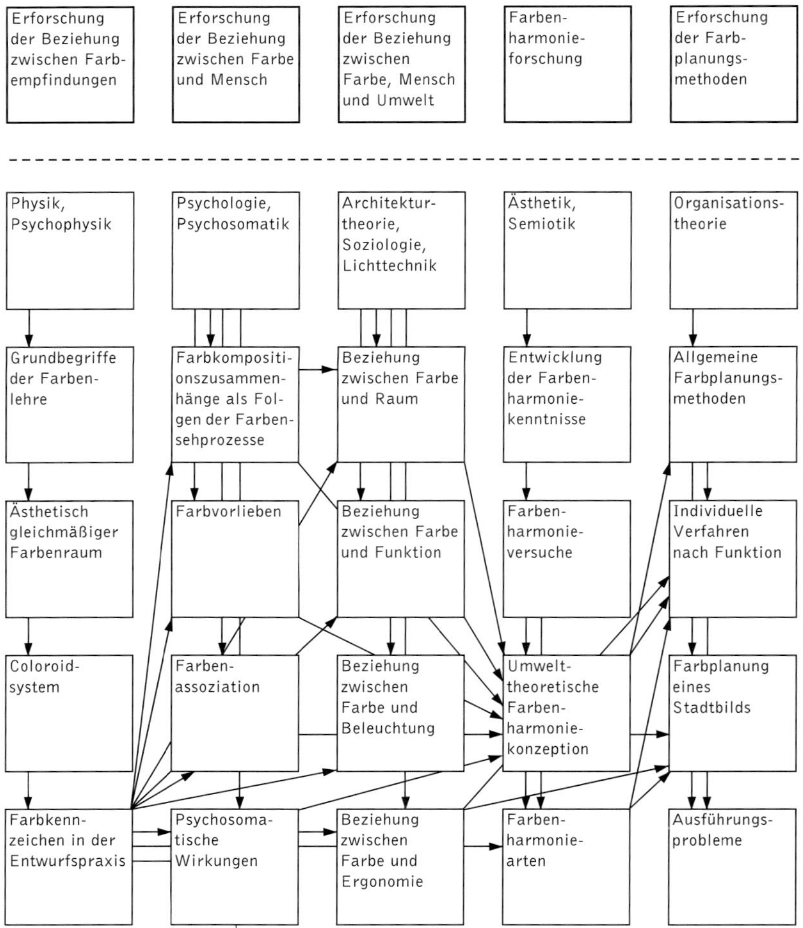

Zusammenfassung Während die Farbergonomie eher die arbeitsplatzbezogenen Farbbedingungen systematisiert und organisationale Hinweise gibt: Introvertierte Bereiche (Buchhaltung, allg. Verwaltung) sollten mit anregenden, extravertierte (Verkauf, Marketing, Werbung) eher mit beruhigenden Farben gestaltet werden, ist die Farbdynamik auf eine umfassende Analyse der farbigen Umweltbedingungen hin ausgerichtet.

Es werden dabei auch die geschichtlichen Bezüge (Farbarchäologie) berücksichtigt. Die Farbprognose ist eine spezielle Richtung der Marktforschung und fällt in den Bereich der angewandten Sozialwissenschaften.

13. Kapitel **Farbpräferenzen**

Zielgruppe und Farbe

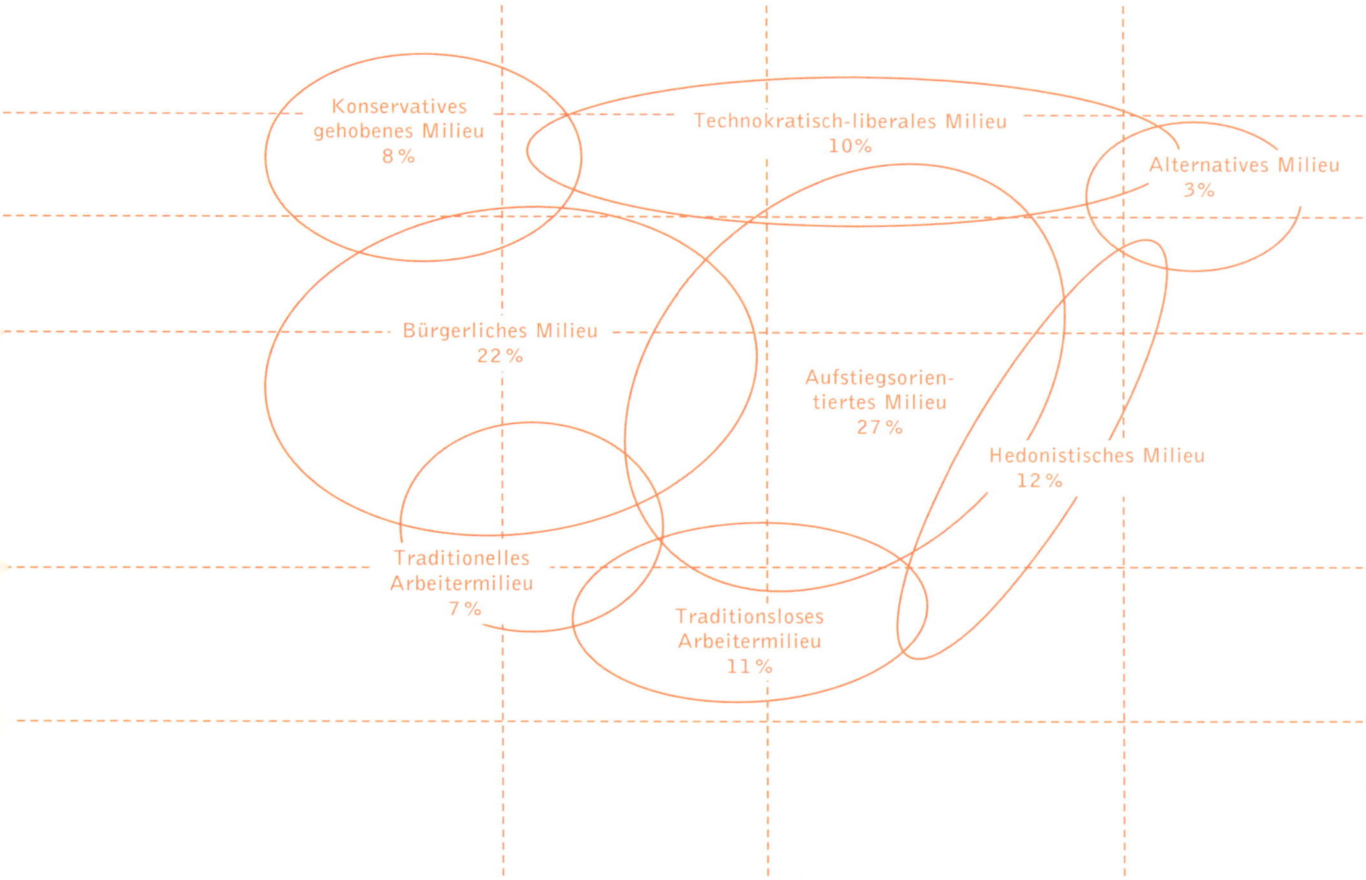

Wenn wir über Farbpräferenzen sprechen, müssen wir klären, wer (Cluster) diese in welchem Zusammenhang (Zweckbereich) äußert.
Zur Frage der Clusterung: Grundsätzlich können individuelle, auf Einzelpersonen bezogene Urteile abgegeben werden. Diese betreffen z. B. die individuelle Lieblingsfarbe oder die Wunschfarbe eines Interieurs (z. B. Geschmacks- oder Gefühlswelten). Bei der Interaktion im Verkaufsgespräch (Beratung) sind diese Kenntnisse besonders wichtig.
Darüber hinaus gibt es segmentale Farbpräferenzen. Nach Kriterien wie Geschlecht, Alter, Schicht, Milieu usw. können für die Produktgestaltung die ex-ante-Bevorzugungen fixiert werden. Ob sich daraus Hinweise für eine aktive Farbpolitik jedoch ableiten lassen, ist zu diskutieren.
Für eine generalisierte Farbpolitik sind die kulturkreisspezifischen Farbpräferenzen wichtig. Je nach Kulturkreis können spezifische Farbbevorzugungen beschrieben werden. Interessant dabei ist, daß nicht einmal innerhalb eines Staatsgebiets mit einheitlichen Präferenzen zu rechnen ist. Für Frankreich z. B. gibt es ein signifikantes Nord-Süd-Gefälle der Farbintensität. Doch davon später.
Zur Frage der Zweckbereiche: Es ist ein großer Unterschied, ob man Kunden generell ohne Finalbezug, also nach ihren Lieblingsfarben fragt, oder ob man auf den Nutzungsort bezogen (Küche, Bad usw.) Farbnormierungen analysiert. Letztendlich gibt es auch noch Vorlieben für Einzelprodukte. Beim Kauf eines Teppichbodens, eines Vorhangstoffes usw. werden diese ganz speziellen Farbpräferenzen geäußert. In Kapitel 14 beschreiben wir ausführlich das Kaufverhalten in bezug auf Farben. Man kann die zuvor referierten Kriterien der Ziel- und Zweckbezogenheit von Farben in einer Matrix zusammenfassen.

Kulturbezogene Farbvorlieben ohne Finalbezug

Das Ranking der nationalen Lieblingsfarben ist ein beliebtes Spiel. Hier die neuesten zur Verfügung stehenden Ergebnisse [Heller]:
Blau ist mit Abstand die beliebteste Farbe. Es ist die Lieblingsfarbe von 40 % der Männer und 36 % der Frauen. Und es gibt kaum jemanden, der Blau nicht mag: Nur 2 % der Männer und 1 % der Frauen schrieben Blau in die Fragebogenkategorie »Die Farbe, die mir am wenigsten gefällt«.
Blau ist so beliebt, weil diese Farbe viele positive Eigenschaften symbolisiert: Es ist die Farbe der Sympathie, der Harmonie, der Freundlichkeit und der Freundschaft, wie wir aus Kapitel 10 Farbsemiotik wissen.
Gefolgt wird Blau von zehn weiteren Farben, die wir hier kurz auflisten und mit der unbeliebtesten kontrastieren [Heller].
Individuelle Farbvorlieben entstehen aus einer rein persönlich gefärbten Farbbiographie und einem gleichzeitig erfolgten kollektiven Lebensstil – geprägt durch Milieu, Einkommen und Kultur. Farbvorlieben wechseln je nach persönlicher Bereitschaft, modische Veränderungen mitzumachen. Den Modemuffel wird seine Lieblingsfarbe ein ganzes Leben lang begleiten, der Modefreak wechselt sie so häufig wie die Farbe seines Blazers.
Diese Lieblingsfarben eines Kulturkreises und erst recht die individuellen Farbvorlieben sind aber für die Produktgestaltung ziemlich unbedeutend, da hier, wenn überhaupt, Auskunft über die generelle Befindlichkeit einer Kultur gegeben wird. Vielleicht kann der Anthropologe hieraus Sehnsüchte, Ängste oder Wünsche einer Population herauslesen.
In der Farbliteratur wird auch immer wieder auf »Kleinkulturen« d. h. regionale Unterschiede bei Farbpräferenzen hingewiesen. Frieling [GESETZ, S. 125] nennt Beispiele:
So lassen sich bereits innerhalb der Schweiz Unterschiede in der Braunbevorzugung (Zürich und Bern) feststellen; im Ruhrgebiet lagen Rosa und Lichtblau wesentlich höher als in München, Oberbayern, Salzburg und Baden-Württemberg. Ultramarinblau erreichte in Baden-Württemberg die höchste Wertung, in München-Oberbayern und Salzburg die niedrigste. Violett erhielt im Ruhrgebiet die geringste Zahl, Rot in München-Oberbayern die relativ höchste. Dunkelbraun liegt in der Schweiz und dann noch in Baden-Württemberg deutlich über dem Durchschnitt, Eisblau dagegen im Ruhrgebiet. Oliv hat in München-Oberbayern seinen Höhepunkt (ebenso Grau), wogegen Lichtgrün wiederum (wie so viele Pastellfarben!) das Ruhrgebiet auszeichnet.
Auch für diese Tatbestände hat Frieling [MENSCH, FARBE, RAUM, S. 12] eine Erklärung bereit:
»Warum wird eine mattgrüne Packung in den Städten Süddeutschlands mehr gekauft als eine kräftig grüne, die dafür wieder von der Industriebevölkerung des Nordwestens bevorzugt wird? Warum werden kräftig rote Packungen auf dem Lande in Süddeutschland orangeroten vorgezogen? Das alles hängt jeweils entscheidend mit der Stimmung der landschaftlich dominierenden Farben und mit der inneren Vorstellungswelt der Menschen zusammen. In einer industriearmen, waldreichen Gegend z. B. wird man dem Grün nicht als Sehender gegenüberstehen, weil man es als Erfüllung immer um sich hat; der unter Tage Arbeitende aber wird sich stets sehr nach frischem Grün sehnen und es daher auch erregender finden als einer, dem es zur Selbstverständlichkeit geworden oder dem es gleichsam in Fleisch und Blut übergegangen ist.«
Auf eine solch einfache Erklärung sollte man sich im Marketing besser nicht verlassen.
In der ökonomischen Realität wird eine Farbe nämlich immer im Zusammenhang mit einer Funktion gesehen. Deshalb ist es unmöglich, DIE Lieblingsfarbe oder allgemeine Regionalpräferenzen auf konkrete Produktentscheidungen zu beziehen.

Zweckbereiche von Farben

Clustertyp/Zweckbereich	ohne Finalbezug	genereller Finalbezug	spezieller Finalbezug
individuelle Aussagen	Lieblingsfarben eines Kunden	Wunschfarben	Schlüsselfarben
zu Segmenten	Farbpräferenzen von Kunden	z. B. Farbpräferenzen der Wohnmilieus	z. B. Farbpräferenzen bei Nagellack im Jugendmarkt
zu Kulturen	z. B. deutsche Lieblingsfarben	z. B. Badfarben in Deutschland	z. B. Farbpräferenzen bei Teppichen in Europa
globale Aussagen	»Weltfarben« »Euro-Farben«		

Lieblingsfarben	Unbeliebte Farben
38 % Blau	27 % Braun
20 % Rot	11 % Orange
12 % Grün	11 % Violett
8 % Schwarz	9 % Rosa
5 % Rosa	9 % Grün
5 % Gelb	9 % Grau
3 % Weiß	8 % Schwarz
3 % Violett	6 % Gelb
2 % Gold	4 % Gold
2 % Braun	2 % Silber
1 % Grau	2 % Rot

Segmentbezogene Farbvorlieben ohne Finalbezug Geschlecht, Alter und Einkommen (Schicht) sind die Ur-Segmentierungskriterien. Typologien (z. B. Innovationsbereitschaft, Geschmack, Einstellungen usw.) machten in den 80er Jahren Furore. Neuere Segmentierungskriterien wie Geschmackswelten, Milieus, Szenen usw. sorgen für die Entdeckung immer engerer Marktlücken.
Insbesondere für die Ur-Segmentierungen wurden Farbpräferenzen ohne Finalbezug herausgearbeitet. Wir zeigen zuerst für die Sozialkriterien Geschlecht und Alter einige Präferenzübersichten.

Für Einkommenspyramiden existieren keine Farbpräferenzen, wohl aber zum neutralen Aspekt Schicht. Da Schicht nichts anderes als die Verbindung von Ausbildung, Beruf und Einkommen nach einem Punkteraster ist, kann man eine direkte Korrelation zwischen Einkommen und Schicht herstellen. Hier einige Ergebnisse:

Die oberen Schichten verhalten sich nicht einheitlich in den Farbvorlieben.

Wir können hier die sog. »Funktionalisten« und die »Aufwandsorientierten« unterscheiden. Die Funktionalisten wollen ihre Bildung, ihr Wissen mit in die Farbentscheidung einbringen. Sie legen Wert auf Farben mit überlegten Gebrauchswerten (z. B. Weiß, Blau, Grau). Die Funktionalisten kennen die einfachen Gesetze der Farbharmonien (Kontraste), sie wollen keine üblichen Schemata sondern intelligente, überlegte Farbvorschläge. Die Farben der sog. breiten Masse (z. Zt. Braun und Grün) lehnen sie ab.

Ganz anders sind die aufwandsorientierten oberen Schichten zu beurteilen. Sie wollen ihren erworbenen Reichtum auch optisch ausdrücken. Man verlangt einmalige, einzigartige, sichtbar wertvolle Farben. Gold, Bronze, Messing und die satten und schweren, würdevollen Farben sind gerade richtig. Die klassischen Farben wie Königsblau, Pompeijanischrot (in etwa Rubin) können ihren Reichtum angemessen in Szene setzen.

Die mittleren Schichten wollen eigentlich modisch »up-to-date« sein, jedoch sie trauen sich nicht, einen mutigen Farbschritt zu tun. So bleiben sie in engen Wahlmöglichkeiten wie Braun, Beige und Grün verhaftet.

Den Pastellfarben (Magnolie, Krokus, Vanille) stehen sie etwas ratlos gegenüber – man weiß diese Farben nicht so recht zu kombinieren. Also bleibt man bei Ton-in-Ton-Kreationen, und diese bieten sich eben besonders im Braun- und Grün-Bereich.

Die für die unteren Schichten nötigen Anpassungsmechanismen haben auch in den Einrichtungs- und Kaufvorlieben dazu geführt, daß diese eine große Scheu vor jeglicher ästhetischer Innovation haben. Zudem hat die mangelnde Auseinandersetzung mit Gestaltfragen zu einem Rückzug auf traditionelle Einrichtungsmuster (sog. Sofakissen-Parade) geführt. Jeder Neuerung stehen diese Schichten indifferent gegenüber. Wegen des engen Verkehrskreises in unteren Schichten ist die soziale Kontrolle recht ausgeprägt. Man bevorzugt einen namenlosen Mischstil, der geprägt ist von den Reklamestereotypen der Kauf- und Versandhäuser, der Baumärkte und Großlager.

Den luxuriösen Ausstellungen des Handels stehen Unterschichten eher ratlos gegenüber (Schwellenangst). Neben der geringen Preisbewilligungsbereitschaft ist eine sehr begrenzte Farbvorliebe anzutreffen, die insbesondere der Gelb-Braun-Bereich sowie abgedunkelte Grün-Töne umfaßt. Deutliche Ablehnung der Farbe Weiß ist anzutreffen.

Individuelle Farbvorlieben ohne Finalbezug

Der bekannteste farbpsychologische Test ist der Lüscher-Test. Er arbeitet mit acht Grundfarben. Diese müssen in der Reihenfolge der individuellen Beliebtheit angeordnet werden. Das ist alles! Oder auch nicht? Im Jahre 1972 habe ich mich bei der Firma Bayer beworben. Ich mußte mich dem mir damals völlig unbekannten Farbtest nach Lüscher unterziehen. Wir hatten gerade unsere Wohnung komplett neu eingerichtet. Die Zentralfarbe war Grau (z. B. Jasba-Mosaik im Bad, graue Teppiche), die Akzentfarbe Violett (Flieder als Sanitärfarbe), Siam-Kreide die Bezüge und Vorhänge (von WK).

Alle Fenster und Türen wurden mit Xyladecor – das war damals ein Muß – schwarz lasiert und der Rest war eben »weiße Wand«. Wer die braunen 60er noch erlebt und unter den häßlichen grünen und gelben Akzentfarben gelitten hat, der weiß, wie meine Farbwahl beim Bayer-Test damals lautete:

1. Platz — Grau
2. Platz — Violett
3. Platz — Schwarz
4. Platz — Blau (weil Weiß nicht vorhanden war)
5. Platz — Rot
6. Platz — Grün
7. Platz — Gelb
8. Platz — Braun

Ich habe nie mehr etwas von meiner Bewerbung gehört. Seit längerem weiß ich auch warum. Wenn Sie einmal in die folgende Übersicht sehen, wissen Sie es auch. Ich habe drei von vier negativen Farben auf die ersten Plätze gesetzt. Schlimmere Charaktermängel kann man eigentlich nicht mehr haben: Abschirmung gegenüber anderen, starke Ich-Bezogenheit, egoistische Anspruchshaltung, Zustand der Zufriedenheit (also kein Biß!) usw.

So ist das mit der Psychologie. Hier werden Charaktere, Lebensziele und Lebenssituationen angeblich identifiziert – und dabei hatte ich nur meine zeitgeistigen Lieblingsfarben artikuliert. Hätte der Interviewer mich gefragt, warum ich gerade diese Farben ausgewählt habe, wäre herausgekommen, daß rein modische Ambitionen mein Ranking beeinflußt haben.

Farbpräferenzen nach Alter und Geschlecht

13 bis 14 Jahre		
Rot	männl. 14%	weibl. 15%
Ultramarin (Ul)	männl. 15%	weibl. 11%
Grün (Gr)	männl. 12%	weibl. 10%
Purpurviolett	männl. 6%	weibl. 9%
15 bis 16 Jahre		
Ultramarinblau	männl. 14%	weibl. 13%
Rot (R)	männl. 14%	weibl. 12%
Grün (Gr)	männl. 12%	weibl. 8%
Gelb (G)	männl. 7%	weibl. 8%
17 bis 19 Jahre		
Ultramarinblau	männl. 12%	weibl. 15%
Rot (R)	männl. 12%	weibl. 12%
Blau (B)	männl. 6%	weibl. 8%
Grün (Gr)	männl. 8%	weibl. 6%

Der Lüscher-Farbtest und seine Auswertung in synoptischer Form

		1. + 2. Stelle	3. + 4. Stelle	5. + 6. Stelle	7. + 8. Stelle
Farben mit positiver Grundbedeutung	Blau	Streben nach Harmonie	Zustand der Zufriedenheit	unmittelbarer Wunsch nach Harmonie	verdrängter Wunsch nach Harmonie
	Rot	Wunsch nach Aktivität	aktive Lebensphase	unterdrückte Aktivität, Lustlosigkeit	Ablehnung jeder Aktivität
	Grün	Wunsch nach Selbstbehauptung	erreichte Selbstbehauptung	Notwendigkeit, sich anzupassen	unerwünschte Abhängigkeit = Gegenteil zur Selbstbehauptung
	Gelb	Wunsch nach optimistischem Lebensgefühl	erreichtes optimistisches Lebensgefühl	Notwendigkeit, Enttäuschungen auszuweichen	Angst vor Enttäuschung
Farben mit negativer Grundbedeutung	Schwarz	Ablehnung aller Werte, Aggressionen	Egoistische Anspruchshaltung	Bereitschaft zur Anpassung	Ablehnung aller Aggressionen, Akzeptanz der Normen
	Violett	starke Ichbezogenheit	Empfindlichkeit	Empfindlichkeit im privaten Bereich (Ehe z. B.)	Unerfüllbare Ideale
	Braun	Wunsch zur Erfüllung körperlicher Bedürfnisse	Empfindsamkeit für alles Körperliche	richtiges Verhältnis zur Körperlichkeit	Abhängigkeit, Ablehnung aller Körperlichkeit
	Grau	Abschirmung gegenüber anderen	normales Verhältnis zu anderen	Bereitschaft zum Kontakt mit anderen	starke Bereitschaft zum Kontakt mit anderen

Die Frage der Lieblingsfarben läßt sich für Verkaufsgespräche sehr gut nutzen. Die Antwort sollte man jedoch nicht psychologisch sondern ästhetisch interpretieren und damit in einen generelleren Bezug bringen.
In Kapitel 9 haben wir gezeigt, welche Farben zu Farbwelten verdichtet werden können. Beratungskompetenz ist bei der Verkaufsinteraktion dann zu erreichen, wenn man aus Basis- und Akzentfarben auf Gefühlswelten schließt und damit Finalbezüge erstellt.
Übrigens: Es geht nicht darum, z. B. ganze Räume in der Wunschkoloration auszustatten, sondern es werden wenige Schlüsseldetails in der Lieblingskoloristik gestaltet. Abschlüsse, Sockel, Blenden usw. reichen als Detail, um der Lieblingsfarbe zu entsprechen. Mit dieser Betrachtung gelingt es, finalbezuglose Farben in einen Funktionsbezug zu bringen. [Konkretes dazu im nächsten Kapitel und in Kapitel 18].

Kulturbezogene Farbvorlieben mit generellem Finalbezug Es ist immer wieder versucht worden, spezifische deutsche Farbpräferenzen für den Wohnbereich herauszuarbeiten. Weder bei Wohn- noch bei Küchenmöbeln ist das je gelungen. Die Farbzyklen wurden immer von speziellen Materialpräferenzen durchbrochen. Da aber »Material« (z. B. Esche, Nußbaum usw.) nicht als Farbe interpretiert werden darf, ergaben sich immer wenig aussagefähige Mischabläufe, wie folgendes Beispiel der Farbpräferenzen im Wohnbereich zeigt.

1972	—	starkbunte Farben, Vielfarbigkeit
ab 1974	—	Abdunkelung der Farben, dunkle Hölzer
ab 1976	—	Erdfarben, insb. Brauntöne, tiefe Beiztöne
ab 1979	—	Aufhellung der Farben, helle naturhafte Farben, Beige, gebrochenes Weiß, Eiche hell
ab 1981	—	Tendenz zu reinem Weiß, Eiche gekälkt
ab 1984	—	unbunte Farben (Reinweiß, Grau, Anthrazit, Schwarz)
ab 1988	—	unbunte Farben in Kombination mit starkbunten Farben
ab 1991	—	Violettnuancen und Zunahme starkbunter Farben, neue Hölzer

Es gibt jedoch mindestens einen Bereich, der sich kulturbezogen jeweils eigenständig und homogen entwickelt hat: das Bad. Wir schildern deshalb deutlich in Kapitel 18 diese interessanten Entwicklungszüge.
Es gibt im Bereich Verkehr jedoch eine weitere überaus interessante Entwicklungslinie. Die Zulassungsstatistik für Automobile liefert detaillierte Hinweise zu der Farbvorliebe bei PKWs. Wir zitieren hier die neuesten zur Verfügung stehenden Ergebnisse [FAZ, vom 31. Oktober 1995, S. 3. »Welche Couleur ist dieses Jahr gefragt?«].
Wie man diese Ergebnisse jedoch in aktive Farbpolitik umsetzt, ist damit nicht zu beantworten.
»BLAUE TÖNE lagen lange auf einem stabilen mittleren Niveau. Seit 1989 stieg die Nachfrage jedoch schlagartig auf über 26 Prozent, mit weiter zunehmender Tendenz. Besonders Käufer von Mittelklassewagen schätzen diesen Farbton; interssant ist, daß die Nachfrage eher von Frauen und stärker aus den neuen Bundesländern kommt.
GRÜNE TÖNE haben ihren Marktanteil in den vergangenen Jahren auf 10 Prozent verdoppelt und konnten so wieder ihren Stand von 1984 erreichen. Viele kleine Personenwagen haben dieses Segment gestärkt, neben den Modellen der Mittel- und Oberklasse. Grün ist weiter im Aufwind.
GRAUE TÖNE erlebten 1988 einen Boom mit einem Anteil von 35 Prozent an allen Personenwagen-Neuzulassungen, sind dann aber stark auf das niedrige Niveau der frühen achtziger Jahre gefallen. Besonders Männer tragen noch zur Nachfrage bei. Der Trend ist kurzfristig weiter fallend, wird sich jedoch mittelfristig um 10 Prozent einpendeln.
BRAUNE TÖNE liegen schon seit Mitte der achtziger Jahre gleichbleibend unter 5 Prozent und werden auch nicht deutlich im Absatz steigen. Die Nachfrage geht eher von Männern und von den alten Bundesländern aus.
SCHWARZ lag noch 1984 unter 5 Prozent. 1990 hatte diese Karosseriefarbe mit knapp 15 Prozent ihren Höhepunkt und bröckelt jetzt langsam wieder ab. Vor allem in den alten Bundesländern trifft dieser Farbton noch auf Nachfrage.
WEISSE TÖNE hatten 1987 mit rund 22 Prozent ihren Spitzenanteil erreicht, sind jetzt jedoch wieder auf knapp über 10 Prozent gefallen. Eher Männer wählen diesen Farbton, und er wird in der Prognose als gleichbleibend eingestuft.
GELBE TÖNE sind aus der aktuellen Mode kaum wegzudenken. Als Autofarbe werden sie allerdings ihr Postauto-Image nur schwer los. In den vergangenen 15 Jahren lag der Marktanteil auf dem niedrigsten Niveau, um 1 Prozent. Jetzt läßt sich ein leichter Anstieg besonders für sportliche Personenwagen und kleine City-Autos erkennen. Die Nachfrage geht dabei aber von Männern aus.
ROTE TÖNE sieht man sehr oft bei sportlichen und modischen Wagen der Mittelklasse. 1991 liefen 28 Prozent aller neuen Autos in dieser Farbe vom Band. Der Trend ist jedoch fallend in Richtung 20 Prozent. Vor allem Frauen aus den neuen Bundesländern schätzen diese Farbe.«

Segmentbezogene Farbvorlieben mit generellem Finalbezug Während Farbvorlieben nach Altersstaffel und Geschlecht erhoben werden, begannen Mitte der 80er Jahre Marktforschungsinstitute dezidierte Untersuchungen zum Wohn- und Einrichtungsverhalten. Diese Forschungen haben in Deutschland Tradition. Ende der 50er Jahre legte Silbermann die vielbeachtete Studie VOM WOHNEN DER DEUTSCHEN vor. Leider sind hier nur Geschmackswelten (diese auch noch ohne jede Thematisierung) erhoben worden. Auch die vielzitierte Sinus-Studie [WOHNWELTEN IN DEUTSCHLAND] ist zwar reich an Geschmacksthemen, aber die Kolorits wurden nicht beschrieben. Aufgespannt zwischen den Kriterien »soziale Lage« und »Geschmacksorientierung« (bei Sinus Wertewandel genannt) werden acht soziale Gruppen ausgemacht. Diese verhalten sich aufgrund von Lebenszielen, Gesellschaftsbild, Lebensstil usw. homogen und grenzen sich trotz angedeuteter »Überlappungspotentiale« noch relativ signifikant zu anderen Gruppen ab. Interessant hierbei ist, daß die Dokumentation dieser Milieus durch Farbfotos geschieht.

Soziale Milieus: Soziale Stellung und Grundorientierung

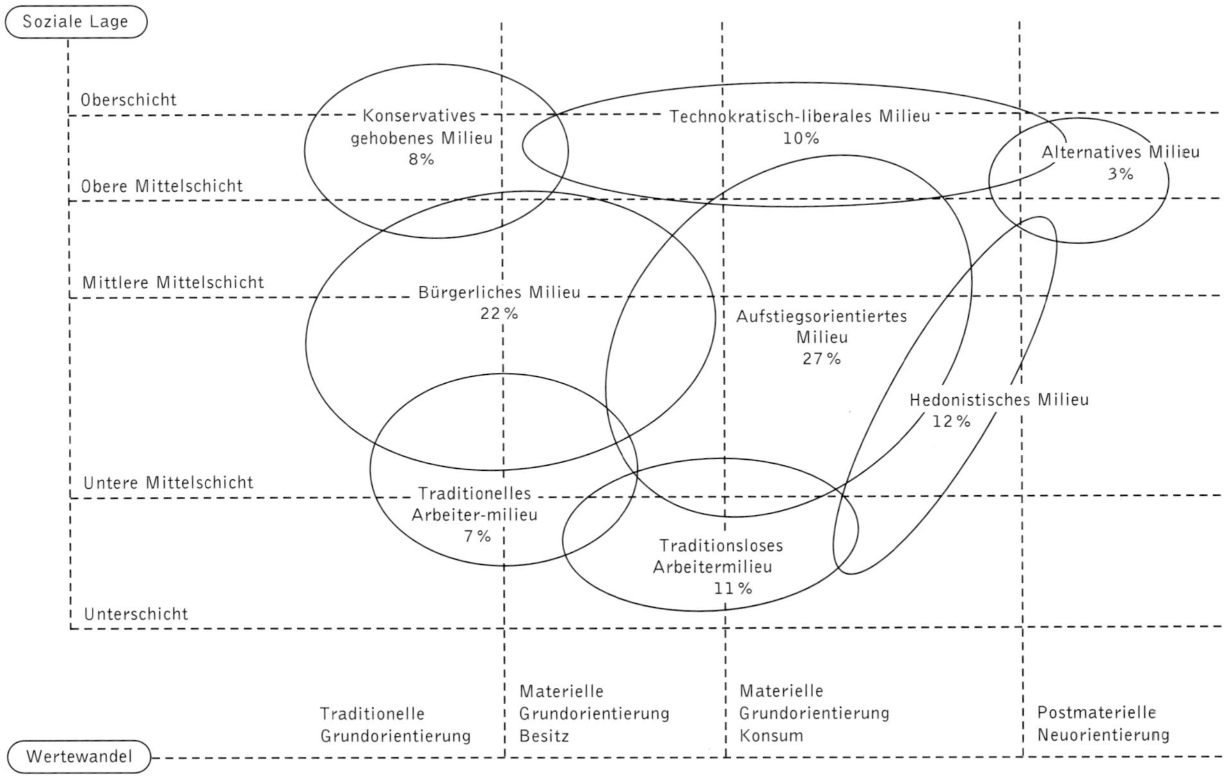

Als wir noch an die Trendbezogenheit des Sinus-Modells glaubten, haben wir versucht, sogenannte Signalbilder zu den Milieus zu entwickeln. Durch die Methode der teilnehmenden Beobachtung sind wir 1988 zu folgenden Ergebnissen gekommen.

— DAS SIGNALBILD »TRADITIONSLOSES ARBEITERMILIEU«: Beige und Beigegrau sind die Hauptfarben, die Akzente werden von Rot, Blau, Hellbeige und Braun gesetzt. Die grafische Dynamik an der Bildober- und -unterseite ist verhalten; kleingemustert – von fast ängstlicher Bewegungsintensität. Die Wunschvorstellungen sind auf Sachwerte reduziert. Bargeld, Lotto und Toto sind die einzigen Möglichkeiten zu einer noch besseren Welt, die am Palmenstrand und bei Mickey-Mouse endet.

— DAS SIGNALBILD »TRADITIONELLES ARBEITERMILIEU«: Der Sieger ist ER, in seiner Umgebung zwischen Fernseher, Olympiade und Kegelausflug. Die dessinatorischen Signale sind stark längs- und querbetont – sie sind einfach und verständlich. Die Lieblingsfarben sind Beige, Grau, Braun und Rot, die Akzente sind klares Blau, Orange, Grün und Hellbeige-Töne. SIE liebt blumige Muster.

— DAS SIGNALBILD »BÜRGERLICHES MILIEU«: Braun, Grau, Beige und mit Abstrich Grün sind des Bürgers Lieblingsfarben. Als dekorative Tupfer erlaubt er sich noch ein kräftiges Weinrot, Rosé, Bleu,Hellgrau, Messing und Hellbeige. Karos in differenzierten Spannungsstufen beschreiben seine grafische Motorik: Der Ausgleich von oben nach unten, von links nach rechts ist gewahrt. Die dessinatorische Gestaltung reicht vom stilisierten Streublümchen bis zu schweren Brokatmusterungen. Die Sehnsucht nach Geborgenheit, historischen Marktplätzen, Renaissancefassaden und Dirndl ist gleich groß wie die nach Sonnenuntergang auf einer Kreuzfahrt in der Karibik.

— DAS SIGNALBILD »AUFSTIEGSORIENTIERTES MILIEU«: Aufsteigende und auch abfallende Balken und Linien im Fischgrät-Versatz sind die symbolischen, diabolischen Zeichen des mühsamen Weges »klassischer Aufsteiger«. Stahlblau, ein kräftiges Rosé – ein Beige – (noch Reminiszenz und Begleiter zum Aufstieg) sind die Leittöne; Eisgrün, Karminrot, Königsblau sind die Farben des entstandenen Wertgefühls und neuen Lebensgefühls. Blumige, rankende Muster sind Erinnerungen und Rudimente der Vergangenheit. Die Welt ist voll von Neuem: Abenteuer, Ferne, japanischer Geländewagen, Longdrinks und gelegentlich die FAZ.

— DAS SIGNALBILD »KONSERVATIV-GEHOBENES MILIEU«: Eine starke, horizontale, elegant gegliederte grafische Grundrichtung gefestigt durch einen mächtigen, vertikal verlaufenden Pfeiler beschreibt die gleichsam festgezurrte konservative Grundhaltung des »Konservativen«. Die Haupttöne sind tief und kräftig und kostbar, so das Ultramarinblau, das Bordeaux, die Nebentöne wertvoll auch in ihrem pastelligen Bereich: Rost, Gold, Rot, Türkis und Hellgrau, Creme und Lichtrosé. Zurückhaltende Eleganz und Sinn für Wert und Stil sind weitere Gestaltungsmerkmale.

— DAS SIGNALBILD »TECHNOKRATISCH-LIBERALES MILIEU«: Optimismus, Fortschritt, Sinn für das Machbare; kaum geschmackliche Unsicherheiten stehen für die Farbvorlieben von Grau und Gelb mit den Nebentönen Violett, Blau, Rot, Schwarz und Graublau. Die von links unten nach rechts oben verlaufenden Linien signalisieren Erfolg auf einer soliden Plattform. Rundbögen, die über verfremdeten Städtelandschaften stehen, zeigen den Sinn und die Bereitschaft zu Harmonie und Geborgenheit.

— DAS SIGNALBILD »ALTERNATIVES MILIEU«: Nicht zu aufregend, nicht zu dekorativ ist die formale Geschmacksstruktur der Nonkonformisten. Negativ- und Positivdarstellungen sind Sinnbild des harmonischen Ausgleichs. Ein rotes Creme, ein kühles Grün, begleitet von Ultramarin, Wolkengrau, Anthrazit, Rötlich-Blau, Karmin und Birkengrün beschreiben ihre Farbwelt. Klare Musterungen bis zu abstrakten floralen Zeichnungen passen zu dieser Welt. Die Technik ist auf Kleinwagen und eine Vespa reduziert.

— DAS SIGNALBILD »HEDONISTISCHES MILIEU«: Die Hedonisten sind jene, die genießen, Lust und Spaß als ihren einzigen wichtigen Lebensinhalt erachten. Das Leben spiegelt sich wider in kleinen lustbetonten fieberkurvenartig verlaufenden Wellen. Die Farben sind Rosé, Rot und Ultramarin. Die Akzentfarben lauten: Schwarz, Purpur, Türkis und Platin. Memphis-Zeichnungen und lockere Schraffurbewegungen sind wie schicke Sportcoupés und die sich im glänzenden Blech spiegelnde Statue of Liberty, Zeichen von Freiheit, Schnelligkeit und Schnellebigkeit.

Es ist von Möbel-, Textil- und Teppichherstellern bis in die 80er Jahre hinein versucht worden, mit Hilfe dieser segmentspezifischen Farbvorlieben Wettbewerbsvorteile zu erreichen. Alle Versuche sind mehr oder weniger gescheitert. Es gibt keine veröffentlichte Erfolgsmeldung.

Farbpräferenzen für einzelne Produkte in Europa Rückblickend (ex post) lassen sich natürlich Farbvorlieben für Einzelprodukte aus der Verkaufsstatistik isolieren. Diese Zahlen sind nicht uninteressant, geben sie doch ein Gefühl für spezifische kulturbezogene Farbvorlieben. Wir zeigen hier an zwei Beispielen aus dem Teppichmarkt (getrennt nach privat und geschäftlich) die kulturspezifischen Farbvorlieben.

SCANDINAVIA
UK
USA
VISION
CARPET
NOISIA
contract

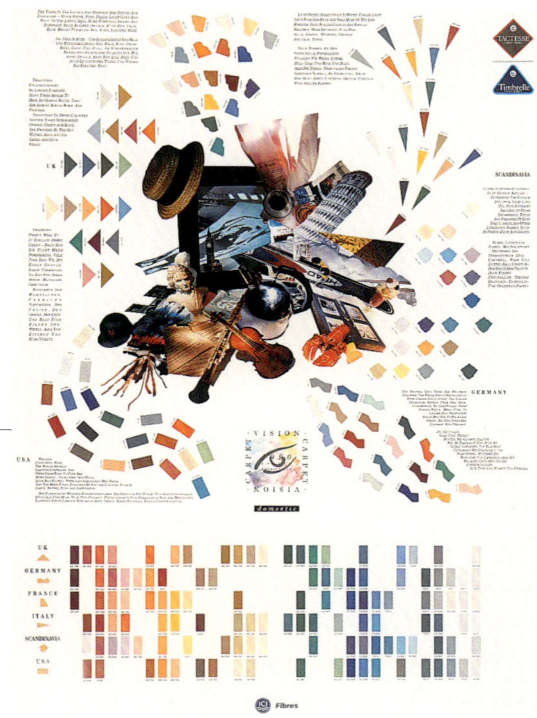
UK
SCANDINAVIA
GERMANY
USA
VISION
CARPET
NOISIA
domestic
UK
GERMANY
FRANCE
ITALY
SCANDINAVIA
USA
ICI Fibres

Kreative Farbpolitik setzt jedoch zukünftige Farbentwicklungen voraus. Hierzu genügt es nicht mehr, Statistiken heranzuziehen. Auch hier heißt es wieder: Scouting!
Wir zeigen hier vier Farbcollagen, die Farbvorlieben europäischer Länder nachstellen. Die Verwendung dieser Basiskolorationen gibt für Farbentscheidungen ein hohes Maß an Sicherheit.

Zusammenfassung Für dezidierte Zweckbereiche (z. B. Sportgeräte, Nagellack usw.) lassen sich segmentspezifische Farbtrends bestimmen. Für Milieus und erst recht für Kulturkreise lassen sich durch Farbanalysen keine neuen Trendpfade finden.
Zur Dokumentation und zur Weckung eines Vorverständnisses können spezielle Farbdokumentationen jedoch sicher nützlich sein.

Mit Scouting-Ansätzen erhobene Farbpräferenzen 95/96 für ausgesuchte europäische Länder, übersetzt in Farbcollagen

Frankreich

England

Niederlande

Italien mit Nord-Süd-Gefälle

Kapitel 14 **Farbwahl**

Farbentscheidung und Kaufverhalten

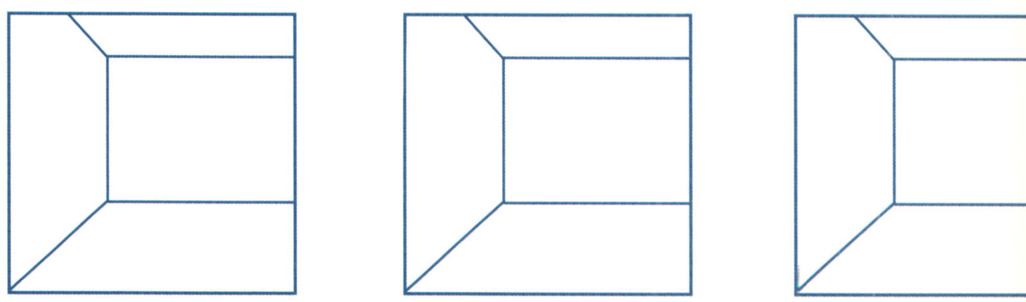

Die Farbwahl spielt heute eine viel dominierendere Rolle als noch vor wenigen Jahren. Farbe ist inzwischen DAS Mittel zur Individualisierung (vom Erlebnis bis zum Luxus).
Leider haben sich jedoch die in Kapitel 8 beschriebenen Farbharmonien in konkreten Kaufsituationen nur schwer bestätigen lassen. Wir haben jedoch in einer groß angelegten Studie für die Firma Vorwerk zumindest für den Teppichboden empirisch »generelle Farbwahlentscheidungen« erhoben.
Diese Farbwahlentscheidungen treffen beim Kauf von Texilien genauso zu wie beim Kauf von Einrichtungsgegenständen. Auch der Erwerb von Kunst (Bilderrahmen z. B.) kann so erklärt werden. Im folgenden dokumentieren wir elf Farbwahlentscheidungen an Interieurbeispielen.

Farbwahlentscheidungen der Konsumenten

Schlüsselfarbengleiche Warum ist das Sortiment an Bilderrahmenleisten so ausgeufert? Noch in den 60er Jahren gab es überwiegend Silber- und Goldrahmen in den verschiedensten Stilrichtungen. Heute ist fast jeder Farbton im Angebot. Der Grund ist die Schlüsselfarbengleiche.
Heute sucht man in der Regel einen Farbton des Bildes aus und überträgt diesen auf den Rahmen. Daher müssen tatsächlich so viele Farbnuancen angeboten werden.
Auch bei Kaufentscheidungen im Einrichtungsbereich steht die Suche nach genau einer Farbe, die aus dem vorhandenen Kolorit abgeleitet wird, im Mittelpunkt der Farbentscheidung. Die Kunden wählen und vergleichen solange, bis die Schlüsselfarbe wirklich gefunden worden ist.

Additionsgleiche Wir haben schon darauf hingewiesen, daß der Begriff Ton-in-Ton die Modulation einer Grundfarbe verlangt. Sucht man z. B. die gleiche Schuhfarbe zum Kleid oder den Lippenstift passend zum Gürtel, ist das eine Additionsgleiche und keine Ton-in-Ton-Harmonie.
Hinter dieser Farbgleiche steht ein Harmoniemotiv, welches man »erzwungene Gleichfarbigkeit« nennt. Die Käufer wollen mit der Additionsgleiche ihre besondere Geschmackssicherheit und vor allem ihre bewußte Initiative bei der Farbwahl ausdrücken.

Unempfindlichkeitswahl Die funktionale Entscheidung für eine Farbe, die Schmutz nicht sichtbar werden läßt, hat etwas mit den Tarnfarben [vgl. Kapitel 15] zu tun. Da es unterschiedliche Schmutzarten gibt, müßte es auch eigentlich unterschiedliche Unempfindlichkeitsreihen geben.
Nach unseren qualitativen Untersuchungen scheint es sich so zu verhalten, daß die meisten Käufer eine »Prototypik der Unempfindlichkeit« im Bewußtsein haben. Wir stellen hier die von uns erhobene »Unempfindlichkeitsreihe« kurz vor:

— Beige (mittlere Braunnuancen als Melange und kleingemustert und helles Braun in Uni-Kolorationen)
— Grau (alle mittleren Graunuancen als Melange und kleingemustert, auch Unis)
— Grün (neutrale Grüntöne)
— Rot (insbesondere Rostnuancen)
— Blau (je zarter, um so empfindlicher)
— Weiß (Cremenuancen vermindern die Empfindlichkeit)

Diese Reihe gilt natürlich insbesondere für Interieur vom Teppich bis zum Bezugstoff.

Ton-in-Ton-Entscheidung Jede »bunte Farbe« kann als Ausgangspunkt für »Ton-in-Ton-Entscheidungen« herangezogen werden. Meistens werden jedoch Beige, Grün und Blau Ton-in-Ton kombiniert.
Bei der Schlüsselfarbengleiche geht es darum, daß EIN Farbton möglichst genau getroffen wird. Bei der Ton-in-Ton-Entscheidung müssen mehrere Farbnuancen vorliegen, die sich dann in eine Farbreihe einzufügen haben. Die Entscheidung hängt davon ab, ob die Farbnuance paßt und ob die Hell-Dunkel-Werte getroffen werden.
Zur Bestimmung von Farbe und Nuancierung sind mehrere Muster unverzichtbar – nur so gelingt eine ästhetisch abgesicherte Ton-in-Ton-Harmonie.
Bei dieser Harmonieentscheidung ist der Boden meist von mittlerer Koloration. Die Bezüge der Polstermöbel sind dunkler (Kontrast!), die Dekoration (Vorhänge usw.) sind heller (Raumwirkung!).

Trendentscheidung Der Wunsch, bewußt gegen Normen und gewohnte Kolorationen zu verstoßen, findet sich bei vielen Singles. Man ist auf der Suche nach »modernen«, schicken, andersartigen Farben und Farbeinstellungen, weiß jedoch den »Grad der Modernität«, das »Maß der Andersartigkeit« nicht zu artikulieren. Viele Farben und vor allem Muster »beweisen« jedoch ihre Trendqualität nicht singulär, sondern erst im Vergleich mit tradierten, bewährten Angeboten.

Querschnittsharmonien Bei den Ton-in-Ton-Harmonien wird EINE Farbe moduliert, d. h. man bleibt bei der Farbentscheidung »in der Nuance«. Bei den Querschnittsharmonien wird die Farbintensität (in der Sprache der Farbmetrik die Sättigung) gleich gehalten, und man greift dabei auf unterschiedliche Farbtöne zurück.
Ein Beispiel zur Illustration: Zu den Wänden in »leichtem« Beige sucht man einen Teppich in »leichtem« Grün oder Blau oder zartem Pink.

Ton-in-Ton-Harmonien

Additionsgleiche als Inszenierung ist in allen Bereichen anzutreffen. [Beispiel aus: SPIEGEL Nr. 33, 1995]

Querschnittsharmonien beziehen sich fast immer auf lichte, leichte Nuancen. Diese sind jedoch dann in ihrer Intensität genau zu bewerten und verlangen daher die Unterstützung durch Muster.

Aktualisierungsentscheidung Eigentlich – man hat sich ja so daran gewöhnt – ist den meisten Käufern die »alte« Koloration »am liebsten«. Wenn also – aus welchen Erwägungen auch immer – eine neue Farbentscheidung ansteht, wird manchmal nicht die »Auswechselgleiche«, sondern ein Substrat gewünscht. Ein Produkt, welches dem gewohnten Ambiente noch ähnlich, jedoch etwas moderner, gefälliger oder zeitgemäßer ist.
Diese sogenannte Aktualisierungsentscheidung kommt einer Evolution und keiner Revolution gleich. Es geht um Renovierung im Sinne von Erneuerung und nicht um Umbruch, hier greift das Prinzip der »feinen Unterschiede«. Aktualisierung verlangt also auch den Vergleich, damit aus der gewünschten Nuance nicht eine völlig andere Farbrichtung wird.

Sozialer Vergleich Beim Kauf liegt bisweilen auch ein funktionaler Ersatzbedarf zugrunde. Darüber hinaus greift immer mehr der Kaufgrund der psychologischen Obsoleszenz. Obwohl das Produkt »eigentlich noch gut« ist, will man ein anderes, weil man neue Farben, Muster oder Texturen gesehen hat.
Die visuelle Anregung stammt aus dem Verkehrskreis, den Print-Medien (z. B. den Wohnzeitschriften). Aber auch die elektronischen Medien prägen den Mehrheitsgeschmack immer stärker. Das Problem dieser Entscheidung liegt oft darin, daß man Muster benötigt, um die visuelle Anregung auch real zu überprüfen.

Farbempfindungen als Entscheidung (Farbemotionen) Immer mehr Kunden kommen mit KONKRETEN Farbvorstellungen in den Kaufprozeß: Schlüsselfarben, Auswechselfarben, Ton-in-Ton-Basisbfarben, Trendfarben, Visuabilitätsfarben.
Einige Käufer haben jedoch noch keine präzise Farbnuance im Blick, sondern eine Farbempfindung. [Farbempfindungen haben wir in Kapitel 5 und 8 ausführlich beschrieben.] Dies können sein:

— hell versus dunkel
— kühl versus warm
— frisch versus gedämpft
— neutral versus dominant
— geborgen versus erhaben usw.

Mit nur wenigen Farbmustern kann man die Farbempfindungen sehr gut nachstellen und die Kontraste demonstrieren.

Farbphysiologische Entscheidung Im Gegensatz zu Farbempfindungen, die an Begriffe wie »warm« und »kalt« geknüpft sind, tragen physiologische Farbentscheidungen sogenannten Farbwirkungen Rechnung.
Man kann durch geeignete Farbwahl Räume vergrößern oder verkleinern, verkürzen, verlängern oder verbreitern. Man kann Richtungen vorgeben oder Barrieren einziehen.
Für Privatkäufer spielt meist der psychologische Raumgewinn eine Rolle. Alle kühlen Pastellfarben vergrößern Räume, alle warmen verhüllten Farben verkleinern. Auch Figur-Grund-Beziehungen gehören hierher. Man wählt eine Teppichfarbe (Grund) bewußt so aus, daß die Möbel (Figur) besonders gut zur Wirkung kommen. Muster belegen in jedem Falle diese theoretischen Bezüge.

Gesamtharmonien Innenarchitekten und Farbberater erstellen sogenannte Materialcollagen, um die Gesamtwirkung von Farben zu dokumentieren. Diese Gesamtharmonien basieren in der Regel auf Farbwelten, Erlebniswelten, Begriffswelten usw. [vgl. dazu Kapitel 9].

Akzentuierung und Ranking der Wahlentscheidung Man kann für die Farbwahlentscheidungen ein Wichtigkeitsranking vornehmen. Hier das empirische Ergebnis für den Interieur-Bereich:

RANKING DER FARBWAHLENTSCHEIDUNGEN

— Platz 1 – Schlüsselfarbengleiche
— Platz 2 – Ton-in-Ton-Entscheidung
— Platz 3 – Querschnittsharmonien
— Platz 4 – Trendentscheidungen

MITTLERE WICHTIGKEIT

— Gesamtthema
— Unempfindlichkeitsüberlegungen
— Farbemotionen
— Aktualisierung

GERINGERE WICHTIGKEIT

— Sozialer Vergleich
— Farbphysiologie
— Additionsgleiche

Auch soziodemographische Bezüge lassen sich formulieren. Wir zeigen einige Anhaltspunkte.

Querschnittsharmonien verlangen Unterstützung durch Muster.

Farbwahl und sozialer Status

Farbwahlentscheidung	Soziodemographische Bezüge
Schlüsselfarbengleiche	alle Altersklassen, alle Berufsgruppen, alle Phasen Lebenszyklus, alle Wohnarten
Ton-in-Ton-Entscheidung	alle Altersklassen, eher mittlere Ausbildung, verheiratet (Duo)
Querschnittsharmonien	alle Altersklassen, eher gehobene Ausbildung, verheiratet (Duo)
Trendentscheidung	jünger als 35, Singles, deutlich überrepräsentiert
Gesamtharmonien	bei Eigenheimbesitzern überdurchschnittlich wichtig
Unempfindlichkeitswahl	älter als 35
Farbemotionen	keine Angaben möglich
Aktualisierungsentscheidung	jünger als 35, eher normale bis mittlere Ausbildung
Sozialer Vergleich	keine Angaben möglich
Farbphysiologische Entscheidung	keine Angaben möglich
Auswechselgleiche	keine Angaben möglich

Zusammenfassung Die beschriebenen elf Farbwahlentscheidungen gelten generell – nur das Ranking ist von Produktbereich zu Produktbereich unterschiedlich.
Während die Schlüsselfarbengleiche überall anzutreffen ist, sind die anderen Entscheidungen differenziert. Im Modebereich steht die Additionsgleiche z. B. auf Platz 2 gleich nach der Schlüsselfarbengleiche.

Kapitel 15 **Farbpragmatik**
Probleme zwischen Funktion und Ästhetik

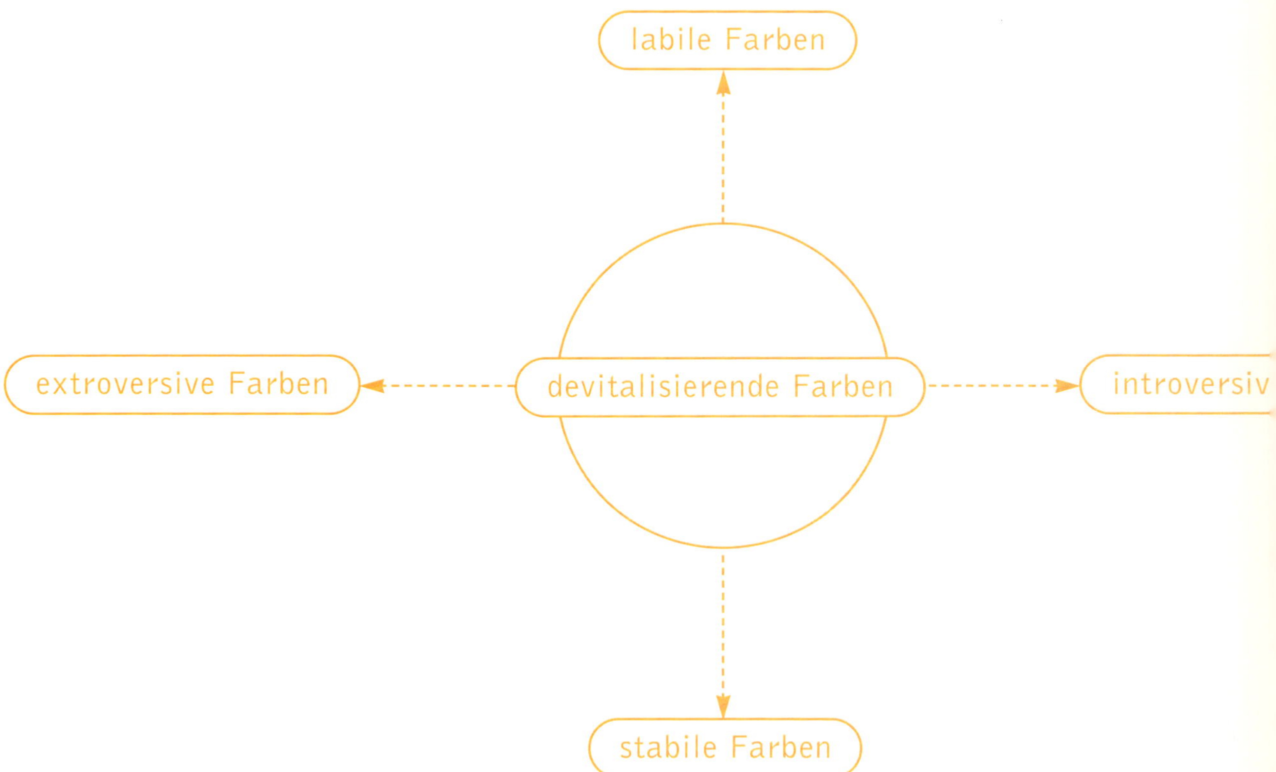

Eine Fülle von Sonderproblemen haben wir bisher nicht angesprochen. Deshalb hier als Zusammenfassung noch sieben alltägliche Anforderungen an Farben.

Sicherheitsfarben Wir brauchen nicht mehr darüber zu diskutieren, welche Farbnuance ein hohes Aufmerksamkeitspotential hat. In der DIN 4844 sind zehn sogenannte Sicherheitsfarben (Kenn-, Tarn- und Ordnungsfarben) und ihre Anwendung dokumentiert. Als RAL-F-14 Fächer können sie angefordert werden.

Für die Kennzeichnung von Rohrleitungen gilt in Deutschland die DIN 2403. Wasser ist dabei grün, Dampf rot, Luft blau, Gas gelb, Säure orange, Lauge violett gekennzeichnet. Diese Ordnung erscheint auch nach den elementaren Zuordnungen vernünftig. Dagegen ist es vollkommen sinnlos, eine Norm für Maschinen zu erstellen, an die sich in Wirklichkeit ja auch nur wenige halten. Die Maschinen gehören zum Arbeitsplatz und müssen nach optisch-funktionalen und mitunter auch nach rein räumlichen Gesichtspunkten gefärbt werden.

Es ist immer wieder diskutiert worden, ob es Sicherheitsfarben für Automobile gibt. Die Ergebnisse sind jedoch stets eine Frage der Verbreitung einer Farbe. Wenn 1995 Rot die meistverkaufte Autofarbe ist, büßt sie natürlich jedes Sicherheitspotential ein.

Ebenfalls zur Sicherheit, jedoch nicht um aufzufallen, sondern zur Anpassung und Unauffälligkeit dienen die sogenannten Tarnfarben. Die Bundeswehr und andere Streitkräfte haben Tarnfarben in Farbmustern entwickelt. Auch hier geben RAL-Register (F 9) die notwendigen Hinweise, wobei auch der Mattheitsgrad schon berücksichtigt ist.

Es wird immer wieder gefordert, numerische Ordnungen durch Farbcodes zu ersetzen. Bei elektrischen Bauelementen (Widerständen, Kondensatoren usw.) gibt es einen seit langem existierenden Farbcode:

0 — Schwarz	1 — Braun
2 — Rot	3 — Orange
4 — Gelb	5 — Grün
6 — Blau	7 — Violett
8 — Grau	9 — Weiß

Diese Farbgebung folgt dem physikalischen Spektrum und ist dadurch leicht zu behalten. Forschungsansätze von Birren zu sogenannten Zahlensynopsien sehen jedoch ganz anders aus:

0 — unbestimmt	1 — Schwarz
2 — Gelb	3 — Hell Ziegelrot
4 — Braun	5 — Dunkelgrau
6 — Rotbraun	7 — unbestimmt
8 — Blau	9 — Braun

Auch für geisteswissenschaftliche Ordnungen in Büchereien z. B. bietet – wie dargestellt – die Farbe ein Ordnungsgerüst [vgl. Wissenstypen und Farben im Kapitel 10].

Farbkonditionierung Mit diesem Begriff werden in der englichen Literatur (Colour-Conditioning) die Farbbezüge bezeichnet, die einen verhaltensbiologischen Ursprung haben. Es geht um Lesbarkeit, Erkennbarkeit, Ermüdungsfreiheit und topographische Wirkungen.

Bei Lesbarkeitstests, d. h. bei der Kombination farbiger Schriftzeichen auf farbig kolorierten Hintergründen, hat es in der Vergangenheit viel Verwirrung gegeben. Man muß zuerst einmal die normale Leseentfernung (ca. 25 cm, bei Kindern ca. 15 cm) von der weiten Leseentfernung unterscheiden. Im einen Fall geht es um ermüdungsfreies Lesen eines längeren Textes, im anderen Fall um die Erkennbarkeit von Texten (geringer Längen) auf weite Entfernungen.

Empirisch erhoben [Frieling, VERKAUFEN, S. 77] hat sich folgendes Ranking ergeben:

Lesefreundlichkeit

gut	mittel	schlecht
Schwarz auf Weiß	Grün auf Weiß	Gelb (Orangegelb) auf Weiß
Schwarz auf Gelb	Dunkelblau auf Weiß	Schwarz auf Blau
	Rot auf Weiß	Purpurrot auf Schwarz
	Rot auf Hellgelb	Rot auf Blaugrün (gleichhell)
	Gelb auf Schwarz	
	Orange auf Schwarz	
	Schwarz auf Hellblau	
	Schwarz auf Hellgrün	
	Weiß auf Schwarz	

Sicherheitsfarben

	RAL-Farbe	Kontrastfarbe	Bedeutung	Formzeichen
Rot	RAL 300	Weiß	Halt! Unmittelbare Gefahr, Notventile, Notschalter	Kreis oder Kreisring
Gelb	RAL 1004	Schwarz	Vorsicht, Gefahr des Stoßens Stolperns, Gleitens, Quetschens Verletzens, Verätzens usw.	Dreieck
Grün	RAL 6001	Weiß	Sicherheit, freie Durchfahrt, Geräte der Ersten Hilfe und Sanität	Quadrat (weißes Kreuz)
Blau	RAL 5010	Weiß	Innerbetriebliche Ordnung, Organisation, Hinweise	Rechteck

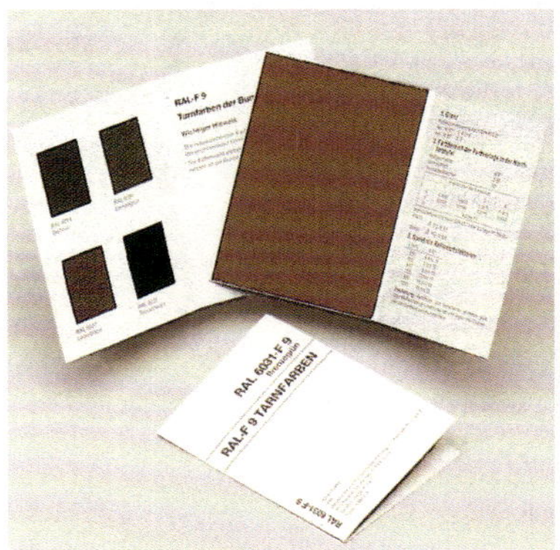

RAL-F9

Informationskarte RAL-F9

Der Grad der Erkennbarkeit ist von Marketingpraktikern untersucht worden. Dabei ergeben sich natürlich Unterschiede, wie das Ergebnis einer Testreihe in der Fachzeitschrift DIREKT-MARKETING zeigte. Es ergab sich folgende Rangfolge:

1 — Schwarz auf Gelb
2 — Rot auf Weiß
3 — Grün auf Weiß
4 — Blau auf Weiß
5 — Weiß auf Blau
6 — Schwarz auf Weiß
7 — Gelb auf Weiß
8 — Weiß auf Rot
9 — Weiß auf Orange
10 — Weiß auf Schwarz
11 — Rot auf Gelb
12 — Grün auf Rot
13 — Rot auf Grün

Einen guten und dabei selbsterklärenden Überblick gibt Eva Heller.

Diese Ergebnisse gelten nicht für Leuchtreklamen. Selbststrahlende Zeichen (z. B. Neonlicht) haben ihre eigenen Gesetze. »Ermüdungsfreiheit« ist ein schwierig zu definierender Begriff. Neben der Beleuchtungsdichte, der Art der Lichtquelle spielen das Gegenlicht und vor allem der Raum als physiologisches Ganzes eine Rolle.
Der Streit, ob z.B. Orange oder Grün die ermüdungsfreie Instrumentenbeleuchtung darstellt, ist immer noch unentschieden. Entschieden ist jedoch, daß Ermüdungsfreiheit [vgl. Farbergonomie in Kapitel 12] immer etwas mit Reizreduktion zu tun hat (vgl. z. B. die Black-panel-Technik bei fortschrittlichen Autoarmaturenbrettern).
Computerarbeitsplätze sind nur dadurch vernünftig zu gestalten, daß man die Vielfarbigkeit der Räume reduziert. Nicht die Verbannung der Farbe generell, sondern die Begrenzung auf wenige (vgl. Farbhygiene) ist das Thema.

Farbtopographie Die Farbtopographie versucht zu klären, wohin man bei unterschiedlich kolorierten Flächen zuerst sieht. Mit Hilfe von Augenkameras ist man generalisierenden Aussagen auf der Spur.
Die Ergebnisse sind jedoch so widersprüchlich, daß es sich nicht lohnt, diese hier zu referieren. Es liegt der Verdacht nahe, daß Prädispositionen (Lieblingsfarben und vor allem der Zeitgeist) den Betrachtungsanfang definieren. Das bedeutet, die erste Fixation ist damit zuerst einmal beliebig. Danach hängt die zweite Fixation dann eindeutig von der Komplementarität ab, d. h. wer etwa Pink als erste Farbe betrachtet, sucht – sofern vorhanden – als nächstes Pastellgrün mit den Augen auf.
Es läßt sich auch nicht belegen, daß leuchtende gesättigte Farben als erste Fixation besonders gewürdigt werden. Die Farbtopographie ist, wie sich denken läßt, für die Warenpräsentation von großer Bedeutung. Leider liefert sie keine eindeutigen Ergebnisse – und diese kann es offensichtlich auch nicht geben.

Farbhygiene Hygiene bedeutet Vorsorge. Hygiene dient dazu, Lebensvorgänge ohne Beeinträchtigungen ablaufen zu lassen. Die reibungslose Funktion von optischen Sinnesvorgängen zu ermöglichen, ist die Aufgabe der Farbhygiene.
In diese Richtung bewegt sich auch das Thema »Visualökologie« – die bewußte Vermeidung von optischer »Umweltverschmutzung« durch unaufdringliche Farbgebung.
Die Visualökologie versucht, Farbdisharmonien, Farbspannungen, Farbverdichtungen, Farbpolarisierungen usw. zu entflechten und für Ausgleich, Einheitlichkeit, Monochromie zu sorgen. Visualökologie spielt im Städtebau, der Architektur, der Denkmalpflege usw. eine Rolle. Auch im privaten Bereich ist vermehrt der Ruf nach Farbruhe zu hören.
Wir geben im folgenden einige Hinweise darauf, wie die Visualökologie thematisch einzuordnen ist.

Das Thema »Lautlose Farblosigkeit« Gerade das stillste, kaum sichtbare Signal besitzt ein nicht zu unterschätzendes Aufmerksamkeitspotential. Je leiser es ist, desto eher dringt es an die Oberfläche, wenn es sich in einem Umfeld von lauten und schrillen Signalen behaupten muß.
Die leisen Töne, Ausdruck einer bewußten, oft sektiererischen Einfachheit, sind Merkmale dieser Farbtypologie. Ihr Einsatz hat oft elitären, abgrenzenden Charakter.
Farbverzicht ist ebenso wie übermäßiger Farbgebrauch Ausdruck von betonter Differenzierung.
Nur wenige Akzenttöne werden akzeptiert. Die wesentlichsten liegen im Gelb-, dann Orange- und Grün-Bereich, seltener im Rot-, ganz selten im Blau-Spektrum. Aber sie werden äußerst sparsam und immer wenig gedeckt eingesetzt.
Die Zahl der Menschen, die nicht ihr Leben lang, aber über Zeitabschnitte hinweg, auf Farbigkeiten verzichten, wird größer werden.
Es wird ebenfalls die Zahl der Signal-Mutanten erheblich zunehmen. In ihrem Leben werden viele Menschen häufiger als heute, 10 oder 20mal ihre Farbpotentiale wechseln. Die Ursachen für das Phänomen sind vielfältig. Sicher ist, daß es hauptsächlich in der wachsenden Bereitschaft und auch Notwendigkeit begründet ist, Bewußtseinsvielfalt, Meinungs- und Gefühlsvielfalt zu aktivieren, denn sie transportieren Lebensqualität, Lebensfülle und Spannungselemente in unser Dasein.

Das Thema »Edle Einfalt« Auch auf den zweiten Blick haben die Töne dieser Farbspezies mit denen der ersten kaum etwas gemeinsam. – Denn die Farben, wie sie hier prognostiziert werden, haben nichts mit Verzicht oder Reduktion zu tun. Sie sind nur einfach und ungekünstelt kombiniert. Farbkapriolen kommen nicht in Betracht.
Das ganze Farbspektrum spiegelt eine Welt würdevoller Lieblichkeit, sachlicher Finesse und wahrhaftiger Sublimität. Materialbezüge zu den Farben stellen sich automatisch ein. Nichts prunkt und glänzt und glitzert.
Die Farben sind auf heimliche Weise kostbar, sie verdecken mehr als sie offenlegen. Ihr Zusammenspiel ist ruhig und einfach angelegt und mit zarten Zwischentönen vernetzt. Ein poetischer Hauch liegt über diesem Farbgefüge.

[aus: Heller: WIE FARBEN WIRKEN]

Das Thema »Befreiende Anmut« Das sind frühlingshafte Töne, lebendig und rein. Es sind Farben spielerischer Sinnlichkeit, die Lust auf Seherlebnisse herausfordern.
Zugleich sind es Farbkombinationen, die nicht statisch sind, vielmehr erscheinen sie uns voller Bewegung und choreographischer Eleganz.
Jugendlichkeit ist nicht grellfarbig, bunt und laut. Sie stellt sich zukünftig licht, farbrein und pastellig, kreidig und aquarellig dar. Es sind Farben, die vergnügliches Wohlbehagen vermitteln. Wichtig ist: Diese Farben zeigen, daß sie trotz ihrer Leichtigkeit, Helligkeit und scheinbaren Durchsichtigkeit frei sind von süßlicher, bonbonhafter Simplizität.

Das Thema »Ethnological Felted« Die Palette dieser Farben ist von geheimnisvoller Intensität und polychromatischer Wirkung gekennzeichnet. Sie sind von brokathafter Eleganz und schläfriger Indifferenz umwoben. Die Töne sind wie farbige Schlammnuancen, sie erinnern an frühe Bronze- und edle Vulkan-Töne.

Das Thema »Natural Purity« Die Wüstenfarben-Inspirationen reichen von gedeckten Ecru/Beige-Tönen bis zu kräftigen Kitt- und Anthrazit-Farben.
Die Sahara, Savanne – die Natur pur und die Natur in morbider Schläfrigkeit bringt jene Töne hervor, die wie angegossen zu matten, teuren, komfortablen textilen Flächengebilden passen.

Das Thema »Fragile Comfort« Warme, ethnische Farbtöne, angeglichene Puderfarben und wäßrige Pastells enthält die Palette dieses Farbthemas. Die Farben schweben zwischen Glanz und Ermattung; sie sind zerbrechlich und zugleich voller Distanz.

Wir wissen jedoch auch, daß Reizarmut zu Langeweile und Interesselosigkeit, Reizüberfrachtung zu Unruhe (Hypertonik) führt. Farbhygiene versucht, diese vegetativen Vorgänge zu beeinflussen.
Man kann mit der Ur-Ruhe in dreifacher Weise Farbhygiene betreiben:

— Verfestigung versus Lösung
— Kontemplation versus Weltöffnung, d. h. die Monotonie der unbunten Farben kann farbig aufgelöst werden
— Innen- versus Außenorientierung

Auf der anderen Seite ist es möglich, unruhige Farben zu verfestigen (durch Braunnuancen z. B.) und damit eine Innenorientierung zu erreichen. Das gleiche gilt umgekehrt für ruhige Farben (z. B. Grautöne), diese können im Hinblick auf stärkere Außenwirkung hin aktiviert werden.

Sie erkennen: Farbhygiene ist ein Sonderproblem der Farbpolitik, welches jedoch in den Randgebieten der ökonomischen Entscheidungen oft auftritt.

(Farb-)Metamerie Wir haben in Kapitel 14 [Kaufverhalten] über die Farbwahlentscheidungen Schlüsselfarbengleiche, Additionsgleiche usw. gesprochen.
Der Käufer verlangt hier nicht einen näherungsweise gleichen Farbton, er verlangt Identität.
Nun gibt es jedoch das sogenannte Pigmentproblem, d. h. Farbpigmente in einem Kunststoffprodukt sind andere als die in einer Porzellanoberfläche, und diese wiederum unterscheiden sich von den Farbkörpern in Textilien. Sicher lassen sich Farben mit unterschiedlichen Pigmenten in ihren Kombinationen optimieren, doch es bleibt ein unlösbares Dilemma: Farben unterschiedlicher Materialien können nur im Hinblick auf EINE Lichtart optimiert werden. Wir unterscheiden aber DREI Normlichtarten:

— Glühlampenlicht (warmes Licht mit einer Farbtemperatur von 2856°Kelvin, Normlicht A)
— Tageslicht (kaltes Licht, Farbtemperatur 6500°Kelvin, Normlicht D 65)
— Mischlicht (z. B. Leuchtstoff und Tageslicht, Farblichttemperatur 4000° Kelvin, Normlicht TL 84)

Meistens werden die Farben im Hinblick auf Tageslicht optimiert. Bei anderen Beleuchtungsgegebenheiten kommt es dann zu Farbabweichungen, zur Metamerie, und die führt zu unliebsamen Reklamationen. Frieling [Verkaufen, S. 14] zeigt, wie sich Farben bei Glühlicht verändern.

Farbtonveränderungen

Tageslicht		Veränderungen durch Glühlicht
Weiß	---	orange (ohne Vergleich betrachtet: weiß, nach Anpassung erscheint Tageslicht dann bläulich!)
Gelb	---	blasser (bei Vergleich mit Tageslicht wärmer)
Orange	---	gleichbleibend (ohne Vergleich blasser)
Rot	---	wärmer, orangestichig
Purpur	---	braunrötlich
Rosa	---	lachs- bis gelblichrosa
Violett	---	bräunlich, stumpf
Ultramarinblau	---	dunkel, fast schwärzlich
Blau	---	grau
Grünblau	---	grünlicher, grauer
Grün	---	etwas wärmer, gelblicher
Grüngelb	---	matt gelblich

»Natural Purity«

Farbhygiene

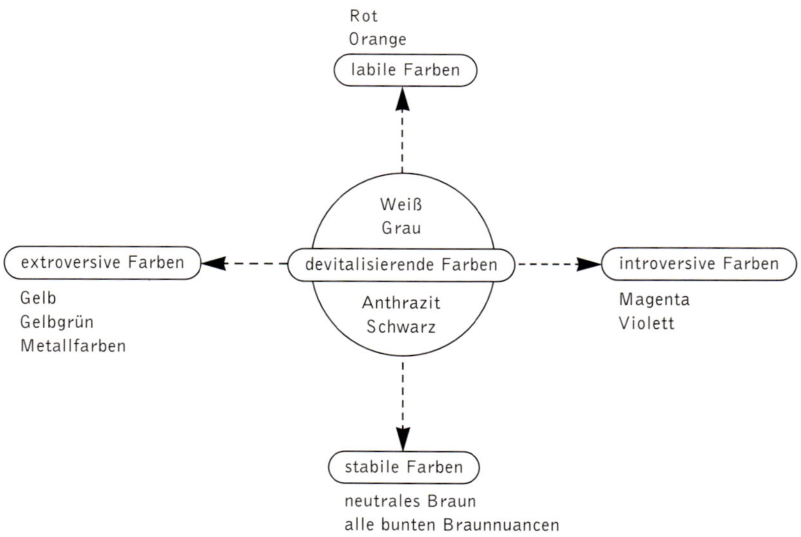

Glühlampen sind jedoch heute immer weniger verbreitet. Halogenlampen und Leuchtstoffröhren haben die normale Glühlampe fast verdrängt.
Viele Kunden halten Halogenlicht bei der Farbwiedergabe für optimal. Das ist jedoch nicht der Fall, wie Experimente gezeigt haben. Aufgrund dieser wie auch anderer Ergebnisse können wir konkrete Beleuchtungsempfehlungen für die Grundfarben geben.

Bei Reklamationen nutzt es also wenig, die Metamerie mit Produktaustausch zu beantworten (das Problem bleibt), die Farbposition kann sich nicht verändern, besser ist es, Beleuchtungsratschläge zu geben!

Farbe und Fläche Der psychologischen Physiologie [vgl. Metzger, S. 180] verdanken wir einige interessante Farbbeobachtungen:

— Es ist nicht gleichgültig, wie eine Farbfläche begrenzt wird (exakt oder ausgefranst). Der sogenannte Randgradient verändert den Farbeindruck.
— Es ist zu unterscheiden, ob die Farbfläche vom Auge als begrenzt erkannt wird (Oberflächenfarbe), oder ob eine Farbfläche quasi ohne Anfang und Ende als echte Flächenfarbe erkannt wird.
— Raumfarben spielen bei durchsichtigen Getränken (Wein z. B.) eine große Rolle. Ein Sonderproblem, das wir hier nur erwähnen können [näheres bei Küthe, LEBENSMITTEL, S. 116 ff.].

Die beiden ersten Punkte sind für Farbmustergestaltungen und für die Raumkoloration von großer Bedeutung.

Randgradient Selbst die Hersteller von Künstlerfarben haben es noch nicht gelernt: Eine zerklüftete Randgestaltung, eine nicht exakt begrenzte Silhouettenführung läßt einen Farbton heller erscheinen. Harte, präzise geometrische Begrenzungen eines Farbmusters wirken dichter, kompakter und damit farbiger. Man kann eine Farbe durch logarhythmische Farbverläufe am Rand sogar so zart wirken lassen, daß sie im direkten Vergleich keine Bezüge mehr mit der Ursprungsfarbe hat.

Flächenerstreckung Oberflächenfarben haben eine deutliche Begrenzung. Flächenfarben verlieren sich – wie der Horizont – ohne Anfang und Ende im Nichts. Das ist auch der Grund dafür, daß Oberflächenfarben kräftiger wirken und kompakter sind.
Bei der Gestaltung von Farbmustern für Farben, die nachher als Flächenfarben wirken (z. B. Wandfarben) sind die Farbmuster also einige Nuancen farbreduzierter zu drucken. Man muß natürlich bedenken, daß manche Verwender die Farbfläche z. B. für Schlüsselfarbenentscheidungen benutzen – dann heißt es abwägen. Entweder man schafft Farbeindrücke oder Vergleichsnormale für Farbkorrelate.
Auf jeden Fall muß kommuniziert werden, daß Oberflächenfarben anders als Flächenfarben wirken.

Farbkompositionen und Farbanschauungen

Die vielen Farbbeispiele wurden von uns bewußt gestaltet, manche Motive realistisch, andere stilisiert, zeichnerische wechselten mit malerischen.
Wir wollen zum Schluß darauf aufmerksam machen, daß es grundsätzlich nur drei Gestaltungskategorien für flächige Farbarrangements gibt:

— silhouettenhafte, die flächenhafte Darstellung unterdrückende und mit einer Betonung des Randgradienten arbeitende Darstellungen
— flächenhafte Figuration mit starker Betonung von Linie und Fläche innerhalb der Silhouette
— räumliche perspektivische Abbildung, die die Umgebung realistisch mit abbilden

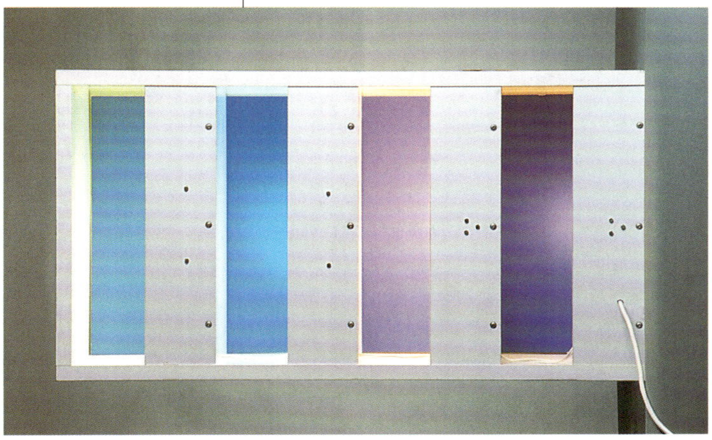

Dieser Lichtkasten enthält vier Schächte mit den Leuchtmitteln (von links nach rechts): Leuchtstoff warm – Leuchtstoff kalt – Glühlampe – Halogen.
Der blaue Hintergrund erscheint jeweils völlig anders. »Echtes« Blau wird nur im zweiten Schacht von links (Leuchtstoff kalt) erzeugt.

Beleuchtung und Grundfarben

Grundfarbe	Leuchtstoff warm	Leuchtstoff kalt	Glühlampe	Halogen
Weiß	gelbliches Weiß	kaltes Weiß	angenehmes Weiß	gelbliches Weiß
Schwarz	samtbraunes Schwarz	kaltes Schwarz	echtes Schwarz	bräunliches Schwarz
Rot	sehr helles Rot	dunkles Rot	angenehmes Rot	helles Rot
Gelb	echtes Gelb	verwaschenes Gelb	angenehmes Gelb	natürliches Gelb
Blau	helles Violettblau	echtes Blau	undefiniertes Blau	violettes Blau
Grün	helles Lindgrün	kaltes Grün	echtes Grün	Lindgrün
Braun	echtes Braun	blasses Braun	dunkles Braun	echtes Braun

Zur Verdeutlichung dieser Möglichkeiten zeigen wir ein Bildbeispiel nach Lutz [S. 62], das an Ausdrucksstärke nicht zu übertreffen ist.

Darüber hinaus gibt es noch sechs weitere eher grafische Möglichkeiten der Umsetzung von Farbarrangements: Farbkombinationen, -spektren, -paletten, -collagen, farbige Finalcollagen und Farbbilder. Wir beschreiben den Umgang hiermit in Kapitel 16.

Zusammenfassung

Zweifellos hat die Farbhygiene unter pragmatischen Gesichtspunkten die größte Bedeutung. Aber auch das Wissen um Metamerie und die Strategien, Reklamationen zu begegnen, sind unabdingbar in der Planung und im täglichen Umgang mit Kunden.

Einfache, flächenhafte Darstellung mit Linienbetonung (vorchristlicher Kulturkreis bis Früh-Gotik)

Farbige, flächenhafte Darstellung mit Linienbetonung (Romantik und Gotik)

Entdeckung der dritten Dimension: perspektivische Darstellung (Renaissance)

Stark modelliert und plastisch, mit Details gemalt (Zeit des Barock)

Beschwingt, graziös, weibliche Betonung der Muschel und Rocaille (Rokoko)

Zeichnerisch-tonige Wiedergabe, nach griechischen Vorbildern idealisiert (Klassizismus)

Romantisch idealisiert, heitere Farbigkeit, Verkörperung des bürgerlichen Idylls (Biedermeier)

Realistische Darstellung mittels toniger, dunkler Malerei (Courbet und Leibl)

Darstellung ohne Linien, nur auf Farbflecken aufgebaut (Impressionismus)

Übersteigerte Farb- und Formbetonung, ausdrucksstarke Gestaltung (Expressionismus)

Streng flächenhafte und lineare Vereinfachung in Verbindung mit klaren Gegenstandsfarben (Henri Matisse)

Lineare-dekorative Darstellung, die Natur ist abstrahiert (Stilisiertes Sehen)

Plastische und formale Objektvereinfachung (Kubismus)

Beim Fotografismus wird die exakte Wiedergabe zur Kunstform erhoben.

16. Kapitel **Farbpolitik**
Von Prinzipien, Funktionen und Isomorphien

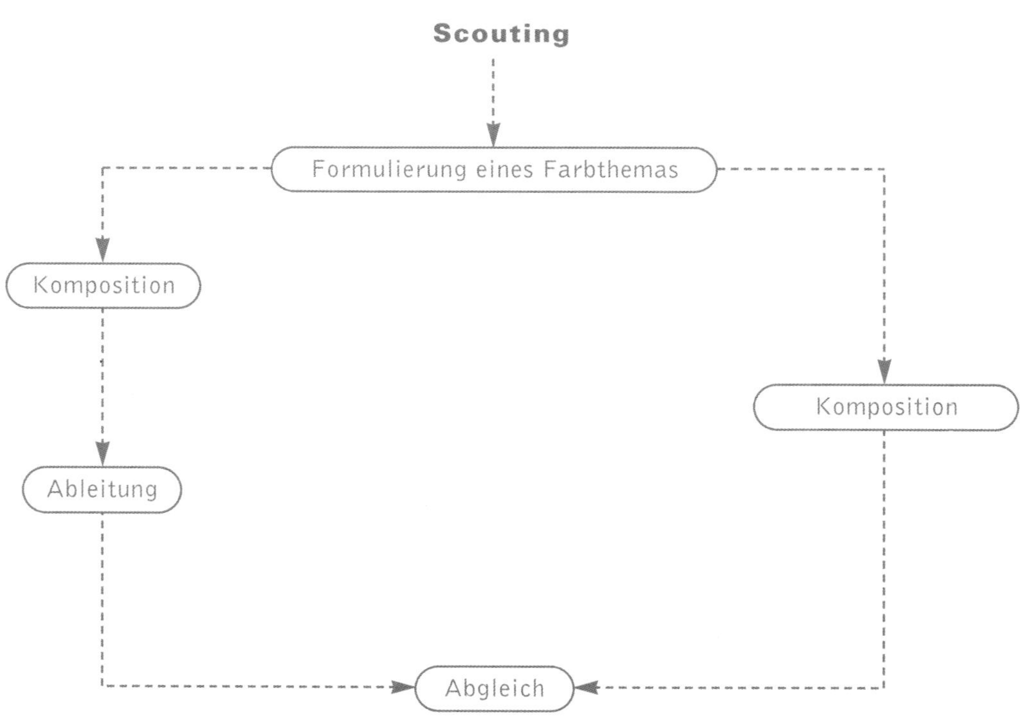

In der Literatur zum Thema Produktpolitik wird immer wieder bestätigt »wie wichtig«, »wie bedeutsam« die Farbe für die Gestaltung von Produkten ist. Auch wird herausgehoben, daß »Farbe« ein preiswertes Mittel der Produktmodifikation bzw. der Differenzierung ist. Der Relaunch ist ohne neue Farbpaletten undenkbar. Nur WIE der Einsatz zu geschehen hat, wird fast nie beschrieben. Um den Forschungsstand und das Aussagenniveau zu dokumentieren, hier eine der umfangreichsten Quellen zu diesem Thema [Maier, S. 638]:

Leitsätze zur Farbgebung

— »Starke Farbkontraste (Komplementärfarben) sind im allgemeinen bei technischen Geräten zu vermeiden. Sie sind nur erforderlich bei hohem und besonderem Informationswert.
— Bei der Farbauswahl sind Umwelt [Kontraste, andere Farben, Farbtonänderungen durch Kunstlicht, Anm. d. Verf.] und Beleuchtung auch im Hinblick auf die Simultanwirkungen besonders zu beachten.
— Bei Farbzusammenstellungen muß der Assoziationswert einer Farbe (z. B. Nähe/Ferne) in Betracht gezogen werden, um nicht unerwünschte Erscheinungen hervorzurufen und eine gewünschte Ordnung zu zerstören.
— Je größer eine Fläche ist, desto weniger Intensität (Reinheit) wird benötigt, um eine Farbe wahrnehmbar zu machen (...)
— Farbkontraste sollen auch in Abhängigkeit ihrer Wirkungszeit gewählt werden, d. h. für lange Wirkungszeiten (tägliche Umgebung, Arbeitsräume, Arbeitsmittel) ruhige, getrübte (aber helle) Farben anwenden, für kurze Wirkungszeiten sind kräftigere Kontraste zulässig.
— Jede übertriebene Effekthascherei aus modischen oder werbetechnischen Gründen ist zu vermeiden, da sie den Verschleiß technischer Geräte fördert.«

Etwas aussagekräftiger sind schon die sogenannten Funktionsbetrachtungen in der Design-Literatur. Wir zeigen ein Beispiel von Bitsch [S. 3].

Wir wollen im folgenden versuchen, einige produktpolitische Lösungsansätze zu systematisieren.
Hierbei gehen wir von einfachen Gestaltungsprinzipien aus und leiten über zu komplexen Realisationsheuristiken mit Hilfe der Collagetechnik.

Farbpolitische Gestaltungskriterien Ein Beispiel: Eine Serie von Thermoskannen die bisher nur mit einem Edelstahlmantel angeboten wurden, bekommt eine Kunststoffumhüllung. Dadurch wird das Produkt preisgünstiger, und jede beliebige Farbe kann gewählt werden.

Das funktionale Managementproblem besteht nun in der Frage: WELCHE Koloration?
Hier helfen die folgenden Prinzipien. Zur Verdeutlichung dieser Leitsätze haben wir jeweils die konkreten Realisationsmöglichkeiten aufgelistet und mit Beispielen aus vielfältigen Produktfeldern belegt.

Prinzip der »unmöglichen« Farbgebung
[Kapitel 11] Beispiele:
— Was immer blau war, bekommt eine andere Farbe.
— Was niemals blau war, wird blau.

Das Prinzip der unmöglichen Farbgestaltung intelligent angewandt haben z. B. die Firmen Philips und Alessi: Küchengeräte sind seit den 60er Jahren cremeweiß oder weißgrau, also unbunt. Experimente mit den Grundfarben Rot, Gelb und Blau waren in den 60er Jahren weniger erfolgreich.
Viele Hersteller versuchen heute, mit Zeitgeistfarben Marktvorteile zu erlangen (Aubergine, Türkis, Violett usw.). Alessi und Philips setzen sich konsequent über alle Marktbezüge hinweg und propagieren Limone, Verde, Avario und Salmone – mit großem Erfolg!
Vielleicht liegt die Akzeptanz aber auch in einer intelligenten Synästhesie [vgl. Kapitel 5]: weiche Formen und weiche Farben?

Prinzip der »ästhetischen« Farbgebung
[Kapitel 8 und 9] Beispiele:
— Farbharmonien (z. B. Ton-in-Ton) auswählen
— Kontraste (z. B. hell-dunkel) erzeugen
— Vermittlung von Assoziationen durch Farben (z. B. Würde durch die Farbe Violett)

Prinzip der semantischen Farbgebung
[Kapitel 10] Beispiele:
— Physiologische Symbole: (z. B. Kälte durch die Farbe Blau)
— Psychologische Symbole: (z. B. Kraft durch die Farbe Rot)
— Metaphorische Symbole: (z. B. Hoffnung durch die Farbe Grün)

Prinzipien der zeitgeistigen Farbgebung
[Kapitel 11] Beispiele:
— Farbinnovation: (z. B. 50er-Jahre-Pastellfarben für Küchengeräte)
— Farbadaption: (z. B. Farbe von Sportgeräten übertragen auf Interieur für Kinderzimmer)

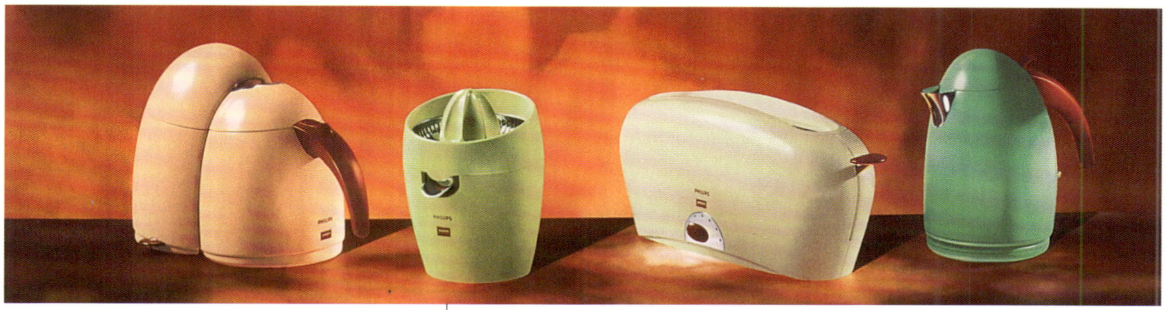

Funktionen der Farbe bei Industrie-Produkten

- Farbe als Mittel der Unternehmensidentität
- Farbe als Mittel der Verdeutlichung von Gebrauchsfunktionen
- Farbe als Mittel der Anmutungsgestaltung
- Farbe als Mittel der Sicherheitsfunktionen
- Farbe als Mittel ästhetischer Funktionen
- Farbe als Mittel der Intensivierung von Formwirkung

Prinzipien der Zielgruppenadäquanz [Kapitel 13] Beispiele:

- Persönliche Lieblingsfarben
- Milieufarben: (z. B. Chrom und Buche für »technokratische« Zielgruppen)

Prinzipien des Kaufverhaltens [Kapitel 14]
Beispiele:

- Schlüsselfarbengleiche, d. h. die Farbe der Isolierkanne passend zur Tischdecke
- Auswechselgleiche »die gleiche Farbe, die ich hatte ...«

Prinzipien der Farbpragmatik [Kapitel 15]
Beispiele:

- Visualökologie: Farben, an denen man sich nicht sattsieht
- Metamerie: Wie kann man erreichen, daß Farben sich bei unterschiedlicher Beleuchtung nicht ändern?
- Sicherheitsfarben usw.

Prinzipien der psychologischen Farbgebung [Kapitel 4, 5] Beispiele:

- Assoziative Farbgestaltung: Braun ist eine Entsprechung für gemütlich, harmonisch und warm.
- Archetypische Farben: Rot verkörpert die Dynamik des Lebens.
- Synästhesien: Grüngelb verkörpert Frische.

Prinzipien der physiologischen Farbgebung [Kapitel 4] Beispiele:

- Eindrucksentsprechung: gebrochene Farben vermitteln einen zurückhaltenden Eindruck.
- Empfindungsadäquanz: hell oder dunkel als Farbempfindung

Prinzipien der ergonomischen Farbgebung [vgl. Kapitel12] Beispiele:

- Ermüdungsfreie Farbgebung für Schreibtischoberflächen
- Berücksichtigung des Farbklimas in Räumen usw.

Man erkennt unschwer, daß diese Prinzipien sich häufig widersprechen: Entweder man folgt dem Prinzip der unmöglichen Farbgebung oder der Farbpsychologie; entweder man gestaltet physiologisch oder semantisch usw.
Wenn man diese Prinzipien auf unser Eingangsbeispiel der Thermoskanne überträgt, stellt man fest, daß bis auf den Leitsatz der ergonomischen Farbgebung eigentlich alle Gestaltungsprinzipien herangezogen werden könnten.
Man wird praktischerweise so vorgehen, daß man zu jedem Prinzip entsprechende Farbvorschläge entwickelt. Je mehr Konzepte umso besser!

Wichtig für die Erstellung der Farbmuster ist zuerst nicht der mögliche Markterfolg, sondern die Zahl der erzeugten Vorschläge.
Die Farbvorschläge werden nun einer Bewertung unterzogen. Als Maßstab fungieren marktbezogene Kriterien wie

- Konkurrenzdifferenzierung
- Trendbezug
- Profilierungspotential
- Segmentspezifik

Es hängt jetzt immer noch vom subjektiven Einschätzungsvermögen des Managers ab, welches Farbkonzept ausgewählt und vermarktet wird. Sogenannte Akzeptanztests sind jedenfalls wenig hilfreich. Workshops mit Praktikern bringen da schon eher Erfolge.
Wer zu substanzvolleren Farbentscheidungen kommen will, sollte weniger mit den Prinzipien arbeiten, sondern den Weg über die »Farbfunktion« wählen.

Farbpolitik mit Farbfunktion Der funktionale Ansatz in der Farbpolitik versucht, die Aufgaben, d. h. Zweckbezogenheit als Gestaltungsbezug herauszuarbeiten. Die Frage »Wozu soll die neue Farbe (die neue Kollektion) dienen?« wird einer Antwort zugeführt.
Eine funktionale Farbpolitik verlangt ein dezidiertes Farbwissen. Die Basis dazu wurde in den vorausgegangenen Kapiteln gelegt. Im Mittelpunkt der Farbfunktion steht die Frage ihrer Gliederung.
Wir schlagen für die Marketingarbeit eine Dreiteilung der Funktionen vor:

- Farbempirie
- Farbsensualität
- Farbpragmatik

Es ist richtig, daß die Farbempirie im Mittelpunkt stehen muß. Es geht also darum, die generelle Marktfunktion des Gestaltungsmittels Farbe zu analysieren. Neben den Farbtrends (dazu gehört auch die Farbarchäologie) muß die typische Farbwahl sowie die Farbpräferenz geklärt werden.
Der Begriff der Sensualität stammt aus dem medizinischen Sprachgebrauch. Er beschreibt das generelle Empfindungsvermögen der Sinne (also auch das der Farboptik). Damit ist er Sammelbegriff für:

- Farbphysiologie
- Farbpsychologie
- Farbästhetik
- Farbsemiotik

Die Machbarkeit (Feasibility) sowie die Restriktionen der Farbpolitik sollten nicht außer acht gelassen werden. Im Schlußkapitel Farbtechnik (das KEIN Randkapitel ist!) werden die pragmatischen Zusammenhänge geklärt.

Die Arbeit mit den Farbfunktionen kann sehr unterschiedlich angelegt sein. Man kann z. B. als Ausgangspunkt die Farbtrends nehmen (empirische Funktion). In diesem Fall wird man sich per Scouting über Zeitgeistfarben, Zeitgeschmacksfarben, Farbhits usw. informieren und davon eine Farbinnovation abhängig machen.

Im Gegensatz zu den Gestaltungsprinzipien, die man – sofern nicht widersprüchlich – parallel anwenden kann, sollte man bei den Farbfunktionen sukzessiv vorgehen. Nacheinander können unterschiedliche Funktionen im Hinblick auf ihre Brauchbarkeit, d. h. Aussageweise überprüft werden. Entweder man entscheidet sich für milieuorientierte Farben oder für Trendfarben. Wenn man Harmoniefolgen wählt, scheiden Geschmackswelten usw. logischerweise aus.

Um eine gewisse Widerspruchsfreiheit in die Farbwahl zu bekommen, sollte man die Funktionskreise nicht miteinander mischen.

Farbsensualität

- Farbphysiologie
  - Farbanmutung
  - Farbarchetypik
  - Farbassoziationen
  - Farbsynästhesien
  - Farbe u. Fläche
- Farbpsychologie
  - Farbeindrücke
  - Farbempfindungen
  - Farbergonomie
  - Farbvisualökologie
  - Farbhygiene
- Farbästhetik
  - Farbharmonien
  - Farbkontraste
  - neue Farbkontraste
  - kreative Ästhetik
- Farbsemiotik
  - Farbnamen
  - Farbverständlichkeit
  - physiologische Farbsymbole
  - psychologische Farbsymbole
  - metaphysische Farbsymbole

Farbempirie

- Farbpräferenzen
  - Lieblingsfarben
  - Wunschfarben
  - Milieufarben
  - Regionalfarben
  - Euro-Weltfarben
- Farbwahl
  - Farbgleiche
  - Farbfunktionen
  - Farbtrends
  - Farbsoziologie
  - Farbemotionen
- Farbtrend
  - Zeitgeistfarben
  - Zeitgeschmacksfarben
  - Hitfarben
  - »angesagte« Farben
  - Farbgeschichte
  - Farbarchäologie
- Farbtechnik/ Farbpragmatik
  - Sicherheitsfarben (Farbkonditionierung)
  - Farbvisuabilität
  - Farbtopographie
  - Farbmetamerie
  - Farbkompositionen

Isomorphe Farbpolitik Der Begriff der Isomorphie bezeichnet gleichartige (Iso) bedeutungstragende Abbildungen (Morphe). Isomorphe Farbpolitik versucht, sprachliche Felder einer geistigen Zwischenwelt [vgl. Kapitel 2] und Farbwelten zu homogenisieren. Wir wollen das an einem Beispiel erklären: Um eine neue »Business-Kollektion« für Teppiche zu entwicklen, beginnt man z. B. mit der Formulierung von Verwendungszweckbereichen für geschäftlich genutzte Teppiche:

— Präsentation (z. B. Ausstellungsräume)
— Didaktik (z. B. Schulungsräume)
— Arena (z. B. Sportstätten)
— Interaktion (z. B. Büros)
— Shop (z. B. Verkaufsräume)
— Leisure (z. B. Freizeitstätten)

»Leisure«

Die expresssiv formulierten Begriffe der Verwendungszweckbereiche werden nun in Farbkompositionen umgesetzt. Hierbei stehen mehrere Möglichkeiten zur Umsetzung zur Auswahl:
In unserem Fall haben wir uns für echte Collagen als Kompositionsmethode entschieden [zur Terminologie und den Gestaltungsformen von Collagen vgl. Küthe/Thun S. 24ff.]. Diese Collagen wurden von einem externen Berater [Thomas Schriefers] für Vorwerk entworfen und vom Management als anpassungsfähig akzeptiert.
In einem weiteren Schritt wurden dann isomorphe Farbauszüge in Form von Farbspektren aus den Collagen gezogen. Hierbei bedienten wir uns des NCS-Systems.
Es gibt natürlich neben der echten Collage noch andere Möglichkeiten der thematischen Umsetzung von sprachlichen Feldern. Wir zeigen ein Beispiel mit Farbcollagen.
Die Themen »Alltag«, »Freizeit« und »Kultur« werden mit Hilfe von Farbcollagen expressiv ausgedeutet (hier Entwürfe von Axel Venn). Aus diesen Entwürfen wird zuerst eine begrenzte Zahl von Grundfarben extrahiert. Diese werden dann, um die Farbpaletten zu vergrößern, einer Modulation unterzogen. Nachbarfarben und Komplementärfarben werden herangezogen, aufgehellte und abgedunkelte Nuancen überprüft.
Unter Harmoniegesichtspunkten ergibt sich letztendlich eine umfangreiche Sammlung von Farben zweiter Ordnung, die jedoch noch unmittelbaren Kontakt zum Ausgangsthema haben.
Wir wollen an einem weiteren Beispiel [A. Venn für ICI, Östringen 1990] zeigen, wie man isomorphe Farbpolitik noch weiter spannend initiiert (jedoch nicht als Farbthema). Vielmehr sind Gefühlswelten bzw. Geschmackswelten der Ausgangspunkt für Farbkonzepte für »jugendliche Kleinwagen« (damals war der Smart-Car noch nicht angedacht!).

»Didaktik«

»Interaktion«

»Shop«

»Arena«

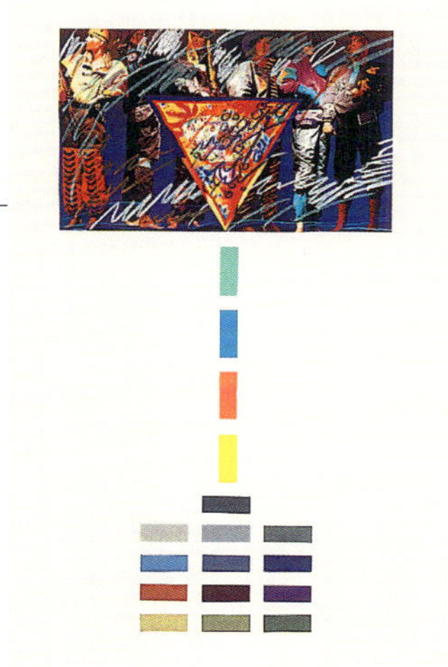

»Kultur«

»Freizeit«

»Alltag«

Wesentlich für diesen Automobiltypus sind
— der jugendliche, fröhliche, nonkonformistische
— der modisch orientierte (Fashion) und
— der flippig bis burlesk (crazy) wählende Autofahrer, häufig Autofahrerinnen.

Nonkonformität steht hier über Prestige. Diese Käufer haben einen sehr ausgeprägten Sinn für Mode und Wohnen. Im folgenden haben wir diese Lebenswelten versucht zu dokumentieren (um daraus echte Collagen zu machen).

GEFÜHLSWELT »MODE«: Die Collage fokussiert aus einem größeren Spektrum einer Modeszenerie, die typische Farb- und Outfit-Sequenzen präsentiert. Filzstift und Buntstiftfarbigkeit, feminin und maskulin, immer ein wenig hektisch, sind die wesentlichen Merkmale einer jugendlichen, sportlichen, freizeitbegeisterten Käuferschicht.

GEFÜHLSWELT »WOHNEN«: Wohnen ist mehr Aktion als Zustand, Improvisation, Zufälligkeit und Experiment vermischen sich mit Reminiszenz, Kühle und Sachlichkeit. Wohnen ist noch nicht zur Repräsentationspose erstarrt, ist im Gegenteil, lebendig, farbenfroh und spannungsreich.

Die Beschäftigung mit diesen Lebensbereichen ist nötig, um ein Gefühl für die zu entwickelnden Farbrichtungen zu erhalten.

Wir haben daraus folgende Farbthemen abgeleitet:

FARBRICHTUNG »JUGENDLICH«: Spritzig, schnell, sportiv sind die Töne des Joggers, Discofreaks und Sportfans. Aus Weiß- und kühlen Bunttönen besteht die Farbwelt , die er liebt, die ihn bezaubert, »anmacht«. Die Farben sind sehr konkret, direkt, absolut nicht geheimnisvoll und pretentiös. Sie sind wie die Welt, die er erlebt: klar, urban, lichtvoll. Die Nacht ist der verlängerte Tag!

FARBRICHTUNG »FASHION«: Zarte, pastellige helle Töne in gedämpfter Leuchtkraft sind »in«. Der Gesamteindruck ist modisch feminin, geschmackvoll, gar nicht langweilig. Ein Parfüm, ein Blick, ein Rascheln von Seide kommt herüber. Illusion wird zur Wirklichkeit.

FARBRICHTUNG »CRAZY«: Die Farben sind flippy bis crazy, der Sound des Motors wird übertönt von Superboxen mit Heavy-metal-music. Burlesk, Knall- und Electricfarben. Fahren und Parken wird zum Genuß. Ein Auto wie eine Bonbonniere! Zuckrig und süß, so richtig zum Autonaschen.

In Form von Farbcollagen haben wir dann diese Farbthemen nachgestellt.

Gefühlswelt »Mode«

Gefühlswelt »Wohnen«

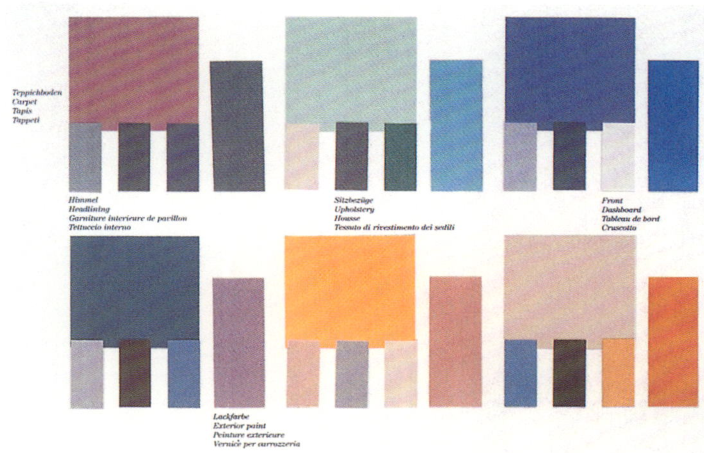

Farbrichtung »Jugendlich«

Farbrichtung »Fashion«

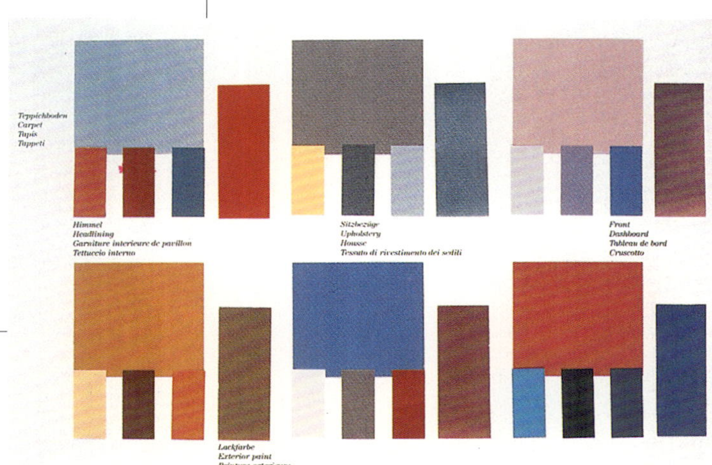

Farbrichtung »Crazy«

Neben den behandelten Finalcollagen und den Farbcollagen gibt es noch weitere Möglichkeiten, Farbthemen zu visualisieren. Vier Möglichkeiten müßten bedacht werden:

— FARBKOMBINATIONEN sind ungeordnete und ungewichtete Farbkompositionen, die man aus mehreren (meistens 2 bis 3) Farben zusammenstellt. Im DESIGNER'S GUIDE TO COLOUR wird hiermit gearbeitet. Die Verwendung von Streifenapplikationen steigert die Farbanmutung.

— FARBRSPEKTREN sind linear genormte, aber ungewichtete Farbkompositionen, die viele Farbnuancen enthalten können. Durch die Intellektualisierung der Übergänge werden auch Simultan-kontraste berücksichtigt [vgl. Kapitel 5]. In unserem Beispiel der Finalcollagen benutzten wir Farbspektren und Farbauszüge aus Collagen zu substantiieren. Wir zeigen hier Farbspektren zu den Themen »Siena« und »kühle Farben«.

— FARBPALETTEN sind zweidimensional geordnete, aber ungewichtete Farbkompositionen. Man macht bei Kollektionen von Teppichen, Stoffen, usw. davon Gebrauch.

— FARBBILDER sind künstlerische, meist ungegenständliche Entwürfe auf Pigmentbasis. Für das Marketing ist die Erstellung viel zu aufwendig. Man kann jedoch künstlerische Entwürfe benutzen, um daraus FARBSKIZZEN bzw. Farbspektren zu entwickeln.

Die schon dargestellten Visualisationsmittel Farbcollage und echte Collage sind wie folgt zu beschreiben:

— FARBCOLLAGEN sind zweidimensional geordnete und gewichtete Farbkompositionen. Man versucht hier, die Farbmengen zu berücksichtigen, d. h. die Grund- und Akzentfarben finden ihre geometrische Entsprechung.

— ECHTE COLLAGEN oder Finalcollagen berücksichtigen darüber hinaus noch die bildhaften Bezüge. Farbe und Bild gehen eine Einheit ein, wie unser Eingangsbeispiel zeigt.

Wir können also aufgrund unserer Erfahrung nur vorschlagen, nebenstehende Heuristik einzuhalten.

Nun wird auch deutlich, warum wir uns in Kapitel 11 so ausführlich mit Formaltrends auseinandergesetzt haben [z. B. Horx]. Ein Abgleich der Farbthemen, eine Entwicklung von Kompositionen verlangt nach den entsprechenden Kenntnissen.

Siena Töne

Kühle Farben

Scouting

Formulierung eines Farbthemas
als Farbbegriff
als Gefühlswelt
als Geschmackswelt
als Erlebniswelt

Komposition
von Farbbildern
von Finalcollagen
von Farbcollagen

Ableitung
von Farbpaletten
von Farbspektren
von Farbkombinationen

Komposition
von Farbpaletten
von Farbspektren
von Farbkombinationen

Abgleich
mit Sensualität
mit Empirie
mit Farbtechnik

Anstelle eines Schlußworts Die Systematik dieses Buchs ist keine streng wissenschaftliche, zunächst nur ein wenig Alltagserfahrung gemischt mit Kulturgeschichte!
Nach und nach haben wir die Grundlagen von Physik, Psychologie, Physiologie und Ästhetik eingebracht.
Weitere Kapitel beschäftigten sich mit typischen Marketing-Faktoren: Zielgruppen, Segmenten, Trendforschung, Farbwissenschaft usw. Alles mündete in einfachen Regelwerken zur marketingrelevanten Farbpolitik ein.
Dabei wird Sie nicht mehr überraschen, daß wir den Paradigmen-Wechsel im Marketing schon eingebaut haben.
Nicht Ansprüche oder Konsumentenwünsche stehen am Anfang, sondern zuerst die kreative Idee.

Kapitel 17 **OSTARA-LAUFEN, Meerbusch**
Wohnwelten – Von der Farbkombination zur Farbemotion

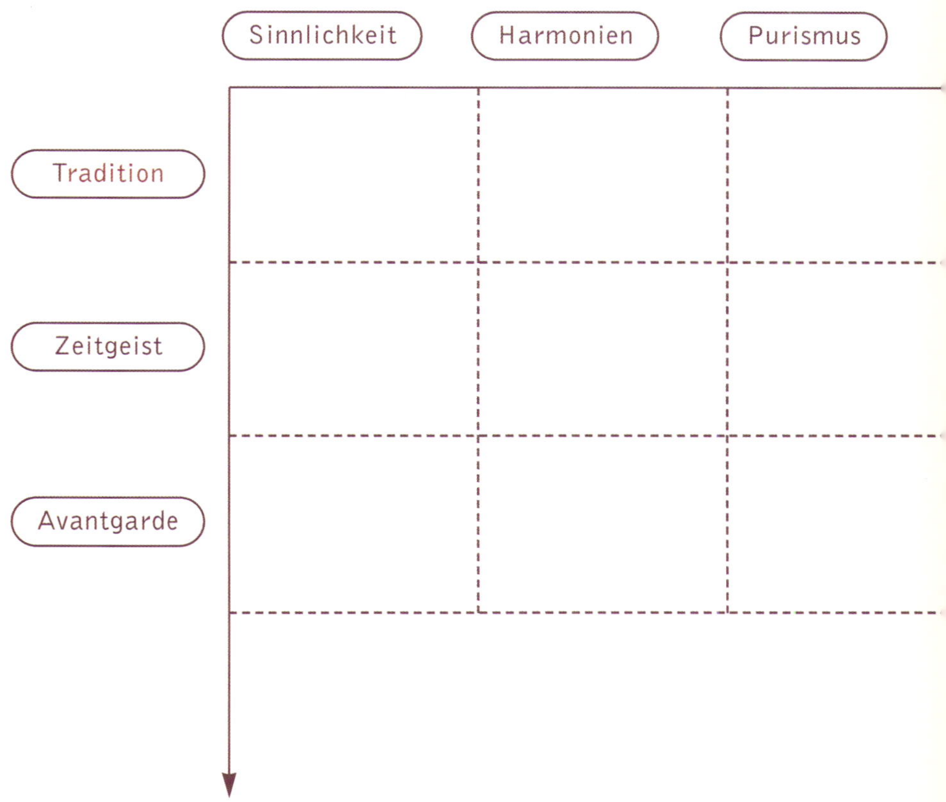

Schöne Farben oder angenehmes Ambiente?

Das Wohnen hat in den letzten Jahren einen deutlichen Wandel erlebt. Sowohl beim Neubau als auch im Rahmen der Renovierungsmaßnahmen wird immer weniger nach »singulären Farben« entschieden. Noch vor zehn Jahren ging man auf die Suche nach Lieblingsfarben oder »passenden Farben«. In ein vorhandenes Ambiente wurden neue Farben eingestellt, die einem bestimmten Harmoniecode entsprechen mußten. Sehr beliebte Farbkombinationen waren die traditionellen Harmonien und Kontraste, die wir in Kapitel 8 beschrieben haben. Mit zunehmender Individualisierung geht es heute darum, einzigartige, von keinem anderen besetzte Geschmackswelten zu entwickeln.

Geschmackswelten sind in sich stimmige Einrichtungsmuster, die einem bestimmten Thema folgen [vgl. Kapitel 9]. Seit einigen Jahren werden für den Bereich Wohnen solche Geschmackswelten ausführlich beschrieben.

Diese »Bildnachweise« haben den großen Nachteil, daß man nie genau weiß, was sich hinter den Begriffen verbirgt.

Was heißt eigentlich »bürgerlich«? Welche GEFÜHLE, welche ZEITGEISTBEZÜGE stehen hinter dieser Geschmackswelt? Das Bild »Bürgerlichkeit« zeigt zarte Farben, gemäßigte manufakturielle Formen und viel Dekoration – aber was ist der Inhalt dieser bürgerlichen Welt?

Im Marketing hat es sich bewährt, sogenannte Geschmacksfelder zu bilden. Dabei handelt es sich um Ordnungsraster in einem zweidimensionalem Raum [vgl. Kapitel 9]. Die Ordnung wird durch zwei Merkmale vorgegeben. Innerhalb dieser Figuration lassen sich dann definierte Geschmackswelten als begrenzbares Ambiente benennen. Genau das ist der wichtige Unterschied zu den einfachen Listungen.

Für moderne Verkaufsgespräche ist es wichtig, nicht nur die Regeln für Farbharmonien zu kennen, sondern ein Ordnungsraster für diese Geschmackswelten zu beherrschen. Erst wenn man weiß, in welcher Geschmackswelt ein Kunde denkt und lebt, kann man gezielte Farbvorschläge machen.

Halten wir also fest: Nicht mehr schöne Farben, sondern eine als passend empfundene Wohnwelt will der heutige Kunde.

Geschmackswelten im Emotionsgefüge Grundsätzlich ist es möglich, sehr unterschiedliche Merkmale zur Positionierung von Geschmackswelten heranzuziehen. Gebräuchlich ist die Preislage als Orientierungsmaßstab: unteres, mittleres und oberes Niveau.

Da OSTARA-LAUFEN jedoch nur Produkte im gehobenen Bereich anbietet, scheidet eine solche Ordnung aus. Wir benutzen deshalb zur Positionierung der Geschmackswelten:

— das Merkmal »Zeitbezug« und

— das Merkmal »Anmutungsintensität«

Das Merkmal Zeit: Es gibt tradierte, moderne und avantgardistische Zeitbezüge.

— Tradierte Stilmerkmale greifen die Sprache der Vergangenheit auf; ihre Anmutung ist nostalgisch bzw. bewährt [vgl. Kapitel 19].

— Moderne Stilmerkmale orientieren sich am Zeitgeist; ihre Sprache ist komtemporär. Das Jetzt wird ästhetisch aufgegriffen [vgl. Kapitel 18].

— Avantgardistische Stilmerkmale (Avantgarde = Vorreiter), riskieren den Bruch mit der Gegenwart. Ihre Sprache ist neu und teilweise ungewohnt [vgl. Kapitel 20].

Nun zu den möglichen Anmutungsintensitäten. Hierbei handelt es sich um reizinduzierte Empfindungen [vgl. Kapitel 5], die sehr unterschiedliche Ausprägungen haben können:

— starke Anmutungen sind eindrucksvoll, hinterlassen Eindrücke und Synästhesien, ihr Charakter ist Sinnlichkeit;

— mittlere Anmutungen sind gefällig, hinterlassen Behaglichkeit, ihr Charakter ist Harmonie;

— schwache Anmutungen sind Minimalstrukturen, sie hinterlassen Eindrücke der Kontemplation. Ihr Charakter ist Purismus.

Damit haben wir ein GESCHMACKESPORTFOLIO entworfen, das die Merkmale »Zeitbezug« und »Anmutungsintensität« als Differenzierungskategorien nutzt. In dieser Matrix ergeben sich aufgrund der Differenzierung nun neun Felder, die wir mit einem Namen versehen müssen. Die Namensgebung der einzelnen Geschmackswelten sowie ihre Visualisierung wird erst mit dem nächsten Kapitel ganz verständlich.

System der Geschmackswelten

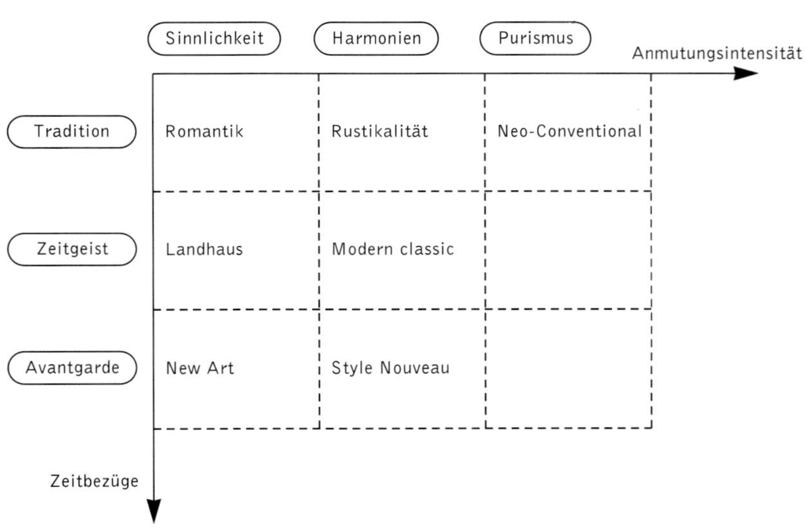

BAUEN WOHNEN finanzieren

RUSTIKAL – DAS WOHNZIMMER ALS SPIEGELBILD DER NATION

RUSTIKAL So wollen 38,9 Prozent aller Deutschen wohnen! Lederne Sofalandschaft und Stilschrank aus furnierter Eiche vermitteln Sicherheit: Mein Häusle ist mein Castle. Kostenpunkt: ca. 4000 Mark

REPRÄSENTATIV Es türmt sich das elektronische Equipment, asiatisch angehaucht formt sich die Schrankwand. 27 Prozent deutscher Wohnender neigen zu vorzeigbarer Individualität. Ca. 7000 Mark

KONVENTIONELL Fichte, naturgebeizt, wirkt stets wie frisch erfunden, dazu ein Schrank mit Sprossenfenstern – fertig ist das Image von Kann-sich-doch-sehen-lassen! Oder etwa nicht? Ca. 2000 Mark

MODERN In Zeiten wie diesen schöpft selbst die Moderne aus alten Beständen und nennt sich gelehrt „Postmoderne". Trotzdem kauft nur jeder 6. Deutsche „so'n modernen Kram". Über 8000 Mark

Knusperhäuschen mit Doppelisolierung: deutsche Sehnsucht nach Behaglichkeit

BÜRGERLICH Die bürgerliche Konvention, selten geworden, hat ihre Riten: den runden Tisch, feste Essenszeiten, Servietten aus Stoff. Gereicht werden Salzkartoffeln auf weißem Porzellan. 3500 Mark

AVANTGARDISTISCH Welches Adjektiv paßt zu „Avantgarde"? Richtig: extravagant! Doch die Avantgarde stammt aus den 20ern, extravagant ist nur das Material: Lava, Erz, Graphit, Bernstein. Teuer!

Fotos: Europa-Möbel (4)/Chalet-Möbel (2)/Illustration: Frank Herzog

10 prisma

Geschmackswelten als einfache Listung mit Fotos

Mittlere Anmutung

Starke Anmutung

Schwache Anmutung

Wir zeigen hier aber als Einstieg zunächst das Modell der Geschmackswelten im Überblick und zeichnen anhand von Einfamilienhäusern diese Wohnmilieus nach. Sie reichen von »Modern Classic« über »Rustikalität« und »Neo-Vernacular« bis zu »DeStijl« (»Bauhaus«) und »Purismus«.
Die Geschmackswelten »Neo-Conventional«, »New Art« und »Style Nouveau« sind neu und bisher wenig bekannt. Eine typische Architektur gibt es dazu nicht. Im Bereich der Inneneinrichtung sind diese Geschmackswelten aber schon weit verbreitet.

Geschmackswelten und ihre Kolorits Im folgenden beschreiben wir die Geschmackswelten des Wohnens (incl. Küche und Bad). Die Reihenfolge gibt ihre Bedeutung an. Das Portrait der Geschmackswelt charakterisiert zuerst die Herkunft und Entstehung des Wohnstils, danach die Hauptfarben, die der Geschmackswelt ihre Grundanmutung geben, schließlich die Akzentfarben, die der Feinabstimmung dienen. Sie geben der Geschmackswelt das individuelle Gepräge. Die Hauptfarben dienen dazu, große Flächen wie Boden und Wand zu kolorieren. Akzentfarben dienen dazu, die Hauptfarbe wohnspezifisch aufzulösen.
Die Verbindung von Haupt- und Nebenfarbe vollzieht sich nach bestimmten ästhetischen Regeln, den Harmonie- und Kontrastgesetzen. Wir beschreiben die typischen Farbkombinationen, die eine Geschmackswelt auszeichnen [vgl. dazu die Kapitel 8 und 13], damit man die typische Wahlhandlung der Kunden nachvollziehen kann.
Aus der Farbkombination ergeben sich für den Nutzer bestimmte Gefühle (Empfindungungen), die man in der Sprache der Sprachpsychologie Farbemotionen nennt. Die Vielfalt dieser auch Anmutung genannten Wirkungen haben wir in Kapitel 5 behandelt. Für die einzelnen Geschmackswelten haben wir die typischen herausgesucht, um sie damit zu charakterisieren.

Um zu verstehen, warum es zu diesen Farbemotionen kommt, ist es wichtig, das zugrundeliegende ästhetische Prinzip zu kennen. Wir haben in Kapitel 7 dargestellt, welche »Grundlagen der Schönheit« zu beachten sind.
Als Abrundung zeigen wir, welche Muster typisch für die einzelnen Geschmackswelten sind. Diese Muster können sich z. B. auf den Bordüren oder den Fliesen selbst befinden. Meistens finden sie sich jedoch in der textilen Innenausstattung. Welche generellen Möglichkeiten der Musterung zu berücksichtigen sind, haben wir in Kapitel 15 beschrieben.

Bisher wurden Wohnwelten, Wohnmilieus usw. immer mit realen Fotos abgebildet. Diese Darstellungsform hat erhebliche Nachteile. Der Hauptnachteil ist, daß sich an den konkreten Produkten (z. B. Sitzmöbel, Leuchten usw.) schon Ge- oder Mißfallen festmacht. Die Bilder sind eben zu konkret!
Darüber hinaus wird nicht zwischen wichtig und unwichtig getrennt – ALLE Bilddetails drängen in den Vordergrund. Der größte Nachteil von real abgebildeten Geschmackswelten ist jedoch, daß die typische Farbgebung mit Haupt- und Nebenfarben nicht deutlich wird – Produkte decken Farben ab, Akzentfarben kommen nicht zu Vorschein usw.
Die beste Methode ist deshalb die des Collagierens. Wir wissen heute [vgl. Küthe/Thun, MARKETING MIT BILDERN], daß zu einem Gesamteindruck komponierte Einzelbilder – eben Collagen – Geschmackswelten besser visualisieren als reale Fotos. Deshalb stellen wir die Geschmackswelten des Wohnens mit Collagen vor, bei denen die Farbwirkung im Mittelpunkt steht. Diese Farbcollagen erhalten darüber hinaus jeweils ein spezielles »Farbportrait«. Das sind unter dem Farbbild angeordnete monochrome Streifen, die die Farbemotion der ganzen Komposition nochmals aufgreifen (sog. Schlüsselfarben).
Machen Sie nun mit uns einen Streifzug durch die Geschmackswelten für Fliesen; machen Sie sich einen plastischen Eindruck durch das Wechselspiel von Farbwirkungen der Collage und sprachlicher Umschreibung.

Purismus, einfache Materialien und Formen machen diesen Bautyp so sympathisch.

»Modern classic«, eingelöst an einem Fertighaus der Firma HUF

»Rustikalität« mit etwas Eleganz gemischt ergibt »zauberhafte« Geschmackswelten.

»Neo-Vernacular« in der Ausprägung des Landhausstils ist bei Fertighäusern eine der beliebtesten Geschmackswelten.

De-Stijl-Architektur als Zeichnung und als Ausführung im »Schröder-Haus« von Gerrit Rietveld, 1924

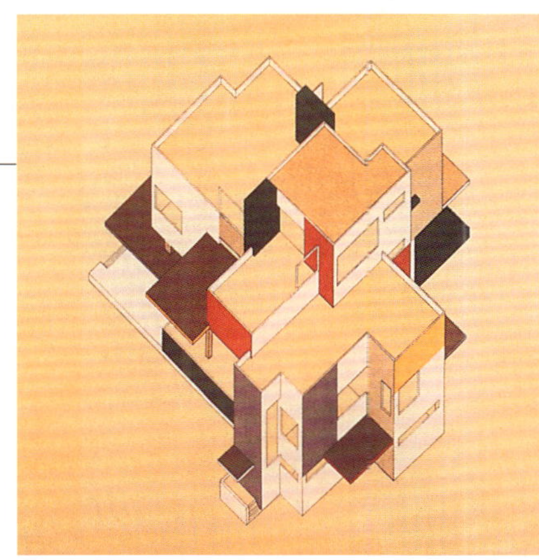

Die Geschmackswelt »Rustikalität« Kurzcharakteristik: Harmonie und Tradition.
»Rustikal« (rusticus = der Bauer) möchten heute 40% der Deutschen wohnen. Entstanden ist dieser stets aktuelle Wohnstil durch eine ästhetische Verbindung zwischen »Altdeutsch« und »Nostalgie«. Die bevorzugten Produkte sind ziemlich wuchtig und haben einfache sichtbare Verbindungen. In letzter Zeit haben sich die Farben jedoch erheblich aufgehellt. Hauptfarben sind gedämpfte Brauntöne, wie Bruere, Kastanie und Barrique. Auch tiefe warme Graunuancen werden eingefordert. Akzentfarben in Form von cremigen, gedeckten Weißtönen, frischem Grün und verhülltem Orangerot schaffen gemütliche, warme Emotionen. Farbkombinationen: bevorzugt werden Ton-in-Ton, auch Querschnittsharmonien. Ästhetisches Prinzip ist das des Kontrasts und der Assoziation. Muster: wenig detailreich, grob und flächenbetont.

Die Geschmackswelt »Modern Classic« Kurzcharakteristik: Harmonie und Zeitgeist.
Klassisch [vgl. Kapitel 19] sind mustergültige Produkte und Wohnkonzepte, die nicht der Mode unterworfen sind. Da klassische Vorbilder meist aber historisierend sind, weist der Zusatz »modern« darauf hin, daß es sich hier um Geschmacksbezüge unseres Jahrhunderts handelt.
Diese Geschmackswelt ist auf ästhetische Durabilität hin angelegt, was sich in der Farbgebung ganz deutlich zeigt (keine Fashion-Farben!). Hauptfarben sind alle »off whites« [vgl. Kapitel 18], sowie die warmen, beseelten Grautöne. Akzentfarben sind einmal Metalliseé-Farben (Gold, Silber) aber auch Schwarz und Weiß. Je nach Charakter der gewählten »off whites« kommen zarte Grüns, Bleus und Braunnuancen zum Einsatz. Farbemotionen werden in Form von Schattenreihen und als Qualitätskontrast durchgeführt. Die Farbemotionen sind angenehm, charmant, harmonisch, aktivierend und vertraut. Als äthetisches Prinzip kann dann nur das der ästhetischen Mitte vorkommen. Die Muster thematisieren Leichtigkeit und Abstraktion.

Die Geschmackswelt »Romantik« Kurzcharakteristik: Tradition und Sinnlichkeit.
Romantik ist ebenfalls eine nostalgische Wohnwelt. Im Gegensatz zur Rustikalität ist diese jedoch zart, weiblich und sinnlich. Das drückt sich besonders deutlich in der Koloristik aus. Die Geschmackswelt wird durch helles Blau, auch Rosenquarztöne und vor allem »Isabell-Farben« [vgl. Kapitel 18] definiert. Akzentfarben treten bei dieser Geschmackswelt in den Hintergrund, es sind kräftige Farben in Form von Delfter Blau, herrend Grün und tiefem Rosé. Bei den Farbkombinationen ist man weniger festgelegt. Es kommen vor: Warm-kalt-Kontrast, Leicht-schwer-Kontrast, Ton-in-Ton-Harmonien und vor allem sind auch Schattenreihen möglich.
Es gilt das Prinzip der Versöhnung. Diesem Prinzip entsprechen auch die weichzeichnenden, großflächigen linienbetonten Muster.

Die Geschmackswelt »Landhaus« Kurzcharakteristik: Sinnlichkeit und Zeitgeist.
Der »Landhausstil« wurde von den Fertighausanbietern lanciert. Ursprünglich als elegante Variante der rustikalen Häuser geplant, ist heute eine eigenständige Geschmackswelt daraus geworden. Sie setzt sich deutlich von den nostalgischen Stilen ab, indem hier z. B. niemals »banales Grün« Verwendung findet. Im Gegensatz zur Romantik sind die Akzentfarben üppig und wertig.
Hauptfarben: Es ist typisch, daß hier keine monochromen Einzelfarben, sondern Farbmodulationen verwendet werden. Man versteht darunter die in sich übergehenden Farbverläufe einer Grundfarbe. Diese Modulationen beziehen sich auf die Nuancen Ton (ungebrannte, fette Lehmfarben), French Grey, Terra und Murgel. Man erkennt, daß die warmen, erdigen Töne gut zu der gewollt eleganten, gefühlvollen, beruhigenden aber tradierten Farbemotion passen.
Die Akzentfarben werden gern zweifarbig angewendet: z. B. Sepia und Anthrazit, Basalt und Tint Grey, Malachitgrau und Schwarz. Diese duale Koloration ergibt sich daraus, daß oft Naturstein Verwendung findet. Die doppelte Farbigkeit wird auch gewählt, weil das ästhetische Prinzip der Versöhnung (Sinnlichkeit und Harmonie gleichzeitig) angestrebt wird. Bei den Mustern entscheidet man sich entweder für große florale Entwürfe oder solche, die sich aus der Herstellung z. B. Webtechnik ergeben.

Die Geschmackswelt »Style Nouveau« Kurzcharakteristik: Avantgarde und Harmonie.
Um die Jahrhundertwende war der Jugendstil in Deutschland die wohl bedeutendste Reformbewegung, die den opulenten Historismus ablehnte und einfachere, konstruktionsgerechte natürliche Formen suchte. Hauptmerkmal des Jugendstils waren florale Ornamente. In Frankreich war dieser Stil grafischer und weniger farbenfroh und wurde »Art Nouveau« genannt. Hier knüpft die Geschmackswelt an, die wir »Style Nouveau« nennen. Die Grundfarben sind schachbrettartige oder versetzte schwarz-weiße Akzente, aber auch der Natur (vgl. Jugendstil) abgelauschte Grün-, Creme- und Ecrú-Nuancen sind zu finden.

Geschmackswelt
»Rustikalität«

Geschmackswelt
»Romantik«

Geschmackswelt
»Modern classic«

Geschmackswelt
»Landhaus«

Die Akzentfarben sind z. B. metallisierend, auch dunkle erdige Grüntöne (Skarabäus) und edles Ultramarin sind anzutreffen. Farbkombinationen wurzeln im Quantitätskontrast; auch Querschnittsharmonien sind zu finden. Die Farbemotionen sind zeitlos, zurückhaltend, ruhig aber luxusbetont. Es gilt das ästhetische Prinzip der Klarheit. Bei den Musterungen überwiegen geometrische Muster mit exakt zeichnender Wiedergabe, oft nach griechischem Vorbild.

Geschmackswelt »Style Nouveau«

Die Geschmackswelt »Neo-Conventional«

Kurzcharakteristik: puristisch-traditionell.

Bisher haben wir noch keine »puristischen« Wohnstile beschrieben. Hierbei handelt es sich um eine reduzierte Ästhetik, die auf wenigen geometrisch bestimmten Grundfarben basiert und auch mit begrenzten Grundfarben auskommt.

Zum Begriff: In den Bürgerhäusern der Jahrhundertwende wurden Fliesen nach geometrischen Mustern verlegt. Man versuchte damit, möglichst allen Nutzerwünschen zu entsprechen = konventionell! Wir haben diese Idee neu aufgenommen (Neo!) und daraus eine ausdrucksstarke Geschmackswelt entwickelt. Die Hauptfarbe ist ein cremiges Grauweiß. Als untergeordnete Hauptfarben sind Blau, Blauschwarz und Terrakotta vorgesehen. Die Akzentfarben sind in einem warmen Kolorit gehalten, Khaki, Echtbraun und Mauve. Damit ergeben sich ein Warm-kalt-Kontrast, ein Farbe-an-sich-Kontrast sowie auch Bunt-unbunt-Kontraste. Die Emotionen sind ehrlich, sachlich, überlegt und vor allem authentisch. Muster werden hier strikt abgelehnt; nur grafische Motive sind erlaubt.

Geschmackswelt »Neo-Conventional«

Die Geschmackswelt »New Art« Kurzcharakteristik: Avantgarde und Sinnlichkeit.

Diese Geschmackswelt ist nicht vordergründig bunt, sondern farbenprächtig vor einem neutralen Hintergrund. Grundfarben sind mattes oder glänzendes Weiß. Vor dieser Basis wirkt nun die exotische Farbenpracht von Echtrot, Ultramarin, Purpur und Tiefgrün.

Diese Farbenpracht ist eingebunden in ein Feuerwerk der Muster. Ironisierende Elemente einer technischen Welt kommunizieren Bilder und schaffen künstliche Welten mit starkem Kolorit. Der Bunt-unbunt-Kontrast wird ausgereizt; auch der Farbe-an-sich-Kontrast kommt zum Tragen. Somit sind die Emotionen energisch, jugendlich, fröhlich und überraschend. Die Farbreize sind Teil des Musters.

Geschmackswelt »New Art«

Die beiden anderen puristischen Geschmackswelten sind zwar durchaus zu finden – als ästhetische Nische bisher jedoch merkantil weniger bedeutsam.

Kapitel 18 **KERAMAG, Ratingen**
»Weiß Classic« – Eine neue Sanitärfarbe als Problemlöser

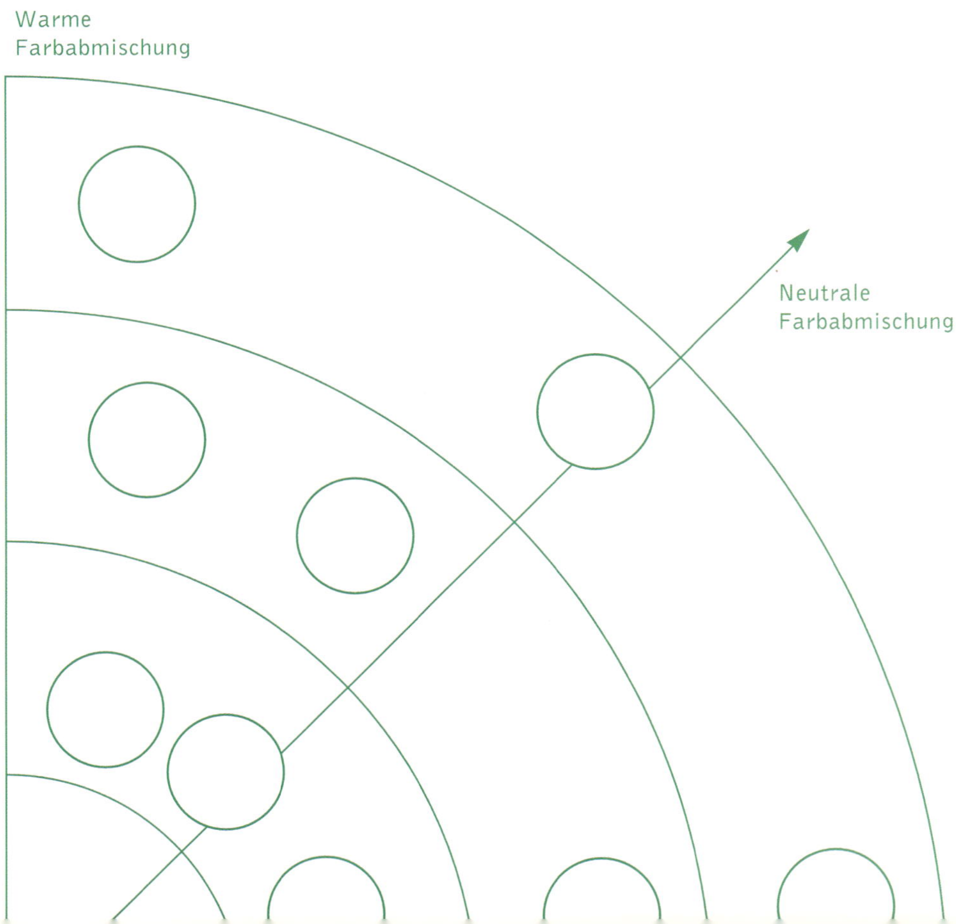

Eine neue Sanitärfarbe, die eigentlich keine neue Farbe, sondern »nur« eine intelligente Modulation von Weiß ist, wird mit großen Erfolgsaussichten am Markt lanciert werden. Die Vorteile dieser neuen Nuance sollen hier exemplarisch dargestellt werden.

Vom Farbzyklus der Badfarben Wenn man verstehen will, warum heute 75% der verkauften Sanitärkeramik weiß ist, muß man die Geschichte der Badfarben bemühen. Um 1900 boten die damals führenden englischen Royal Doulton Potteries drei Farben an:

— Pure white
— Light green tint und
— French grey.

Das »Pure white« war ein Weiß mit leicht gelblichem Schimmer, weil man keine reinweißen Glasurpigmente zur Verfügung hatte. Das aufgehellte (tint) Grün hatte wenig Charme und die dritte Farbe war ein blasses bläuliches Grau. Eigentlich waren alle drei angebotenen Farben zarte Pastells, wobei »Pure white« auch pastellig ausfiel, weil es einen cremigen Charakter hatte.

50 Jahre später: Nach einem langen Krieg versuchte man einen farbigen Neuanfang. Während in der Wohnung die bunten Grundfarben nebeneinandergesetzt wurden (Farbe-an-sich-Kontrast), zogen ins Bad und auch in die Küche nun die echten Pastellfarben ein. Wer es sich leisten konnte, kaufte Rosa, Hellblau oder Hellgelb – alles echte Pastellfarben.

50er Jahre: »Romeo und Julia« in zarten Pastells

Luxus im Bad wurde dadurch inszeniert, daß man die rosafarbene Sanitärkeramik mit hochglänzenden schwarzen Fliesen kombinierte. (Die Beseitigung der Kalkablagerungen überließ man der Zugehfrau.)

Die meisten Bäder waren indes jedoch nach dem Minimumschema eingerichtet: 4,5 qm weiße Keramik und die Wände in resedagrünem Ölanstrich.

In den 70er Jahren wurden die Sanitärfarben noch intensiver, und vor allem Zwischenfarben wurden gerne gekauft: Flieder, Anemone, Beige usw. Schon jetzt ist eine gewisse Logik der Farbabfolge zu erkennen: zarte Pastells, echte Pastells der Grundfarben, kräftige Pastells der Grund- und auch der Zwischenfarben.

Bis 1975 wurde die Farbgebung weiter intensiviert. Echtbunte Farben wie Amara (Rubinrot), Oasis (tiefes Grün), Curry, Sorrento (kräftiges Ultramarinblau) usw. wurden entwickelt und mit gleichfarbigen Fliesen und Accessoires (insbesondere Badteppichen!) angeboten.

70er-Jahre-Bad in kräftigen Pastells

Ende der 70er Jahre hatten die bunten Farben im Bad einen Marktanteil von über 60%. In Anzeigen der Bauträger wurde damals bei Kaufeigentum mit dem Hinweis auf »farbige Sanitärkeramik« geworben. Heute dagegen fehlt in den meisten Anzeigen nicht der Hinweis auf »reinweiße Bäder«!

Doch der Umbruch war schon Ende der 70er Jahre vorgezeichnet: das reine Weiß holte unaufhaltsam auf. Die bunten Farben büßten Marktanteile ein. Auch mit neuen mittelwertigen Farben (Mento, Aloa und Luxor) sowie den Whisper-Farben (d.h. mitteltönigen Pastells) ließ sich der Siegeszug des modernen Weiß« nicht mehr stoppen. Bei den Sanitärfarben scheint also die Zyklusthese [vgl. Kapitel 12] in etwa zuzutreffen. Von den zartesten Farben hin zu den echt bunten Nuancen und – wieder zurück.

»Pure white« und »Light green tint« in einer viktorianischen Duschwanne

Edelbunte Farben (»Luxor«) in einem Luxusbad der späten 80er Jahre

Luxusbad in den 50er Jahren

Starkbunte Pastells (»Bleu«) in einem Luxusbad der frühen 80er Jahre

Typisches Bad der 50er Jahre nach dem Minimum-Schema

Die Zyklusthese als Erklärung für das heutige weiße Bad heranzuziehen, ist jedoch zu einfach. Welche psychologischen, soziologischen und vor allem architektonischen Faktoren begründen den Wandel?

Auf der Suche nach Erklärungen

Die Individualisierungsthese Bis in die 80er Jahre reichte es noch aus, die Sanitärfarben als ganz persönliche Wahlentscheidung herauszustellen und damit einen eigenständigen Lebens- und Wohnstil zu dokumentieren.
Farbige Sanitärkeramik, zumal Ton-in-Ton mit entsprechenden Fliesen kombiniert, war ein Zeichen für Individualität, persönliche Eigenheit und Kennerschaft. Da jedoch immer mehr Käufer die plakative Farbigkeit bemühten, reichte letztlich die Koloration allein nicht mehr als Differenzierungsinstrument aus. Deshalb nahm man von den farbigen Sanitärprodukten Abstand und gestaltete einen neutralen Raum als Basis in Weiß. Dieses Substrat eignete sich als Bühne zur Inszenierung von Wohnwelten mit farbigen Sanitärprodukten und Accessoires. Mit »Weiß« war man auf der sicheren Seite, um alle farbigen Experimente abzufedern: rote Toilettenbrillen, buntgemusterte Duschvorhänge, farbig abgesetzte Fugen; alles »vertrug« sich mit neutralem Weiß. Das ist eine Erklärung für den beginnenden Weißboom.

Die Ästhetisierungsthese Die Badwelt – und nicht nur diese – wurde ständig bunter: Die Zahnbürsten bekamen Leuchtfarben, die Pflegeprodukte erhielten farbemotionale Verpackungen, auch die Seife war nicht mehr weiß, sondern grünweiß meliert. Die Frotteéwaren bekamen Streifen, und die Medikamente wurden bunt wie Smarties.
Nicht einmal mehr das Toilettenpapier war reinweiß – die Edelsorten erhielten zarte Tönungen und florale Muster. Kurzum: Die Produkte, die ins Bad drängten, wurden immer farbenprächtiger und harmonierten immer weniger untereinander, erst recht nicht mit so kräftigen Badfarben, wie sie in den 80er Jahren üblich waren.
In dieser Situation wird man bei Renovierung und Kauf darauf achten, daß der Raum neutral ist, und das ist für die meisten Kunden eben immer noch weiß. Viele Käufer von weißen Bädern geben zwar zu, daß ihnen Weiß eigentlich zu kühl, zu steril, zu nüchtern ist – trotzdem möchte man keine Farbkapriolen, sondern sehnt sich nach Farbruhe, die durch notwendige Accessoires und Badprodukte dann letztlich doch wieder durchbrochen wird.

Die Visualisierungsthese Es ist ein Faktum: die Bäder werden leider nicht größer, sondern im Durchschnitt gesehen, bezogen auf Bestand und Neubau, sogar kleiner.
Im absoluten Luxusbereich (< 2%) nimmt die Badgröße heute zu. Bei den mittelgroßen Bädern versucht man beim Neubau mit 1 bis 2 qm weniger Raumangebot auszukommen. Diese faktisch kleinen Bäder meint man nun mit Weiß optisch vegrößern zu können. Der VISUELLE Eindruck eines kleinen Bades »ganz in Weiß« ist großzügiger als ein solches in üppiger Koloration. Das ist zwar in etwa richtig – stimmt aber in der Konsequenz nicht ganz.
Alle zarten Grünnuancen lassen kleine Bäder »frisch« und »angenehm« erscheinen – nicht umsonst bot Doulton »light green tint« schon vor 100 Jahren als Sanitärfarbe an. Aber auf dieses Problem kommen wir noch ausführlich zu sprechen.

Individualisierung: neutrales Weiß mit farbigen Sanitärprodukten

Prozentuale Verteilung von Badgrößen

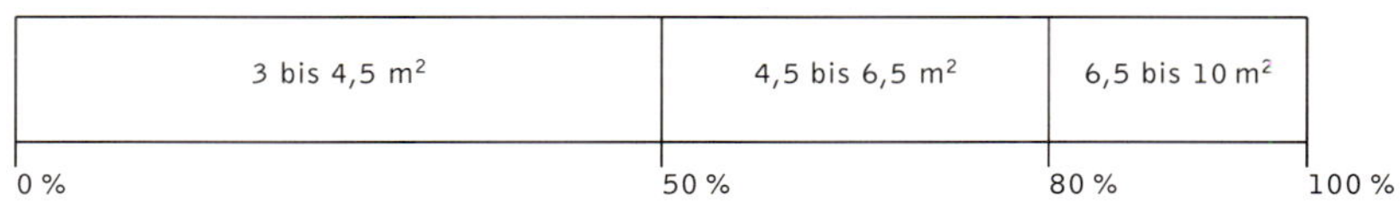

Ästhetisierung: immer buntere Badprodukte harmonieren nur noch mit neutralem Weiß.

Entscheidungsstrategien für Weiß Bei Neubau oder Komplettrenovierung gibt es beim Individualbad einen typischen Entscheidungsablauf:
Zuerst werden die Keramikserien ausgesucht und – die eigentlich schon längst getroffene – Farbentscheidung festgeschrieben.
Wie wir schon wissen, entscheiden sich drei von vier Käufern für Weiß. Mit der Gewißheit, mit Weiß im sicheren Geschmacksbereich zu liegen, wird die Fliesenauswahl angegangen. Nun wäre es logisch, auch rein weiße Fliesen auszusuchen, das ist jedoch nur selten der Fall. Man moduliert – je nach Geschmacksbestrebung – seine Farbentscheidung zum Grundmuster Weiß. Wie das geschieht, wollen wir nun ausführlich dokumentieren. Die Entscheidung für metallische Oberflächen von Armaturen und Accessoires folgt normalerweise erst an dritter Stelle. Kompliziert werden die ästhetischen Wahlhandlungen immer dann, wenn auch über Oberflächen von Badmöbeln entschieden werden muß. Die Frage, welche Materialfarbe zu welcher Metallfarbe und darüber hinaus zu welcher Keramikfarbe denn nun eigentlich »paßt«, gibt Gesprächsstoff für lange Kaminabende.
Nun jedoch zurück zu den Wahlhandlungen Keramikfliese oder präziser: Wand- und Bodenbelag. Wir können beobachten, daß Käufer nur vier Entscheidungsstrategien verfolgen:

Luxurierungsstrategien Da reines Sanitärweiß zu kühl und zu neutral ist, versucht man bei den Fliesen eine »Aufwertung« zu betreiben. Diese Aufwertung bezieht sich einmal auf leichte Musterungen, die natürliche Materialien assoziativ aufnehmen.
Wir finden abstrahierte Marmor-, Granit- oder Travertin-Muster. Zwar ist die Grundkoloration weiß, es findet jedoch eine Hinwendung zu weicheren Materialfarben statt. Sehr häufig werden Schlüsselfarben der Muster aufgenommen und als Fliesenabschluß in Bordüren übertragen. Diese Bordüren sind meistens floral und üppig koloriert. Darüber hinaus werden keine Standardformate verlegt, sondern es wird auf teure, großformatige Fliesen zurückgegriffen. Eine besondere Luxurierungsstrategie ist die, die auf Naturstein zurückgreift.
Sehr beliebt sind momentan weiße Marmorbäder. Im Gegensatz zu echten Luxusbädern der 20er und 30er Jahre werden jedoch keine großformatigen unikalen Marmorpaneele wandseitig mustergerecht »abgewickelt«. Man verlegt dünnwandige Marmorfliesen, die dann jedoch nicht mehr den natürlichen Verlauf der Marmorierung nachstellen. Die Musterung ist willkürlich und dadurch laut und ästhetisch wenig glaubhaft.
Das Problem aller Natursteinmarmorierungen liegt nun darin, daß das Reinweiß der Sanitärkeramik zu den cremigen und leicht gebrochenen Farben der Natursteine zu stark kontrastiert. Auf dieses Problem kommen wir im nächsten Kapitel noch einmal ausführlich zurück.

Minimalisierungsstrategien Hier wird nicht »aufgewertet«, sondern bewußt sparsam entschieden. Einfache Standardfliesen (sogenannte Industriefliesen) werden unspektakulär verlegt, alles bleibt sachlich und schlicht, kein ästhetischer »Gag« soll den einfachen Auftritt stören. Das Geheimnis dieser unprätentiösen Lösungen liegt darin, daß die »Faszination des Normalen« inszeniert wird.
Der Auftritt ist nicht emotional, sondern rituell. Sparsamkeit, Verzicht und vor allem intelligente Auswahl der Produkte führen zu einem Understatementgefühl, das man in der Schmuckbranche (»...zu wissen es ist Platin...«) schon länger kommuniziert. Die minimalistischen Bäder knüpfen an Sachthemen an, die man mit dem Begriff »Japonais« zusammenfaßt. Jede »Farbe« wird bewußt ausgegrenzt – nur Gelb ist evtl. noch erlaubt. Natürlich ist die Geometrie, die Ordnung, das wichtigste Gestaltungsthema in diesen Bädern. Der Fliesenspiegel wird bewußt geplant, Spiegel und Licht werden als architekurales Moment eingesetzt und nicht mehr zufällig plaziert. Miminalistische Bäder gehen sehr gezielt mit der eingesetzten Materialmenge um. Fliesen werden z. B. bewußt nur noch 1,30 m hoch verlegt. Weißgetünchter Putz ersetzt die keramische Wand. Oft greift man für den Boden auf natürliche Werkstoffe in Form von Holz zurück.
Es scheint sich über den Minimalismus eine neue Badästhetik zu entwickelt, die fernab der Standardlösungen neue Gefühlswelten eröffnet.

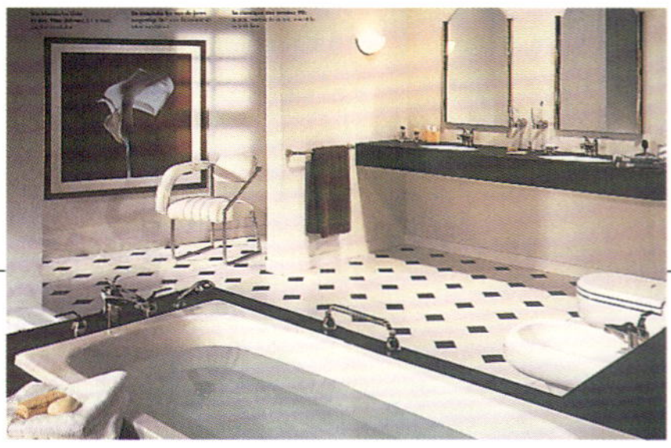

Minimalisierungs-strategie (Nur die Armatur fällt aus dem Rahmen)

Luxurierungsstrategie

Funktionalstrategien Die Abstimmung und Ausdeutung der unterschiedlichen Aufgaben, die das Bad zu erfüllen hat, nehmen eine zentrale Stellung ein. Auch die Farbdefinition wird unter praktischen und nicht unter ästhetischen Gesichtspunkten getroffen. Da scheiden schon einmal alle dunkel-bunten Nuancen aus, da man Kalkreste und Seifenablagerungen einfach zu stark sieht. Auch Graunuancen sind unpassend, da sie das Bad visuell verkleinern.
Die Funktionalisten wählen im Gegensatz zu den Minimalisten keine einfachen reduzierten Lösungen aus prinzipiellen ästhetischen Gesichtspunkten, sondern als Folge einer pragmatischen Rationalentscheidung. Die Leitlinie dieser Entscheidung sind konkrete, bewußt gehandhabte Lösungsansätze. Man entscheidet sich für Ton-in-Ton-Harmonien. Bunt-unbunt-Kontraste oder eine überlegte Schlüsselfarbengleiche.
So kann es passieren, daß bunte Abschlüsse mit Listellis ausgeführt werden und eine gleichfarbige Sockelleiste angebracht wird. Niemals wird man jedoch auf florale Muster zurückgreifen. Wie soll man diesen Schmuck denn auch rational rechtfertigen? Was haben Wolkenmäander z. B. für eine Aufgabe? Was sollen zarte Blumenbordüren im Bad bewirken? »Freude machen«, »Stimmung erzeugen« usw. sind aus Sicht der Funktionalisten jedoch keine erstrebenswerten Aufgaben. »Und außerdem ist jede Dekoration sowieso Kitsch und eines gebildeten, den Verstand einsetzenden Menschen unwürdig«.

Emotionalstrategien Daß ein Bad »Lust« machen soll, erkennen immer mehr Kunden. Nein, nicht nur praktisch soll es im Bad zugehen, auch Stimmungen sind zugelassen. Damit betreten wird das weite Feld der Gefühlswelten, der Geschmacks- und Themenwelten. Letztendlich müssen auch die Erlebniswelten bedacht werden. Hierüber haben wir in Kapitel 9 ausführlich berichtet. Emotionalstrategien im Bad ranken sich in der Regel um die weiße Sanitärkeramik. Eingelöst werden die Gefühle dann durch geeignete Farbwahl. Dazu einige Beispiele:
NEO-BAROCK wird durch die Verwendung von Gold, Ultramarin und Rot eingelöst.
FOLKLORE benötigt ein Kolorit in Terrakotta, Blau und Creme.
»Lust« als Wirkung wird durch die Sommerfarben Orange, Rot und Violett aktiviert und »Sehnsucht« verlangt nach Pastelltönen von Grün über Orange-Gelb bis Blau.
Man erkennt, auch die Emotionalstrategien benötigen keine echt bunten Sanitärkeramikfarben. Man gestaltet um die weiße Basis herum. Die Komposition mit Farbe wird durch weiße Sanitärprodukte nicht gestört.
Natürlich sind immer auch Mischformen der Gestaltung möglich und auch sehr verbreitet, wenn man etwa funktional-minimalistisch oder emotional-luxuriert vorgeht.

Probleme der Sanitärfarbe Weiß Immer mehr Kunden erkennen, daß »Weiß noch lange nicht Weiß ist«. Besonders die Funktionalisten und die Minimalisten bedauern, daß das keramische »Weiß Alpin« und das »Reinweiß« der Fliesen sich doch erheblich unterscheiden kann. Diese Differenzen haben ihre Ursache in den verschiedenen Möglichkeiten der Weißausmischung.
Zuerst einmal muß man sich auf einen Weißstandard einigen. Das »weißeste Weiß« bzw. das »Ur-Weiß« ist ein Mineral: Bariumoxid. An dieses Ur-Weiß werden nun keramisch haltbare Arbeitsstandards angepaßt. Aus vielen technischen Gründen ist es oft unmöglich, das Ur-Weiß bei Produkten nachzustellen. Auch verlangt der Markt manchmal eine andere Weißnuancierung.
Grundsätzlich kann Weiß mit kalten (z. B. Blau) oder warmen Farben (Rot) abgemischt werden. Auch neutrales Grün oder Braun kann das Ursprungsweiß verändern.
Das heute allgemein als Sanitärfarbe »Weiß Alpin« akzeptierte Weiß ist mit Blau aufgemischt. Dadurch ist diese Farbe von kalter Vollkommenheit; sie symbolisiert Sauberkeit und Sterilität perfekt. »Weiß Alpin« ist das, was man eine postmoderne Farbe nennt. »Weiß Alpin« wird von den Kunden nicht als Weißabkömmling erlebt, nein, diese Farbe gehört zur Gruppe der echtweißen Farben.
Im Zusammenhang mit dem Landhausstil wurde jedoch eine neue Weißnuance nötig: die sogenannten »off whites«. Der Begriff »off white« (auch aux blanc) symbolisiert ein »beinahe Weiß« mit einem gut sichtbaren farbigen Schimmer. Diese Bezeichnung »von Weiß abweichend« bzw. »falsches Weiß« symbolisiert eigentlich einen Mangel: die gewollte Weißfärbung von Textilien wurde technisch nicht erreicht.
Heute sind die echten »off whites« mit Namen wie »white linnen« oder »Isabellfarben« (nach der Sage wollte die spanische Erzherzogin Isabella (1566-1633) nicht eher ihr Hemd wechseln, bis ihr Mann Ostende erobert hatte – das dauerte dann aber drei Monate!) sehr beliebte Grundnuancen für Regionalkolorits. Noch stärker sind die »beseelten Weißnuancen« mit bunten Farben abgemischt. Sie tendieren schon zu leichten Pastells, wie man am Beispiel der Sanitärfarbe Pergamon erkennt.

System der Weißnuancen

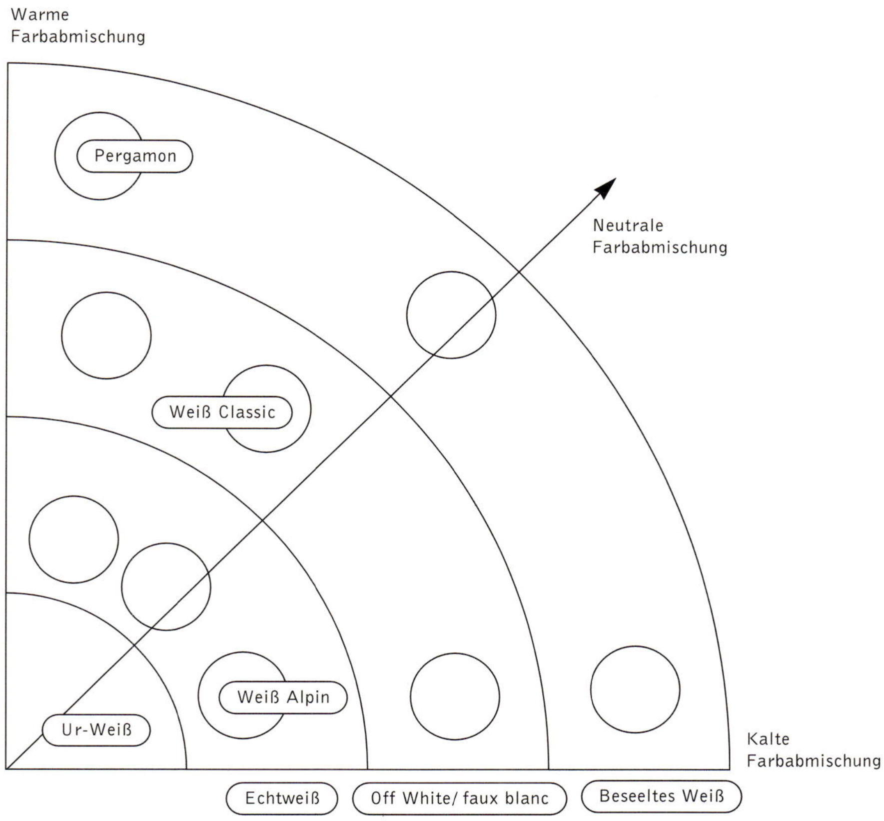

Emotionalstrategie
als neobarockes
Ensemble

Entscheidungsstrategien für Weiß

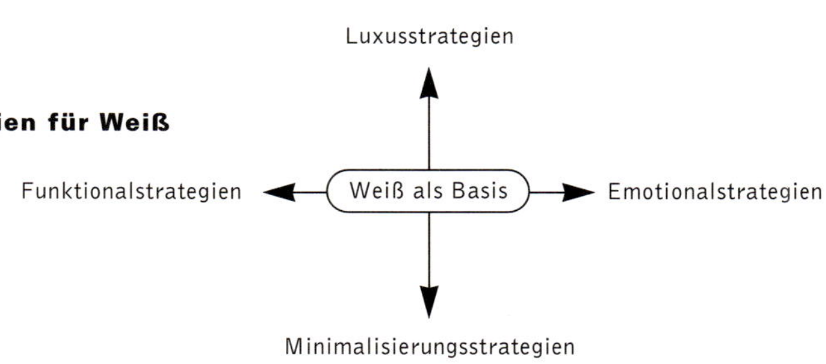

Für das Farbmanagement der Sanitärfarben ergeben sich nun mehrere strategische Möglichkeiten.

- Man kann die Gruppe Echtweiß durch eine warme oder neutrale Farbe ergänzen.
- Man kann Weißnuancen im Bereich der »off whites« lancieren, bisher gibt es hier jedoch noch überhaupt kein Angebot.
- Man kann eine kalte oder neutrale Farbart im Rahmen der beseelten Weißtöne entwickeln.

Mit dem Farbton »Weiß Classic« stellen wir einen Farbton vor, der dem Echtweiß-Bereich zuzuordnen ist und im warmen Bereich angesiedelt ist. Darüber hinaus beinhaltet »Weiß Classic« sowohl gelbe als auch grüne Nuancen, so daß dieser Farbart auch ein neutralisierender Effekt zu bescheinigen ist.

Vorteile von »Weiß Classic«

Harmonien mit Natursteinen Aufgrund seiner beschriebenen Eigenschaften eignet sich »Weiß Classic« hervorragende zur Kombination mit allen Natursteinen, weil diese als »kristallin-körniges Aggregat« nie reine Flächenfarben haben, sondern immer getrübt und durchgeadert sind. Auch die weißesten Marmorarten wie »Bianco«, »Blanc clair«, »Carrara«, »Paros« oder »Naxos« haben noch geringe gelbgraue Nuancen, die eine Kombination mit Alpinweiß nicht sehr harmonisch machen.

Noch viel deutlicher sind die ästhetischen Bezüge bei allen anderen farbigen Natursteinen. Braune Natursteine wie Lumachell, Vieuil usw. sind wie geschaffen für »Weiß Classic«. Auch die heute weniger beliebten gelben Sorten von Travertin über Jura-Marmor bis Giallo-nero verlangen nach weichen, neutralen Sanitärfarben.

Für die grünen Natursteine wie Verde-antico, Vert de Mer usw. ist »Weiß Classic« ideal wegen seines geringfügigen Grünanteils. Die grauen und schwarzen Natursteine sind dagegen besser mit unbunten Sanitärfarben wie Manhatten usw. zu kombinieren, weil die Farbunterschiede sonst zu gravierend ausfielen. Jedoch sind die bunten Marmorarten und die grob kristallinen Granite wieder am besten mit »Weiß Classic« zu kombinieren. Nur die sehr teuren blauen Natursteinsorten – und das ist die Ausnahme – sind besser mit »Weiß Alpin« in bezug zu setzen. Für die gängigen Natursteinsorten – so das Resümeé – gab es bisher keine adäquate Sanitärfarbe. »Weiß Classic« beseitigt hier einen echten ästhetischen Mangel.

Harmonien mit Hölzern Holzfachleute unterscheiden Holzarten farblich nach drei zentralen Kriterien:

- Zentralfarbe
- Ein- oder Mehrfarbigkeit
- Farbmodulation

Die Zentralfarbe des Holzes ist natürlich – sofern das Holz nicht oberflächenbehandelt wurde – Braun.

Diese Braunnuancen [vgl. Kapitel 4] entsprechen einmal den Trübungsfarben der Grundfarben:

Grün	----	Olivnuance (z. B. Esche)
Magenta	----	Weinrotnuancen (z. B. Rosenholz o. Palisander)
Rot	----	Umbranuancen (z. B. Mahagoni)
Gelb	----	Ockernuancen (z. B. Apfel- oder Birnbaumholz)

Petrolnuancen und Auberginefarben kommen bei Hölzern in natürlichen Ausführungen nicht vor.

Darüber hinaus können auch angenäherte Grundfarben vorkommen wie

Echtbraun	----	(z. B. amerikanisch Nußbaum)
gelblich	----	(z. B. Linde)
rötlich	----	(z. B. Lärche)
orange-nuanciert	----	(z. B. Eiche, diese kann aber auch gelblich und rötlich sein)
grünlich	----	(z. B. Limba)
weißlich	----	(z. B. Birke, Rüster)
schwarz	----	(z. B. Ebenholz).

Ein-Mehrfarbigkeit besagt, daß es Hölzer (wie Buche) gibt, die eine schlichte einheitliche Oberflächenfarbe haben und sehr auffallende Hölzer, wie z. B. Zebrano (Streifenmuster zwischen Echtbraun und Schwarz).

Farbmodulationen kommen immer dann vor, wenn Furniere in besonderer Verarbeitung vorliegen – die sogenannten Wurzelfurniere (z. B. Vogelaugenahorn) bekommen durch eine radiale Scherweise eine ganze Schattenreihe an Farbnuancen.

»Weiß Classic« ist die natürliche Ergänzung zu allen Hölzern. Ausnahmen bilden nur die »exotischen Produkte« mit Weiß und Schwarz als Zentralfarbe. Besonders bei Mehrfarbigkeit und Farbmodulation ist »Weiß Classic« harmonischer einzusetzen als jedes sterile Weiß.

»Beseelte Weißtöne« [nach NCS]

Gelblich	Rötlich	Bläulich	Grünlich
0502-Y	-R	-B	-G
1002-Y	-R	-B	-G
1502-Y	-R	-B	-G

Farbmodulation verlangt ein warmes Weiß.

Harmonien mit Metallfarben In Kapitel 3 haben wir ein System der Metallfarben vorgestellt. Hierbei ist nun besonders das Merkmal »warm« von Bedeutung.
Alle warmen Metallfarben (Gold, Silber, Glanznickel, Platin und Messing) sind nämlich ideal mit »Weiß Classic« zu kombinieren. Überwiegt bei Bicolor-Armaturen der Anteil der warmen Metallfarbe, kann ebenfalls »Weiß Classic« ästhetisch sehr befriedigen.

Weiche Farbwelten In den Kapiteln 9 und 17 haben wir sehr ausführlich über

- Gefühlswelten
- Geschmackswelten
- Themenwelten
- Erlebniswelten

berichtet.
Es gibt nun verschiedene Ordnungsraster für Farbwelten, für unsere Thematik eignet sich am besten ein Modell, das zwischen »harten« und »weichen« Farbwelten unterscheidet.
Man erkennt, daß die weichzeichnenden Positionen klassische bzw. neobarocke Züge tragen. Die »harten Positionen« entsprechen Geschmackswelten wie »High-tech« oder Neofunktionalismus.
Besonders für eine weiche Ästhetik und für warme Kolorits, gleichgültig, ob mit einfachen oder mit komplexen Formen gearbeitet wird, eignet sich »Weiß Classic« hervorragend. Mit dieser Positionierung geben wir also eine Auswahlheuristik, Farbwelten für die oberen Quadranten sind eben mit »Weiß Classic« zu bestücken.
Damit bestätigt sich auch die Aussage zu den Gestaltungsstrategien, für funktionale und minimalistische Einrichtungen ist »Weiß Alpin« heranzuziehen. Für luxurierte und emotionale Strategien kommt nur »Weiß Classic« in Frage.

Farbwelten im Bad

... und Neofunktionalismus mit Wohnmilieus

High-tech ...

Kapitel 19 **KALDEWEI, Ahlen**

Form, Funktion und Farbe – Das klassische Bad als Gestaltungsaufgabe

Vom Wertewandel im Bad »Werte« sind Vorstellungen des Wünschenswerten. Was schien bisher im Bad wünschenswert? Welchen Kriterien folgten Kaufentscheidungen? Welche Anforderungen stellten die Badnutzer?
Betrachten wir dazu einmal die sogenannten traditionellen Werte: Bei Befragungen taucht auf den vorderen Plätzen immer der Begriff »Funktionalität« auf.
Bezogen auf eine Wanne heißt das z. B., daß man darin bequem und entspannt ruhen kann, was einer durchdachten Fußabstützung bedarf; auch das Ein- und Aussteigen muß optimiert sein (dazu ist eine intelligente Griff- und Randgestaltung nötig).
Man erwartet weiterhin harte und beständige Oberflächen, sowie eine geringe Geräuschentwicklung beim Befüllen. Auch die Installation soll einfach und ohne problematische Wandanschlüsse zu realisieren sein (Schürzen und Paneele). Man erkennt, Funktionalität thematisiert die Sachqualitäten eines Produktes.

Darüber hinaus wird eine »ästhetische Qualität« eingefordert. Hierunter versteht der Käufer von Badprodukten zweierlei: Einmal geht es um harmonische Formen. Die Grundformen der Badprodukte müssen zeitgemäß und die Vermittlung (Verbindung) der einzelnen Formen ansprechend gelungen sein.
Zum anderen bezieht sich ästhetische Qualität auf die Farbharmonien der Sanitärprodukte untereinander. Die Schlüsselfarbengleiche [vgl. Kapitel 14] verlangt z. B., daß die Farbidentität zwischen Keramik und anderen Badprodukten gewahrt ist. Bei Keramik und Email ist diese ästhetische Harmonie besonders groß, weil mineralische Pigmente in beiden Fällen Verwendung finden.
Ein weiterer Anspruch ist der an Luxus und Prestige. Hiermit ist einmal ein großzügiger Umgang mit dem Raum gemeint: Luxusbäder [vgl. Kapitel 18] sind größer als 10 qm. Auch die Badprodukte partizipieren an dieser Großzügigkeit. Die Wannen und Duschtassen z. B. sind breiter als 1 m.

Betrachtungen zu den neuen Werten Die beschriebenen Ansprüche an Funktionalität, Ästhetik und Luxus werden in Zukunft nicht unwichtig werden. Ihnen zur Seite treten jedoch jeweils neue Anforderungen, die zu befriedigen sind.
Zur Funktionalität tritt die sogenannte soziale Verantwortung. Immer mehr Käufer haben die Erfahrung gemacht, daß es nicht mehr ausreicht, Produkte, nur nach dem Preis auszusuchen. Eine Verdopplung der Haltbarkeit halbiert bekanntlich den Preis! Die Entsorgung wird immer teurer, Produkte, die in den Werkstoffkreislauf zurückgeführt werden können, sind zu bevorzugen.

Zur Funktionalität ist auch ein ganz neues Motiv zu rechnen: »Kennerschaft«. Produkte gewinnen nämlich zunehmend eine didaktische Funktion. Mit dem Erwerb des Produktes ist man in die Produktgeschichte eingebunden: Der Designer als Person (z. B. Sottsass), die Unternehmenskultur überträgt sich mit dem Kauf auf den Nutzer. Wissende und aktive Teilhabe über die »Brücke Produkt« sind ein gewichtiger Zusatznutzen.

Bei den ästhetischen Ansprüchen sind ebenfalls zwei gewichtige Tendenzen zu beobachten:
Rückkehr der Eleganz: In der Vergangenheit dominierte die sogenannte Wertigkeit. Produkte mußten ihr Niveau durch aufwendige Gestaltung und verschwenderischen Materialumgang dokumentieren. Das ändert sich momentan nachhaltig. Sparsamer Umgang mit Materialien ist zu beobachten, die Formen werden reduziert und sind weniger üppig.

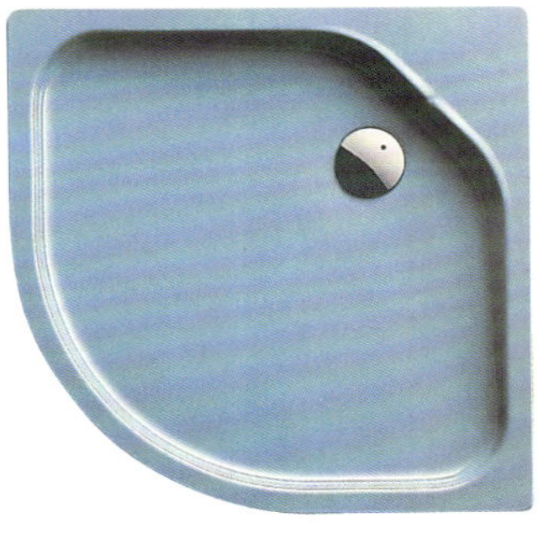

Ein Kreisausschnitt von 90° wird hier durch geschickte Vermittlung von geraden Linien und passenden Radien zu einer ästhetischen Gesamtform geführt.

Die Luxuswanne »Magna Star«

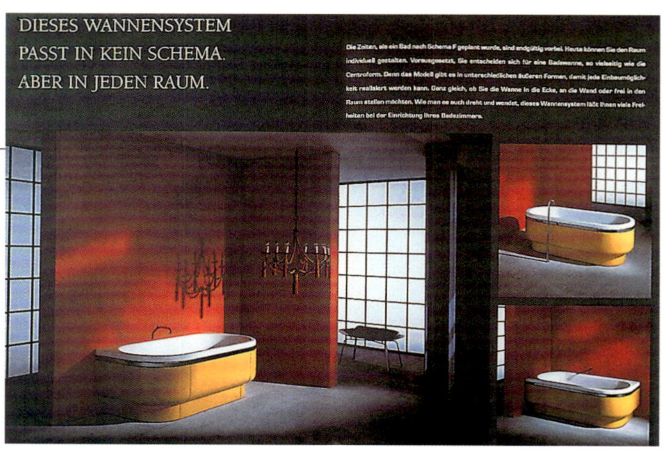

Design in einer reduzierten Formensprache

Lagoform als Beispiel für ein funktionales Produkt

Individualisierung Über das Individualisierungsmotiv haben wir in den Kapiteln 17 und 18 ausführlich berichtet. Auch bei Wannen wird dieser Tendenz in doppelter Weise entsprochen. Zum einen ist die Einbauwanne nicht mehr festgelegt: freistehend, wandstehend oder rechts- und linksbündiger Eckeinbau wird geboten.

Darüber hinaus wird bei singulären Lösungen eine Paneelkoloration angeboten, die die Grundfarbenpalette beinhaltet. Neben den Sanitärfarben z. B. Mint, Rosé, Polarblau, Ocker, Smaragd, Terrakotta usw.

Der Anspruch nach Luxus bekommt auch zwei neue Facetten, nämlich Kultiviertheit und Authentizität.

Kultiviertheit So wie man einen Acker »kultiviert«, sorgsam pflegt und bearbeitet, so hat man sich auch die Kultiviertheit im Bad vorzustellen. Die Produkte werden im Hinblick auf lange Haltbarkeit ausgewählt (Durabilität). Dabei spielt der Preis eine untergeordnete Rolle. Im Umgang mit den Produkten wird Sorgfalt geübt, man geht pfleglich mit ihnen um. Der Gegensatz zur Kultiviertheit manifestiert sich in der Wegwerfmentalität. Hier werden Produkte ausgetauscht, aus dem Weg geräumt, wenn sie nicht mehr gefallen.

Kultiviertheit setzt langen erstklassigen Service voraus. Zur Kultiviertheit gehört auch der dauernde Verfeinerungsprozeß. Es muß also möglich sein, das Bad qualitativ aufzuwerten, Accessoires anzubringen. Das setzt flexible Badgrundrisse voraus und vor allen Dingen Produkte, die sich auch tunen lassen.

Authentizität Im Luxus drückt sich auch »das Echte« aus. Authentische Produkte sind Originale ihrer Art und keine »Me-toos«. Damit birgt Authentizität das Ursprüngliche, das Glaubwürdige. Authentische Produkte transportieren z. B. eine ursprüngliche Designidee, eine Gestaltungslösung, die es so noch nicht gegeben hat.

alte Werte		neue Werte
Funktionalität	--------	soziale Verantwortung Kennerschaft
Ästhetik	--------	Rückkehr der Eleganz Individualität
Luxus	--------	Kultiviertheit Authentizität

Ein weiterer neuer Aspekt heißt »Sicherheit«. Damit ist nicht die technische Sicherheit mit TÜV-Zertifikat oder GS-Siegel gemeint, sondern die ästhetische Sicherheit, die den Käufer vor zu schnellem Geschmackswandel schützt. In der Vergangenheit haben die Hersteller permanent die Lebenszyklen der Produkte verkürzt. Auch eigentliche »Gebrauchsprodukte« wurden kurzfristigen Modezyklen unterworfen. Der Kunde hatte keine Nachkaufsicherheit mehr. Sowohl bei Sanitärfarben als auch bei Fliesenmustern hat der Badnutzer wenig gute Erfahrungen gemacht. Aus diesem Grund sehen sich immer mehr Käufer von Produkten nach Angeboten um, bei denen sie vor modischen Experimenten geschützt sind.

Wenn man versucht, den Wertewandel im Bad auf einen Nenner zu bringen, kann man folgendes feststellen: Die Käufer wollen zunehmend vollkommene, ausgewogene, ausgereifte Maßstäbe setzende Produkte, die mustergültig und zeitlos sind. Zuviele Wünsche? Nein – das ist der Ruf nach klassischen Produkten.

»Klassik«, Geschichte einer Idee Um halbwegs zu verstehen, was ein klassisches Bad ist, muß man zuerst einmal die Begriffe auseinanderhalten: der Klassizismus, die Klassik, der Klassiker.

DER KLASSISZISMUS ist eine Bauform, die Ende des 18. Jahrhunderts wirksam wurde. Aus unterschiedlichen politischen und kunsttheoretischen Gründen sah man im rationalen »Klassizismus« den ersehnten Gegenpol zum morbiden höfischen Barock. »Der einzige Weg für uns groß, ja wenn es möglich ist, unnachahmlich zu werden, ist die Nachahmung der Alten...« schrieb 1757 J. J. Winckelmann in Dresden [zit. nach Kutschmar, S. 15]. Auf der Suche nach »dem Alten« wurden die Kunstakademiker bald fündig. Man definierte einen Zeitraum der Antike (das 5. bis 4. Jahrhundert vor Christi) als »klassisch« und hatte damit den Maßstab für neue Bauformen gefunden. Der Grund für diese Wahl war leicht gefunden: erkannte man in den Baudenkmälern dieser Zeit eine kosmische Ordnung, eine Harmonie, die sich auch auf mathematische Systeme zu stützen schien. Diese Rationalität führte zu strengen und klaren Formen, die dem barocken Prunk entgegenstanden.

Gerade im kunsthandwerklichen Bereich konnte der Klassizismus seine größten Erfolge feiern, und er drang sogar in den Badbereich vor, eine damals ziemlich exotische Gestaltungsaufgabe. Auslöser mag die große Popularität der in den vatikanischen Museen in Rom aufbewahrten »neronischen Badewanne« gewesen sein, die in Berlin dann als Granitschale kopiert und 1832 vor dem »Alten Museum« Schinkels aufgestellt wurde.

Freizügigkeit
beim Wannen-
einbau

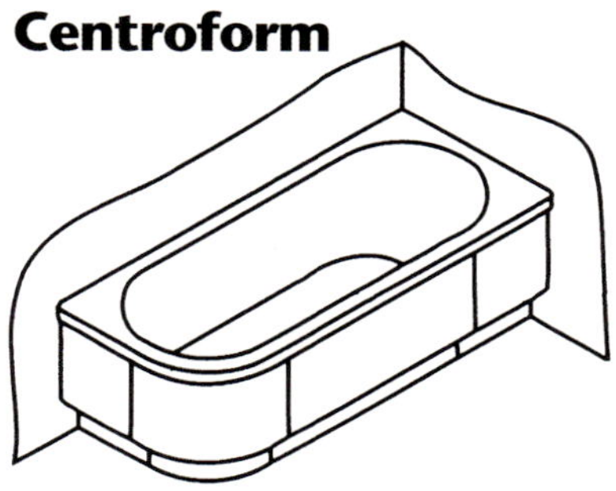

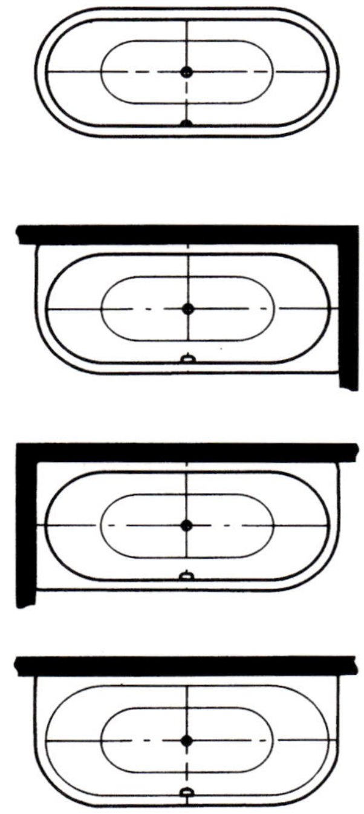

Die neronische
Badewanne

Authentizität bei einer Wanne: Wir zeigen als Beispiel für authentisches Design das Premium-Modell Centroform mit einem Relingsystem, welches von der Kopfstütze bis zum Handtuchhalter individuelle Ausstattungsdetails aufnimmt.

DIE KLASSIK, die in Weimar ihre potenteste Formulierung fand (Goethe, Schiller), vertrat eine Geisteshaltung, in der Aufklärung, Bildung und Schulung der Vernunft zu einer harmonischen Gesellschaftsordnung führen sollten.
Die Klassiker sind also angetreten, die kulturelle Basis eines Volkes zu erweitern, »über ihre Zeit hinaus kulturelle Maßstäbe zu setzen...«.
DER KLASSIKER: Mit diesem Begriff verlassen wir die Gestaltungsebene (Klassizismus), auch die personale Sphäre (die Klassiker) und begeben uns in den Bereich der Produkte. Um es vorwegzunehmen: »klassische Produkte« sind keine nach antiken Vorbildern gestaltete Produkte – das sind nämlich historisierende. Klassische Produkte haben ganz andere Qualitäten.
Um das zu verstehen, wollen wir uns in einer anderen Sphäre des Wohnens vergewissern: Ende der 70er Jahre startete die Zeitschrift SCHÖNER WOHNEN eine Artikelserie, aus der anschließend ein Buch wurde mit dem Titel MODERNE KLASSIKER – MÖBEL, DIE GESCHICHTE MACHEN.
Aufgenommen in diese Serie wurden sehr unterschiedliche Produkte (von der Schrankwand bis zum Service), die jedoch folgende Gemeinsamkeiten hatten:

- Es mußten Produkte sein, die länger als zehn Jahre produziert wurden oder aber so gestaltet sein mußten, daß ein längerer Lebenszyklus zu erwarten war.
- Es mußten Produkte sein, die über die üblichen Angebote ihrer Zeit geschmacklich hinausgingen.
- Es mußten Produkte sein, die mit Weitblick gestaltet – also über modische und zeitgeistige Bezüge erhaben waren.
- Es mußten Produkte sein, die über die reine Zweckmäßigkeit hinaus auch Schmuckqualitäten (Dekore z. B.) hatten.
- Es mußten Produkte mit personalem Hintergrund sein – eine Person in Form eines Designers oder eines Architekten, eines Kunsthandwerkers usw., mußte mit individueller Handschrift dieses Artefakt kreiert haben.

Mit Hilfe dieser fünf Kriterien lassen sich klassische Produkte nun sehr gut ausdifferenzieren.

Badarchitektur – von klassisch bis avantgardistisch Wir wissen jetzt, was klassische Produkte sind – weniger klar ist, was in diesem Sinne eine klassische Architektur ist. Die Küchengestaltung hat da Marken gesetzt: In den 20er Jahren entwarf die Architektin Schütte-Lihotzky die erste deutsche Einbauküche. Auf 8 qm entstand eine U-förmige rechteckige Formation, die kurze Wege und sinnvolles Handling garantierte. Heute nennen wir diese Küche klassisch.
Warum ist diese Küche klassisch? Nun, es gelten die zuvor beschriebenen Kriterien.

- Der Entwurf optimiert die Küchenarbeit durch kurze Wege und ist damit besser als vergleichbare Angebote.
- Das Ensemble ist mit Blick auf erweiterungsfähige Nutzung geschaffen.
- Die Produkte sind nicht schmucklos, so wirken z. B. die Griffe interessant und grafisch.
- Vor allem aber ist diese Küche epochal – sie nimmt die erst in den 50er Jahren zu findende »Anbauküche« vorweg.

Man erkennt also, hier ist das Urmuster, hier ist der Typ, aus dem sich weitere Entwicklungszüge ergeben. Klassische Entwürfe unterliegen nämlich im Zeitablauf der Veränderung. Man kann diese

- standardisieren (festschreiben)
- designorientieren (mutieren)
- re-engineeren (einen Neubeginn wagen)

Wir zeigen hier an drei Grundrißbeispielen, wie man im Bereich Küche klassische Grundrisse standardisieren, designorientieren und einen Neubeginn wagen kann.

Variationen der Urküche

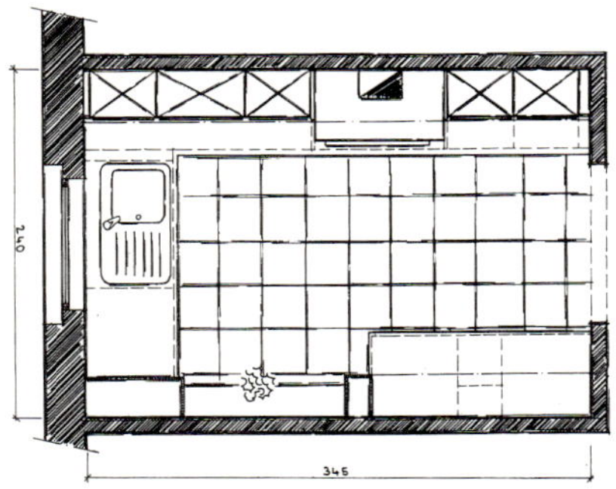

Standardisierte Küche (U-Form)

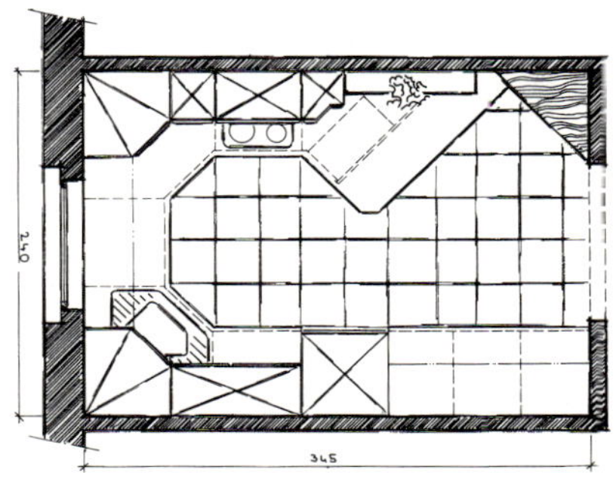

Designorientierte Küche (Eckvariation)

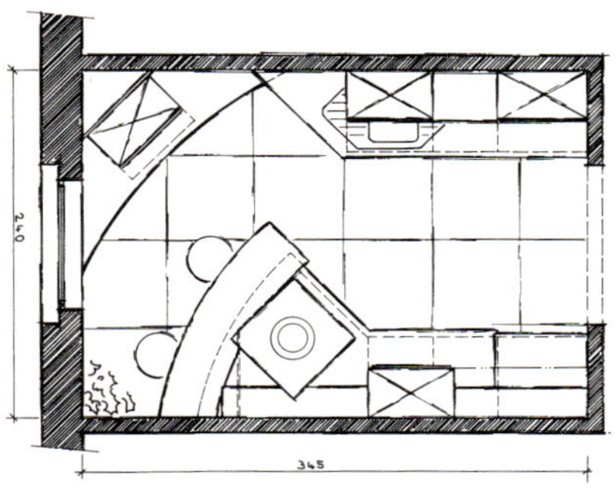

Re-engineerte Küche (neuartige Raumverteilung)

Frankfurter Küche, der Urtyp einer klassischen Küche, 1926 entworfen von Margarete Schütte-Lihotzky

Für die klassische Badgestaltung bedeutet das, daß man zuerst nach dem Urmuster sucht und dieses dann nach den beschriebenen Richtungen hin verändert.
Das klassische Bad hat seinen Ursprung in den 30er Jahren. Die junge Wissenschaft der Hauswirtschaft entwickelte Regeln für ein zeitgemäßes Bad. Diese sahen eine Trennung zwischen Reinigung und Ausscheidungsprozessen vor. Das Bad hatte eine freistehende bzw. angeschobene (an zwei Seiten) Wanne. Sie diente der echten Reinigung und nicht der täglichen Reinlichkeit.
Der Waschtisch hatte die Funktion der Reinigung und der Körperpflege; auch für hauswirtschaftliche Tätigkeiten war Platz. In den 60er Jahren wurde dieser klassische Grundriß standardisiert, indem man das Prinzip der Reihung für verbindlich erklärte. Wanne und Dusche wurden miteinander verbunden, und der Waschtisch mutierte zum Doppelwaschtisch.
In den 80er Jahren begannen die sogenannten designorientierten Bäder ihren Siegeszug. Ähnlich wie bei Küchen wurde nun die Raumecke entdeckt, und man schuf eine neue Raummitte. Anfang der 90er Jahre begannen die Badgestalter mit einer gänzlichen Neuplanung des Bades. Stufen wurden eingezogen, Mauern und abgehängte Decken schaffen ein neues Raumgefühl. Heute erkennt man jedoch verstärkt, daß die Raumarchitektur nur vordergründig schön ist. Die Dominanz der Einrichtung verdrängt das Raumgefühl. Das ist auch der Grund dafür, daß man wieder nach klassischen Grundrissen Ausschau hält, mit Räumen, wo die Wanne ihren angestammten Platz findet und nicht eingebaut und zugefliest ein kümmerliches Dasein führt. Der Ritus der Reinigung kehrt ins Bad zurück.

Grundriß eines klassischen Bades der 30er Jahre

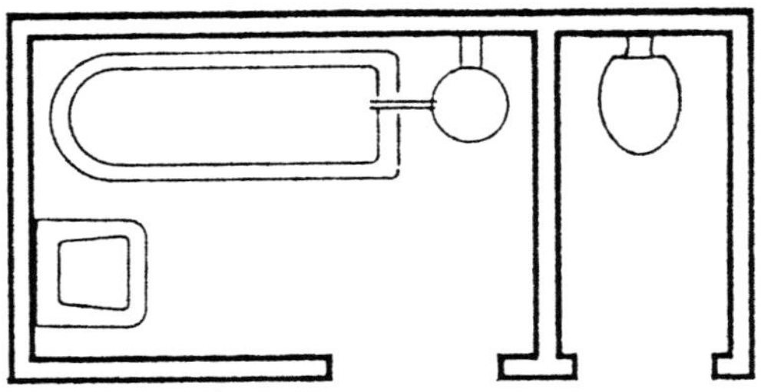

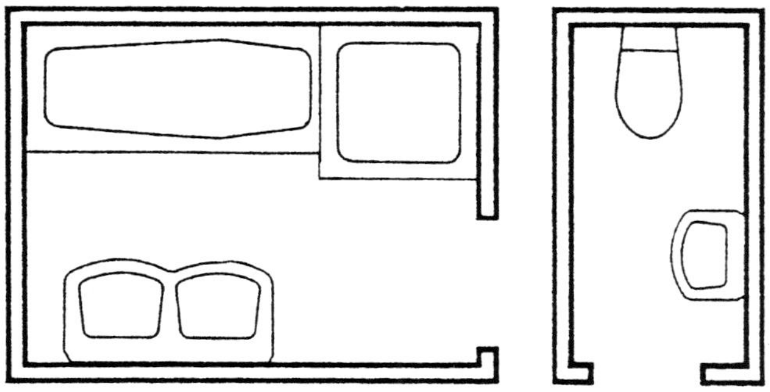

Standardisierter, klassischer Grundriß der 60er Jahre

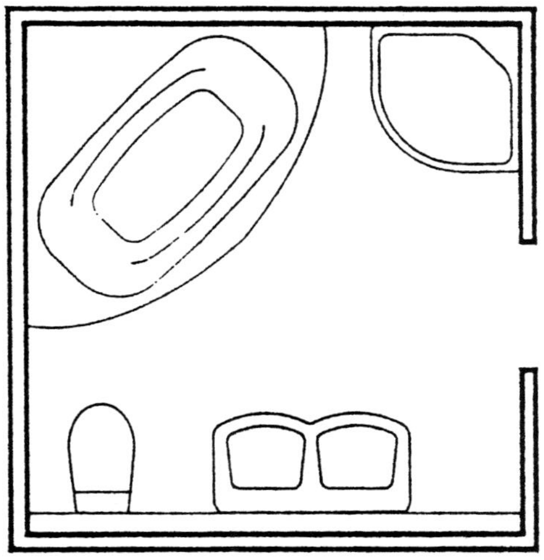

Designorientierter Grundriß der 80er Jahre

Klassisches Bad
der 30er Jahre

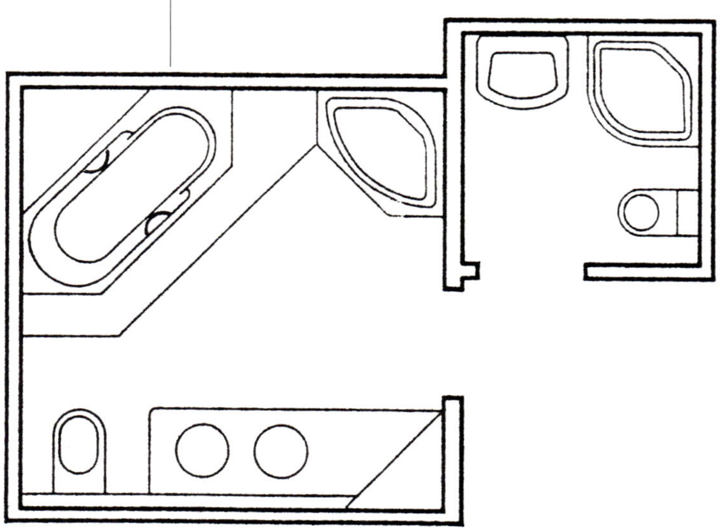

Avantgardistscher
Badgrundriß der
90er Jahre

Geschmacksdifferenzierung des klassischen Bades Wenn man die Arten klassischer Bäder beschreiben will, kann man sich nicht an den Geschmackswelten orientieren. Geschmackswelten sind z. B. durch Zeitorientierung und Anmutungsintensität gekennzeichnet [vgl. Kapitel 17]. Klassik dagegen ist durch die Kriterien Zeitlosigkeit und Ausgewogenheit gekennzeichnet. Die möglichen klassischen Ausrichtungen lassen sich besser mit den Kriterien »Gestaltungsreinheit« und »Gestaltungsfreiheit« positionieren.

Gestaltungsreinheit bezeichnet den Grad der Authentizität. Wird sehr nahe am Urmuster gestaltet oder entfernt man sich in eine zeitgemäßere Richtung? »pur« oder »upgrading« sind die Zentralpositionen.

Gestaltungsfreiheit bezeichnet den Grad der Weiterentwicklung in andere Geschmacksrichtungen. Nimmt man z. B. Teile der Landhausthematik auf oder werden aktuelle Kunstbezüge verarbeitet? Man kann geringe und höhere Freiheitsgrade unterscheiden.

Damit gibt es für das klassische Bad vier Entwicklungspositionen, die wir zur besseren Verständlichkeit schon mit Begriffen versehen.

Das Classic-basic-Bad hat sowohl die strenge Badarchitektur als auch eine sehr zurückgenommene Farbgebung.

Das Neo-classic-Bad wirkt durch die schwarzen Fliesenriegel in unserem Bild immer noch pur, entfernt sich aber schon vom Original der 30er Jahre.

Sehr spielerisch wird mit Formen und Farben im Classic-art-Bad umgegangen. Obwohl der Gesamteindruck ruhig und überlegt wirkt.

Das Modern-classic-Bad nimmt sich viele ästhetische Abwandlungen heraus. Farben sind freundlicher und weniger streng, nur die Anordnung ist typisch geblieben. Auch romantische und Landhausbezüge sind nun festzustellen.

Positionierung »Klassik«

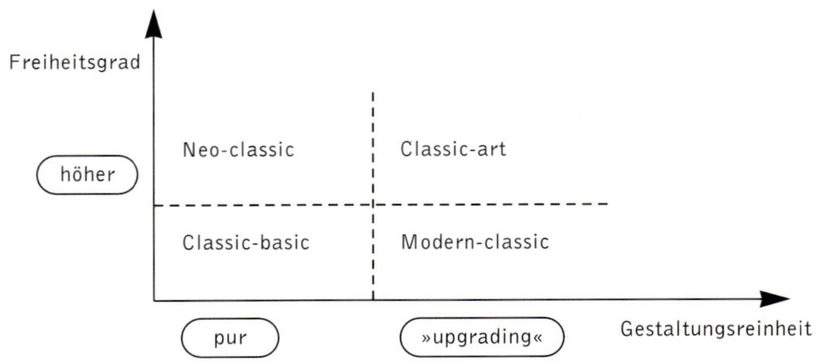

Classic-art-Bad

Modern-classic-Bad

Beispiel für ein Classic-basic-Bad

Neo-classic-Bad

Gestaltungsmittel für klassische Bäder Das bedeutendste Gestaltungsmittel zur Einlösung der Gestaltungsrichtung Klassik ist die Farbe. Allen klassischen Bädern ist gemeinsam, daß die Basisfarbe Weiß ist. Auch die off-whites [vgl. Kapitel 18] werden eingesetzt, um die Kühle des Echtweiß zu mildern.

Als Akzentfarbe dient besonders das Schwarz (bei den off-whites auch Anthrazittöne). Macht man von dem Bunt-Unbunt-Kontrast keinen Gebrauch, werden als Akzentfarben die kühlen bunten Farben benutzt: Blau, Ultramarin, auch Violett. Typisch für alle klassisch kolorierten Bäder ist, daß sowohl Grün- als auch alle Rotnuancen nicht eingesetzt werden.

Erst recht scheiden alle Beigetöne aus. Klassisch ist immer distanziert, nie warm, nie schmeichelnd. Nur bei den neoklassischen Bädern können schon einmal etwas warme Zwischentöne wie Türkis und Gelbgrün eingesetzt werden.

Die Farbgestaltung bei den Classic-art-Bädern ist freier. Man wagt es, in geringen Mengen auch echtbunte Farben einzusetzen – der Eindruck ist jedoch nach wie vor hell und nicht koloriert. Farben sind immer nur Zitat und nicht ästhetisches Mittel.

Klassik verlangt nach Normalität. Das drückt sich besonders in den Fliesen aus. Weder Mosaik noch großformatige Sorten sind erwünscht. Nur die traditionellen Mittelformate werden eingesetzt. Klassische Bäder haben natürlich schmückende Muster. Diese sind jedoch immer geometrisch. Streifendesign oder Schachbrettmuster werden am Boden oder als Wandabschluß benutzt. Wenn Bordüren eingesetzt werden, haben diese geometrische Ornamente: Schneckenmuster, Mäanderbänder, Quadratfigurationen, aber auch Bänder, Schnüren und Kanelüren werden eingesetzt.

Niemals sollte man jedoch auf Blätter-, Ranken- oder Blütenmotive zurückgreifen – diese sind nämlich klassizistisch oder historisierend und bringen eine zu weiche Anmutung in die klassische Badstimmung.

Zum Schluß noch ein Hinweis zu den Materialien. Klassische Bäder sind gefliest. Auch Naturstein ist möglich. Bei Marmor ist darauf zu achten, daß die weißen oder weißgrauen Sorten gewählt werden. Die unbunte Farbe kann dann als Schlüsselfarbe in den Friesen oder Bordüren wiederholt werden. Das klassische Bad, ein Gestaltungsansatz, der wie kein anderer für die Zukunft Bedeutung haben wird.

Kapitel 20 **Friedrich Grohe AG, Hemer**

Der elektronische Farb- und Designberater

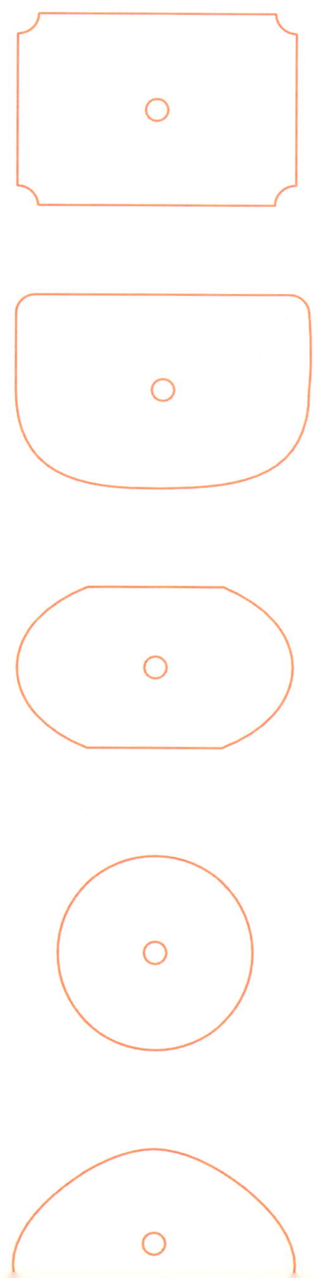

Aus dem Ideenworkshop der Friedrich Grohe AG kommt ein neues Marketinginstrument. Mit dem elektronischen Farb- und Designberater kann man auf elektronischem Wege Badwelten erzeugen und diese mit Sanitärobjekten und Armaturen kombinieren.

Mit einem einfachen Mausklick können dann die Oberflächenfarben der Objekte verändert werden. Auch die Badwelten können vom Fliesenspiegel bis zu den Bordüren und Listellis in jede beliebige Farbkomposition gebracht werden.

Die Grundidee: anekdotisches Kommunikationsdesign

Wenn man Badprospekte und ihre Bebilderung betrachtet, wird man feststellen, daß die präsentierten Badmilieus immer detailreicher, immer gestylter werden. Vor lauter à touts kommt oft das Wesentliche nicht mehr richtig zur Geltung. Aus neuesten Erhebungen wissen wir jedoch, daß sich der Käufer möglichst SCHNELL und dabei PRÄGNANT informieren will. Dazu benötigt man eben kein durchgestyltes Bad, sondern wenig, aber zutreffende Grundinformation. Daß dazu kein »episches« Design mehr nötig ist, das breit umfassend angelegt ist, leuchtet unmittelbar ein.

In einer informationsüberladenen Zeit brauchen wir anekdotisches Kommunikationsdesign (Anekdote = typische witzige Kurzgeschichte), das präzise und charakteristisch informiert. Man benötigt dazu sich signifikant unterscheidende Badwelten, Sanitärprodukte, die alle Grundformen abdecken und Armaturen, die alle heutigen Designs mit einbeziehen.

Die Entscheidung für ein anekdotisches Kommunikationsdesign verlangt eine Reduktion auf das Wesentliche, um mehr Platz für Kombinationen zu lassen.

Anders ausgedrückt: wir wollen mit dem Instrument des Farb- und Designberaters die ästhetische Vielfalt (als Kombinationsmöglichkeit) aufzeigen und nicht von vornherein beschränkte Geschmackswelten nuancenreich ausschmücken.

Der Vorteil der ästhetischen Vielfalt ist auch der, daß man bestehende Badwelten nachstellen kann und darin die Wirkung von Neuinstallationen demonstrieren kann. Die Wirkung von Neu zu Neu und Alt zu Neu kann mit dem gleichen elektronischen Werkzeug demonstriert werden – wenn man das Konzept des anekdotischen Designs verfolgt.

Das neue Medium: Der Bildschirm

Man kann Farbwelten mit Collagen, Farbportraits usw. nachstellen [vgl. Kapitel 16]. Die Farbkompositionen innerhalb dieser Farbwelten lassen sich jedoch nicht kurzfristig austauschen – man kann nur mit Hilfe von Farbscheiben [vgl. Kapitel 16] neue Kolorationen einstellen. Diese müssen vom Betrachter selbst imaginiert werden.

Mit Hilfe der Bildschirmfarben [vgl. Kapitel 3] ist es nun jedoch möglich, eine nur als neutrale Silhouette existierende Farbwelt beliebig einzufärben und zu kontrastieren. Elektronische Medien geben darüber hinaus die Freiheit, beliebige Objekte und Armaturen in die Badwelt einzubringen oder sie auszuwechseln.

Natürlich kann auch der Betrachtungswinkel verändert werden – wichtig ist jedoch der Hinweis, daß hier keine der üblichen elektronischen 3-D-Badplanungen versucht werden. Diese untersuchen funktionale Räume und Zuordnungen nur relativ begrenzt – der Farb- und Designberater ist ein ästhetisch angelegtes Instrument, das Geschmackswelten dekliniert.

Die Stildetails des elektronischen Farb- und Designberaters

Badwelten Entsprechend des Konzepts des anekdotischen Kommunikationsdesigns werden sechs Badwelten kreiert. Diese werden durch nur vier Merkmale definiert:

— Größe der Fliese
— Verlegeart
— Abschlüsse des Fliesenspiegels
— möglicher Materialmix

Wir haben diese Badwelten mit archetypischen Bildern nachgestellt. Zusätzlich zu den Bildern fügen wir jeweils ein kurzes Stilportrait der einzelnen Badwelten bei.

DER STIL »MODERN BASIC«: Auch in anderen Konsumbereichen ist ein Trend zum sogenannten »Basic Design« zu beobachten. Hier geht es um ein einfaches [aber nicht puristisches, vgl. Kapitel 17] Geschmacksensemble. Die Formen sind normal, die Kontraste durabel, die Farben nicht experimentell.

Mit »Basic«-Produkten können sich sehr viele Kunden anfreunden, ihr Reiz liegt im Normalen. »Basic« ist weder »mittelmäßig« noch »bürgerlich«. »Basic« ist ein Stil, der aufgrund seines unprätentiösen Gepräges mehrheitsfähig ist.

DER STIL »AUFWANDSORIENTIERUNG«: Hier wird ein luxurierter Stil definiert. Da »Luxus« jedoch eine an Verschwendung und Protz erinnernde Grundtendenz hat, haben wir diesen neutralen Begriff gewählt. Hier wird Naturstein als Wandmaterial verwendet. Großformatige Platten kommen zum Einsatz. Die Abschlüsse, in harmonischen Materialkontrasten ausgeführt, unterstreichen diese prächtige und großzügig angelegte Geschmackswelt. Im sogenannten »Landhausstil« findet dieser Badstil seine in neutralen Farben gehaltene Entsprechung [vgl. dazu auch Kapitel 17].

DER STIL »KLASSIK«: Wir haben in Kapitel 19 den Unterschied zwischen »klassisch«, »historisierend« und »klassizistisch« herausgearbeitet. Die hier gestaltete Fliesenwelt mit den schachbrettartig ausgeführten Abschlüssen hat ihre formale Entsprechung in den 20er und 30er Jahren. Die Formgebung ist wirklich zeitlos und von hohem ästhetischem Niveau. Dieser Stil verlangt Konsequenz in der Komposition und Zuordnung der anderen Badprodukte.

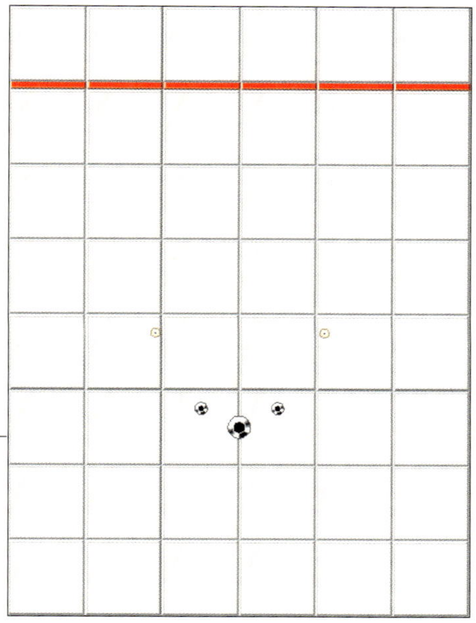

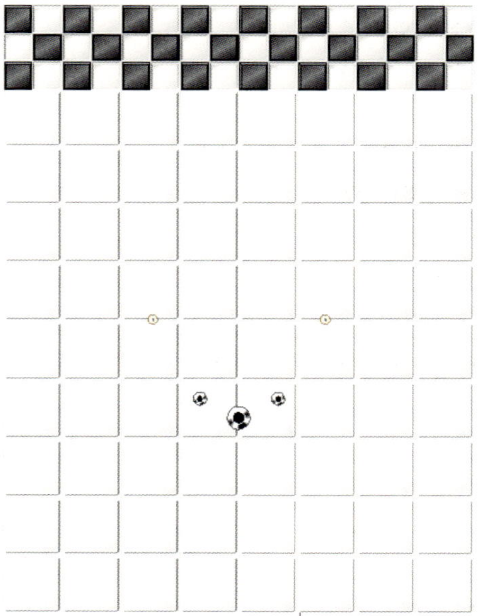

DER STIL »ROMANTIK«: Im Gegensatz zum klassischen Stil ist der romantische Stil nicht authentisch, sondern nostalgisch. Der Begriff »Nostalgie« stammt aus der Medizin und bedeutet krankmachendes, sogar zu plötzlichem Tode führendes Heimweh. Nostalgie ist eine Sehnsucht nach biographischer Rückbesinnung und beinhaltet eine verklärende Erinnerung an Zeiten, Erlebnisse oder Eindrücke. Wenn diese nostalgischen Facetten eine angenehme Idealisierung von Naturbezügen aufweisen, spricht man von Romantik. Romantische Bäder sind floral ausgeschmückt, haben warme Farben und fließende Formen.

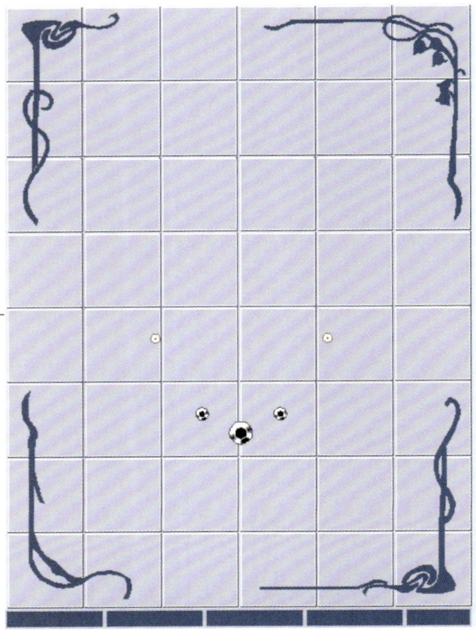

DER STIL »EDEL-RUSTIC«: Viele Käufer finden die traditionelle rustikale Welt für das Bad überholt – Beige- und Brauntöne werden mehrheitlich abgelehnt. Auf der anderen Seite ist ihnen der Landhausstil zu hell und vor allem zu luxuriös. Sie entscheiden sich für einen bodenständigen Stil, der Natürlichkeit und Ausgewogenheit miteinander verbindet. Natürliche Materialien finden z. B. in den Fliesenspiegeln Verwendung, ungekünstelte Farben sind Bedin-gung. Wir nennen diesen Stil »Edel-rustic«, um mit der Vorsilbe darauf hinzuweisen, daß dieser Stil nicht robust, grob oder gar derb ist – sondern eher fein, natürlich und vor allem sehr angenehm.

DER STIL »NEO-KLASSIK«: Alles was den Rahmen der Normalität des Mainstreams verläßt, nennt man »progressiv«. Das Gegenteil zu diesem Stil ist jede Art von »Basic«.
Dieser Stil beinhaltete neue Ideen, hier wird eine neue Geschmacksrichtung eingeschlagen. Unüblichkeit, Ungewohntheit, sind die Zentralvokabeln. Der »progressive« Ansatz kann sich auf Farben und Formen – eigentlich auf jedes Gestaltungsmittel beziehen. Im Gegensatz zu avantgardistischen Baddesigns sind progressive Entwürfe für Majoritäten gemacht. Eliten (< 5 %) sind für Avantgarde-Ideen zu begeistern. Wir zeigen hier an einem noch mehrheitsfähigen Beispiel, wie tradierte und experimentelle Ansätze sich zu einem neuen Stil verbinden.

Waschtischformen Wir wissen, daß es drei Grundformen (Kreis, Dreieck und Quadrat) sowie drei abgeleitete Formen (Trapez, Rechteck und Ellipse) gibt. Darüber hinaus gibt es eine Fülle von dekonstruktivistischen (Kreisausschnitt, Kreisabschnitt) und konstruktivistischen Formen (Oval, Super-Ellipse). Jede Form hat ihre eigene Semantik. Sie steht in einem assoziativen Kontext. Eine rechteckige Kumenform etwa wirkt niemals »modern«, sondern »klassisch« oder »historisierend«. Man kann, stark generalisierend, für ausgewählte Waschtischformen eine Geschmacksmetamorphose aufstellen.

Waschtischformen

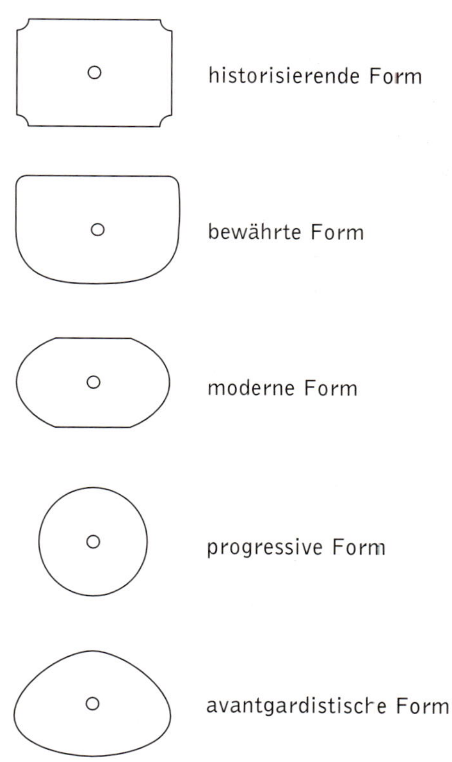

Für unsere Arbeit haben wir fünf Waschtischformen der KERAMAG ausgesucht, die sehr gut unserem Geschmacksraster zuzuordnen sind:

Courréges ---- Moderne Form: symbolisiert Wertigkeit, Prestige und Luxus

Virto ---- Progressive Form: symbolisiert Fortschrittlichkeit, Jugendlichkeit und Unkonventionalität

Opus ---- Historisierende Form: symbolisiert klassische Bezüge und hat eine klare architektonische Sprache

Mango ---- Bewährte Form: überzeugend und detailoptimiert

Renova ---- Formal als Basic-Design angelegt: rundlegend mehrheitsfähig, vermittelt zwischen bewährt und modern

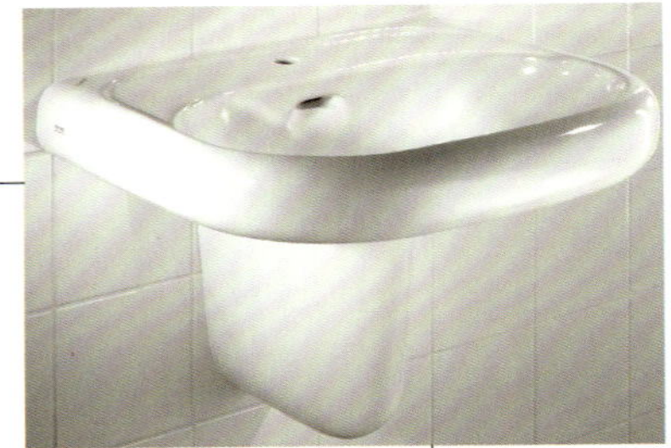
Courréges

Virto

Mango

Armaturendesign Armaturen werden in einer fast unübersehbaren Zahl von Geschmacksmustern hergestellt. Es gilt diese Vielfalt einzugrenzen um den Anspruch nach anekdotischem Design zu entsprechen. Aus diesem Grunde haben wir uns für fünf Armaturenserien entschieden, die wir der Semantik der Waschtische entsprechend angelegt haben.
Mit dieser Zuordnung ist nun nicht zum Ausdruck gebracht, daß historisierende Sanitärkeramikformen auch nur zu historisierenden Armaturen »passen«.
Es kann nämlich überaus reizvoll sein, unterschiedliche Badwelten miteinander in eine Zwangsbeziehung zu setzen. Wir wollten mit dieser Auswahl nur sicherstellen, daß die Bandbreite der Stile auch verläßlich abgedeckt wird.

Chiara ---- klassischer Einhebelmischer

Sentosa ---- elegantes, tradiertes Design mit bewährter Zweigrifftechnik

Eurotrend ---- progressiv gestalteter Einhebelmischer mit junger Ausstrahlung

Europlus ---- moderne, dynamische Form mit ergonomisch geformtem Bügelhebel

Eurodisc ---- moderne, ruhige Form mit robustem Vollhebel, funktional und mehrheitsfähig

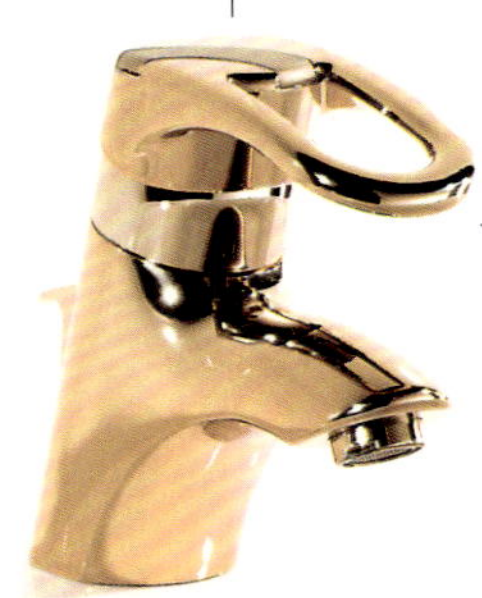
Chiara

Sentosa

Opus

Renova

Eurotrend

Europlus

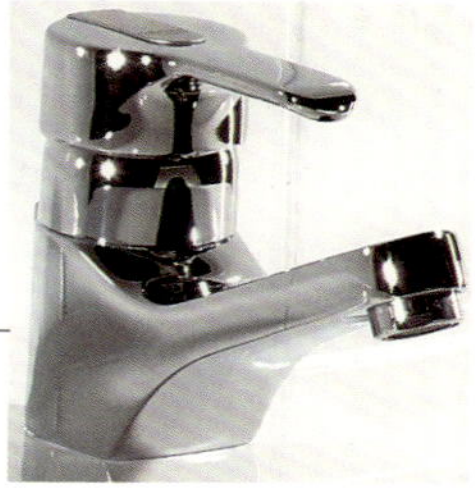

Eurodisc

Die Gestaltungsbausteine Bisher haben wir die durch die Form vorgegebenen drei Gestaltungsbausteine beschrieben. Die Badwelten, die Sanitärprodukte und die Armaturen haben aber auch noch eine interne Differenzierung durch Farben.

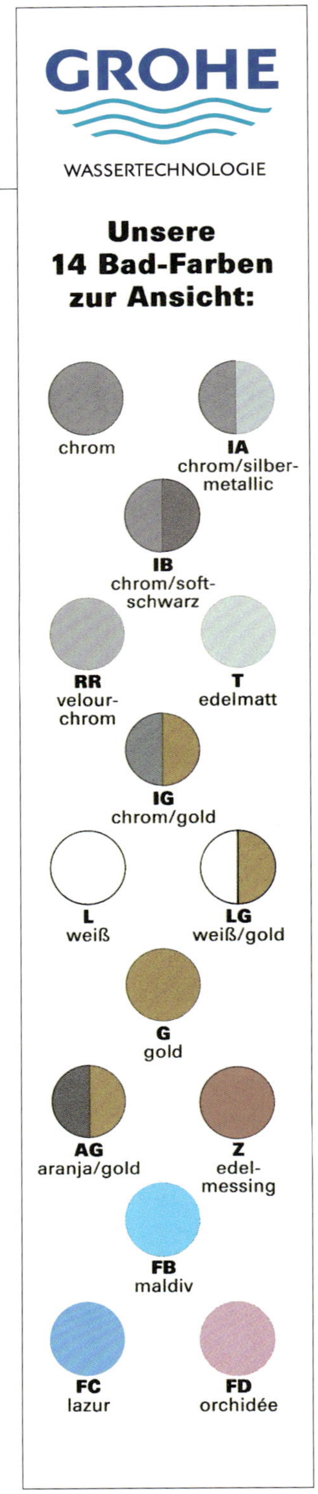

Während die Badwelten jede beliebige Harmoniefolge ermöglichen, gibt es eine begrenzte Farbgebung bei den Sanitärfarben und den Oberflächen der Armaturen. Bei den Sanitärfarben kommen bunte und unbunte zum Einsatz. Bei den Armaturen dominieren die Metallfarben. Damit haben wir Zugriff auf verschiedene Gestaltungsbausteine:

— 6 Badwelten
— 5 Sanitärformen mit bis zu 10 Farben und
— 5 Armaturendesigns mit bis zu 14 Farben

Gestaltungsspielräume und Kombinationsmöglichkeiten In einem traditionellen Verkaufsgespräch war es bisher so, daß in eine gestaltete Badkoje (mit Fliesen und Sanitärprodukten) die Armaturenart und die Oberflächenfarbe durch Auswechseln bzw. »Zustellen« verändert werden konnte.

Der elektronische Farb- und Designberater schafft nun völlig neue Freiheitsgrade, indem man jede beliebige Farbharmonie im Fliesenspiegel mit dem Baustein Sanitärobjekt und Sanitärfarbe kombinieren kann.

Die von einem Kunden ausgewählte Badwelt läßt sich entsprechend der in Kapitel 7 behandelten Prinzipien der Farbästhetik (vom Prinzip der Versöhnung bis zum Prinzip der ästhetischen Mitte) vordefinieren.

Die konkrete Farbgestaltung bzw. Farbrealisierung geschieht danach mit den Regeln der Harmoniekennung [vgl. Kapitel 8] bzw. mit den Möglichkeiten der Farbwelten [vgl. Kapitel 9].

Auf dem Bildschirm kann die gewählte Koloration nun aufgebaut werden, die aufgrund der Farbexaktheit der Bildschirmfarben einen hohen Realitätsgrad aufweist.

In die farblich definierte Badwelt kann dann jede Sanitärform und -farbe eingebracht und mit der Badwelt verglichen werden. Die Feinjustage geschieht mit der Einbindung der Armaturen und ihren Oberflächenfarben. Durch den jederzeit möglichen Austausch von Farben und Formen optimiert man eine individuelle Badwelt, die nur noch von den Wünschen der Badnutzer diktiert wird.

Das Ergebnis ist eine ästhetisch stringente Badwelt, die als echte Entscheidungsgrundlage keine Wünsche mehr offenläßt. Die Software für den Farb- und Designberater ist durch die Friedrich Grohe AG erhältlich.

Anhang

Register

Seitenzahlen in eckigen Klammern verweisen auf Abbildungen

Literaturverzeichnis

Albers, J: INTERACTION OF COLOUR, Köln 1970

Albrecht, H. J.: FARBE ALS SPRACHE, Köln 1974

Becker, U./Flaig, B.: WOHNWELTEN IN DEUTSCHLAND 2, o. O. 1989

Birren, E.: SCHÖPFERISCHE FARBE, Winterthur 1971

Bitsch, U.: FARBE UND INDUSTRIEDESIGN, hrsg. v. Deutschen Lackinstitut o. J.

Bosch, R.(Hrsg.): QUALITÄTSFAKTOR DESIGN, Stuttgart o.J.

Darmstadt, C.: FARBE IN DER ARCHITEKTUR AB 1800, in: Deutsche Bauzeitung (DB2), 6. Juni 1987, S. 743-748

dies.: FARBENBEWEGUNGEN IN DER ARCHITEKTURGESTALTUNG. Unveröffentlichtes Manuskript, Bottrop 1985

dies.: FARBIGE FASSADEN FÜR BÜRGERHÄUSER DES HISTORISMUS UND DES JUGENDSTILS UNTER HEUTIGEN ASPEKTEN, Dissertation, Dortmund 1982

DESIGNER'S GUIDE TO COLOUR, Hrsg. Angus & Robertson Publishers, Japan 1984 (Kawade Shobo)

Favre, J.-P./November, A.: COLOUR AND COMMUNICATION, Zürich 1979

Fechner, G. Th.: VORSCHULE DER ÄSTHETIK, Jena 1976

Feininger, A.: FARBENLEHRE, Düsseldorf 1969

Fischer, V.: DESIGN HEUTE, München 1988

Frieling, H./Auer, X.: MENSCH–FARBE–RAUM, München 1961

Frieling, H.: FARBE HILFT VERKAUFEN, Göttingen/Zürich/Frankfurt 1980

ders.: GESETZ DER FARBE, Göttingen/Zürich/Berlin/Frankfurt 1968

ders.: PRAKTISCHE FARBENLEHRE, Minden o.J.

Fuchs, W. R.: KNAURS BUCH DER DENKMASCHINEN, München/Zürich 1968

Gekeler, H.: HANDBUCH DER FARBE, Köln 1988

Gerritsen, F.: ENTWICKLUNG DER FARBENLEHRE, Göttingen 1984

Gerstner, K.: DIE FORMEN DER FARBEN, Frankfurt 1986

Gladbach, M.: ARCHETYPEN VON PRODUKTEN, Köln 1994 (Fördergesellschaft Produktmarketing)

Graff, K.: FARBE UND TECHNIK, Uelzen 1957

Grütter, J. K.: ÄSTHETIK DER ARCHITEKTUR, Stuttgart 1987

Hartmann, E. v.: DIE DEUTSCHE ÄSTHETIK, 2 Bde., Berlin 1886

Hauffe, T.: SCHNELLKURS DESIGN, Köln 1995

Heller, E.: WIE FARBEN WIRKEN, Hamburg 1989

Henning, H.: DER GERUCH, Leipzig 1924

Hess, W.: DAS PROBLEM DER FARBE, Düsseldorf 1957

Hickethier, A.: FARBENORDNUNG HICKETHIER, Hannover 1952

Hofstätter, P. R.: FISCHER LEXIKON PSYCHOLOGIE, Frankfurt 1966

Horx, M./Wippermann, P.: MARKENKULT USW., Düsseldorf 1995

Horx, M.: DAS TRENDBUCH, Düsseldorf 1994

Itten, J.: DER FARBSTERN, Ravensburg, o.J.

ders.: KUNST DER FARBE, Ravensburg 1962

ders.: MEIN VORKURS AM BAUHAUS, Ravensburg 1963

Jellinek, P.: DIE PSYCHOLOGISCHEN GRUNDLAGEN DER PARFÜMERIE, Heidelberg 1965

Jung, C. G.: DER BEGRIFF DES KOLLEKTIV UNBEWUSSTEN, in: ders.: ARCHETYPEN, München 1990

Kandinsky, V.: ÜBER DAS GEISTIGE IN DER KUNST, München 1913

Knuf, J.: UNSERE WELT DER FARBEN, Köln 1988

König, R.: FISCHER LEXIKON SOZIOLOGIE, Frankfurt 1967

Kornerup, A./Wanscher, J. H.: TASCHENLEXIKON DER FARBEN, Zürich/Göttingen 1963

Küppers, H.: FARBE, München 1972

ders.: DAS GRUNDGESETZ DER FARBENLEHRE, Köln 1978

ders.: HARMONIELEHRE DER FARBEN, Köln 1989

Küthe, E./Thun, M.: MARKETING MIT BILDERN, Köln 1995

Küthe, E.: WARENVERKAUFSKUNDE, o. O. 1976

ders.: LEBENSMITTEL ANBIETEN UND VERKAUFEN, Bad Homburg 1982

ders.: WAS SIE SCHON IMMER ÜBER DESIGN WISSEN WOLLTEN, Hrsg. Braun AG, o. O. 1986

ders.: FARBE IM BAD, EINE EINFÜHRUNG IN DIE FARBENLEHRE, Ratingen 1988

ders.: VOM »POWDERROOM« ZUM ERLEBNISBAD, in: Hans Grohe, (Hrsg.): BADEWONNEN, Köln 1993

Lersch, Ph.: AUFBAU DER PERSON, München 1970

Lüscher, M.: DER LÜSCHERTEST, PERSÖNLICHKEITSBEURTEILUNG DURCH FARBWAHL, Hamburg 1971

ders.: LÜSCHERTEST, 9. Aufl., Basel o.J.

Lutz, A.: GESCHMACK IST ERLERNBAR, München 1956

Maier, B.: INDUSTRIAL DESIGN, Stuttgart 1978

Martin, M.: DIE KONTROVERSE UM DIE FARBENLEHRE, Schaffhausen 1979

Marx, E.: FARBINTEGRATION UND SIMULTANKONTRAST, Göttingen/Zürich 1989

ders.: DIE FARBKONTRASTE, Ravensburg 1993

Mathaie, R. (Hrsg.): GOETHES FARBENLEHRE, Ravensburg 1971

Mcbeth/Munsell: BOOK OF COLOUR (TWO BINDERS), Division of Kollmorgen Corporation, Baltimore/Maryland 1976

Metzger, W.: HANDBUCH DER PSYCHOLOGIE, Göttingen 1966

ders.: GESETZE DES SEHENS, Frankfurt 1975

Morris, W. M.: GRUNDLAGEN DER ZEICHENTHEORIE, 2. Aufl., München 1979

ders.: ZEICHEN, SPRACHE UND VERHALTEN, Frankfurt, 1981

NCS. NATURAL COLOUR SYSTEM, über Institut für Farbe, B. Hartmann, Cleebronn

Nemcsics, A.: FARBENLEHRE UND FARBENDYNAMIK. THEORIE DER FARBIGEN UMWELTPLANUNG, Göttingen/Zürich 1994

Nöth, W.: HANDBUCH DER SEMIOTIK, Stuttgart 1985

Oberascher, L.: FARBTRENDS: ZWISCHEN GRAU UND SUPERBUNT, Manuskript der Psydata, Innsbruck o.J.

Ostwald, W.: DIE FARBENLEHRE, 4 BDE. (Leipzig 1923; zit. nach Frieling: DAS GESETZ DER FARBE)

Pawlik, J.: THEORIE DER FARBE, Köln 1984

ders.: PRAXIS DER FARBE, Köln 1987

ders.: GOETHES FARBENLEHRE, Köln 1988

Plochere, G. G.: PLOCHERE COLOUR SYSTEM, A GUIDE TO COLOUR AND COLOUR HARMONY, Los Angeles 1948, zit. nach Wyszecki

RDS, RAL-DESIGN-SYSTEM, über RAL, Sankt Augustin

Rechenberg, I.: EVOLUTIONSSTRATEGIE, Stuttgart 1973

Rost, W.: EMOTIONEN, Berlin/Heidelberg 1990

Schultze, W.: FARBENLEHRE UND FARBENMESSUNG, Berlin/Göttingen/Heidelberg 1957

Seufert, G.: FARBNAMENLEXIKON A-Z, Göttingen/Frankfurt/Berlin 1955

Skramlik, E. v.: HANDBUCH DER PHYSIOLOGIE DER NIEDEREN SINNE, Leipzig 1926

Spillmann, W.: ARCHITEKTUR ZWISCHEN GRAU UND SUPERBUNT, in: AKTUELLES BAUEN 4/1981, Taschenbuchausgabe, München 1990

Venn, A.: FARBERGONOMIE, Hrsg. Weko. Büromöbelfabrik, Köln o.J.

Weber, G. H.: DER TASTSINN UND DAS GEMEINGEFÜHL, in: HANDWÖRTERBUCH DER PSYCHOLOGIE, Bd. 3, Abt. 2, o.O., o.J., S.559

Weisgerber, L.: DIE SPRACHLICHE GESTALTUNG DER WELT, Bd. 2, Düsseldorf 1962

Wingler, H. M.: DAS BAUHAUS, Bramsche/Köln 1975

Wundt, W.: GRUNDRISS DER PSYCHOLOGIE, 13. Aufl., Leipzig 1918

Wyszecki, G.: FARBSYSTEME, Göttingen 1960

Deutsche Bibliothek – CIP-Einheitsaufnahme
Küthe, Erich: Marketing mit Farben / Erich Küthe/Axel Venn. –
Köln : DuMont 1996
ISBN 3-7701-3782-5
NE: Venn, Axel:

Gestaltung: Heine/Lenz/Zizka, Frankfurt am Main
Lithografie: Druckagentur Robert Eichhorn, Frankfurt am Main
Druck und buchbinderische Verarbeitung: Boss-Druck, Kleve

Printed in Germany ISBN 3-7701-3782-5